运营隧道
缺陷与病害整治技术

Yunying Suidao Quexian yu Binghai Zhengzhi Jishu

申志军 李树忱 吴治家
龚 伦 冯文山 刘同江 ◎编著

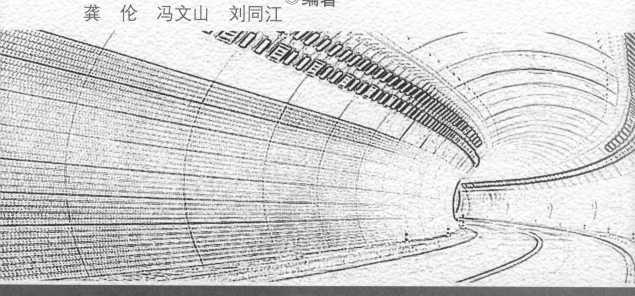

人民交通出版社股份有限公司
China Communications Press Co., Ltd.

内 容 提 要

本书在运营隧道结构缺陷与病害整治的大量工程实践、最新科研成果的基础上,紧紧围绕运营隧道结构缺陷与病害整治技术展开论述。具体介绍了运营隧道结构缺陷与病害现状,运营隧道的检查与检测,运营隧道缺陷与病害类型、形成原因、等级划分,具体缺陷与病害的整治措施,隧道整治的施工管理与施工组织等。同时,结合新规范、新材料和新工艺,列举了大量不同类型运营隧道结构缺陷与病害检测和整治的典型工程实例。

本书可供从事运营隧道工程维修管理和病害整治的工程技术人员使用,也可作为隧道工程建设、设计、施工、监理人员及高等院校相关专业师生的参考书。

图书在版编目(CIP)数据

运营隧道缺陷与病害整治技术/申志军等编著. —北京:人民交通出版社股份有限公司,2016.2
 ISBN 978-7-114-12693-2

Ⅰ.①运… Ⅱ.①申… Ⅲ.①公路隧道—公路养护 ②铁路隧道—铁路养护 Ⅳ.①U459

中国版本图书馆 CIP 数据核字(2015)第 314688 号

书　　名:	运营隧道缺陷与病害整治技术
著 作 者:	申志军　李树忱　吴治家　龚　伦　冯文山　刘同江
责任编辑:	张江成
出版发行:	人民交通出版社股份有限公司
地　　址:	(100011)北京市朝阳区安定门外外馆斜街 3 号
网　　址:	http://www.ccpress.com.cn
销售电话:	(010)59757973
总 经 销:	人民交通出版社股份有限公司发行部
经　　销:	各地新华书店
印　　刷:	北京鑫正大印刷有限公司
开　　本:	787×1092　1/16
印　　张:	12.75
字　　数:	295 千
版　　次:	2016 年 2 月　第 1 版
印　　次:	2016 年 2 月　第 1 次印刷
书　　号:	ISBN 978-7-114-12693-2
定　　价:	45.00 元

(有印刷、装订质量问题的图书由本公司负责调换)

序

目前，我国公路和铁路隧道总里程接近2万公里，世界排名第一，我国已经成为世界上隧道工程数量最多、发展最快的国家。我国地域辽阔，各地自然条件差异较大，隧道穿越的山体地质条件复杂多变，受隧道设计、施工技术条件、建筑材料、地质条件等限制，早期修建的隧道经常出现衬砌厚度、混凝土质量、衬砌背后脱空等缺陷，以及隧道水害、冻害、衬砌侵蚀破损等病害。甚至一些隧道在运营前就存在质量缺陷。隧道的缺陷或病害问题是世界性问题，在我国尤其突出，因此，要改变以往"重建设、轻维修、轻整治"的理念，对隧道缺陷和病害采用综合检测方法，做到及时发现、及时整治，确保和延长隧道使用寿命。

本书的几位作者是来自施工现场一线的建设、设计和施工工程师，以及对隧道整治有一定研究深度的科研工作者和高校教师。他们将多年的运营隧道整治研究与实践经验，系统总结，编著成书。本书的作者首先从运营隧道检查与检测入手，对运营隧道缺陷与病害类型及成因、等级划分、具体整治原则与方法，进行了系统阐述。同时，辅以大量的公路、铁路隧道结构缺陷与病害整治的工程实例，进行具体说明。我将本书推荐给广大隧道施工、运营工程技术人员和广大读者，相信本书的出版对运营隧道缺陷与病害整治技术的提高，定会起到积极的促进作用。当然，隧道整治技术还需要不断完善，如何在施工期避免缺陷，如何在运营期快速发现和整治缺陷和病害，还需要今后进一步研究。

中国工程院院士
2016年1月

前　言

随着交通工程建设的飞速发展，我国已成为世界上隧道工程数量最多、最复杂、发展最快的国家。截至 2013 年年底，我国运营隧道的总里程位列世界第一，其中铁路隧道 11074 座，总长约 8939km；公路隧道 11359 座，总长约 9606km。

目前，我国隧道处于建设与维修整治并重阶段。受地质、地形、气候条件和建筑材料及勘察、设计、施工、运营等各种因素影响，运营隧道病害问题日益突出。运营隧道结构缺陷与病害整治已成为隧道运营阶段不可回避的重要工作。

本书共分八章内容，第一章介绍我国隧道发展状况、运营隧道结构缺陷和病害现状及存在问题、病害调查；第二章介绍运营隧道检查与检测内容、方法和组织方案及检测实例；第三章介绍运营隧道结构缺陷与病害类型及其形成原因；第四章介绍运营隧道缺陷与病害等级划分；第五章介绍运营隧道衬砌结构缺陷与病害整治原则、程序、措施和整治实例；第六章介绍运营隧道水害与冻害整治；第七章介绍运营隧道隧底缺陷与病害整治原则、程序、措施和整治实例；第八章介绍运营隧道整治施工管理与施工组织。

本书由申志军、李树忱、吴治家、龚伦、冯文山、刘同江编写，在编写过程中，得到仇文革、李小青、李桧祥、陈馈、闵凡路、张成平、王殿明、马伟斌等专家的大力协助和支持。感谢王梦恕院士百忙之中亲自为本书作序。在此，谨向所有关心、支持本书编写的有关领导、专家、学者表示衷心感谢。

鉴于作者水平有限，书中难免存在不足之处，敬请广大读者批评指正。

作　者
2016 年 1 月

目 录

第一章 绪论 ··················· 1
- 第一节 我国隧道发展状况 ··················· 1
- 第二节 运营隧道结构缺陷与病害现状、特点 ··················· 5
- 第三节 运营隧道缺陷与病害存在的问题、病害调查 ··················· 7

第二章 运营隧道检查与检测 ··················· 10
- 第一节 运营隧道检查内容 ··················· 10
- 第二节 运营隧道检测方法 ··················· 13
- 第三节 运营隧道检测组织方案 ··················· 36
- 第四节 运营隧道检测实例 ··················· 42

第三章 运营隧道结构缺陷与病害类型及其成因 ··················· 56
- 第一节 运营隧道结构缺陷类型及其成因 ··················· 56
- 第二节 运营隧道结构病害的类型 ··················· 60
- 第三节 运营隧道结构病害形成原因 ··················· 68

第四章 运营隧道缺陷与病害等级划分 ··················· 71
- 第一节 我国铁路运营隧道缺陷及病害分级相关规定 ··················· 71
- 第二节 我国公路运营隧道缺陷及病害分级相关规定 ··················· 78
- 第三节 日本运营隧道病害分级相关规定 ··················· 81

第五章 运营隧道衬砌结构缺陷与病害整治 ··················· 83
- 第一节 整治原则及程序 ··················· 83
- 第二节 衬砌缺陷与病害整治措施 ··················· 84
- 第三节 衬砌缺陷及病害整治实例 ··················· 105

第六章 运营隧道水害与冻害整治 ··················· 114
- 第一节 隧道水害整治原则 ··················· 114
- 第二节 隧道衬砌水害整治 ··················· 115
- 第三节 隧道冻害整治 ··················· 128
- 第四节 隧道水害及冻害整治实例 ··················· 136

第七章　运营隧道隧底缺陷与病害整治 …… 141
第一节　整治原则、程序与措施 …… 141
第二节　隧道基底水害整治 …… 149
第三节　隧底缺陷与病害整治实例 …… 154

第八章　运营隧道整治施工管理与施工组织 …… 164
第一节　高速公路隧道整治施工管理 …… 164
第二节　运营铁路隧道施工安全管理 …… 174
第三节　运营铁路隧道整治施工组织 …… 180
第四节　运营铁路隧道整治施工组织实例 …… 189

参考文献 …… 196

第一章　绪　论

第一节　我国隧道发展状况

一、隧道的概念

隧道是人类利用地下空间的一种形式,是埋置于地层中的工程建筑物。1970 年世界经济合作与发展组织对隧道的定义为:"以任何方式修建,最终使用于地表以下的条形建筑物,其净空断面面积大于 $2m^2$ 的洞室"。山岭隧道复合式衬砌结构形式如图 1-1 所示。

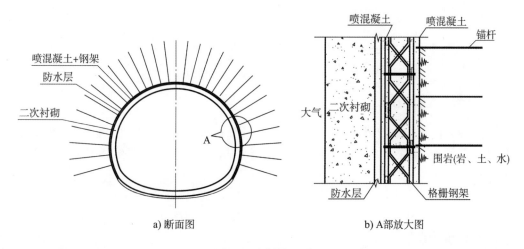

图 1-1　隧道结构形式

二、隧道的分类

隧道的种类繁多,从不同的角度区分,有不同的分类方法。

(1)按地层分为:石质隧道、土质隧道。

(2)按施工方法分为:矿山法(钻爆法)、明挖法、沉埋法、掘进机法隧道等。

(3)按埋置深度分为:深埋隧道、浅埋隧道、超浅埋隧道。

(4)按断面形状分为:圆形、马蹄形、矩形隧道。

(5)按断面面积分为:特大断面($100m^2$ 以上)、大断面($50 \sim 100m^2$)、中等断面($10 \sim 50m^2$)、小断面($3 \sim 10m^2$)、极小断面($3m^2$ 以下)隧道。

(6)按行车道数分为:公路隧道有单车道、双车道、多车道隧道;铁路隧道和地下铁道主要有单线隧道、双线隧道、多线隧道。

(7)按其所处地理位置分为:山岭隧道、城市隧道、水下隧道。

(8)按其长度分类,见表1-1。

铁路隧道和公路隧道按长度分类(m)　　　　　　　　　表1-1

隧道分类	特长隧道	长隧道	中隧道	短隧道
铁路隧道	>10000	10000~3000	3000~500	≤500
公路隧道	>3000	3000~1000	1000~250	≤250

(9)按隧道的用途分为:

①交通隧道,如公路隧道、铁路隧道、水下隧道、地下铁道、人行隧道。

②水工隧道,如引水隧洞、尾水隧洞、泄洪隧洞。

③市政隧道,如给水隧道、污水隧道、管路隧道、线路隧道、人防隧道、综合廊道。

④矿山隧道,如运输巷道、给水隧道、通风巷道。

三、交通隧道的作用

保证隧道岩体的稳定性,确保行车安全。

(1)洞身衬砌:承受围岩压力、结构自重及其他荷载,防止围岩风化、崩塌和洞内的防水、防潮。

(2)洞门:防止洞口塌方落石,保持仰坡和边坡的稳定性。

(3)通风、照明、防排水、安全设备:确保行车安全、舒适。

四、交通隧道的发展

交通隧道是隧道中为数最多的一种,主要有铁路隧道、公路隧道和地下铁道。我国最早的交通隧道是公元66年建成的陕西古褒斜道上的石门隧道,第一条铁路隧道是修建于1888年的狮球岭隧道。

目前,我国的隧道建设规模已处于世界第一位。截至2013年年底,运营铁路隧道有11074座,总长8938.8km;公路隧道已达到11359座,总长9605.6km。

1. 铁路隧道的发展

我国第一座铁路隧道是在台湾基隆至台北铁路上的狮球岭隧道,全长261m,修建于1888~1890年。1903年在滨洲线建成兴安岭隧道,全长3077m,是我国第一座超过3km的铁路隧道。詹天佑主持修建的京张铁路,是我国自行设计、施工的第一条铁路,在关沟段建成4座铁路隧道,其中最长的八达岭隧道全长1091m,建成于1908年,是我国依靠自身力量修建的第一座越岭铁路隧道。1939年,为增建滨绥二线修建的杜草隧道,全长3840m,是新中国成立前最长的铁路隧道。

清末时期的37年中,共修建隧道238座,总长42km。民国时期的38年中,共修建隧道427座,总长114km。截至1949年,共修建铁路隧道665座,总长156km。

新中国成立后,20世纪50年代开始大规模铁路建设,隧道建设步入新阶段,这一时期建成隧道最多的铁路主要有宝成、天兰、丰沙Ⅰ线、石太复线、川黔等铁路,共建成隧道1005座,总长306km。

20世纪60年代,组织了西南铁路大会战,建成一批隧道较多的山区铁路。相继建成贵昆、成昆、京原以及东川、嫩林等干支线,共修建隧道1113座,总长660km。

20世纪70年代,铁路路网迅速扩展,进行大规模铁路建设,完成了较多的铁路隧道,主要有焦枝、枝柳、襄渝、湘黔等铁路,共建成隧道1954座,总长1035km。

20世纪80年代,由于改革开放的需要,旧线改造和新线建设并举,出现了特长隧道。进行了衡广、沪宁、沪杭、浙赣等复线建设,修建了京秦、大秦、兖石、新菏等铁路。共建成隧道319座,总长199km,从数量上看有所减少,但建成的长隧道特别是双线长隧道增多。其中大瑶山隧道是我国当时已建成隧道中最长的双线隧道,全长14.29km。

20世纪90年代,随着改革开放的深入发展,国家要求加快铁路建设,发展和完善路网,加强路网大通道建设,提高铁路综合运输能力,修建的铁路干线主要有侯月、宝中、京九、南昆、神朔、朔黄、达成、横南、广大、西康、神延、内昆等铁路,同时还对宝成、兰新、宝天、株六等铁路增建二线。共建成隧道1822座,总长1311km。

进入21世纪,国务院制定了《中长期铁路网规划》,铁路进入大发展时期,同时,客运专线和高速铁路快速发展。隧道占线路比例增大,隧道数量增多。建成的客运专线和高速铁路主要有京沪、京广、石太、郑西、合武、甬台温、温福、哈大、福厦、厦深、西宝、渝利、遂渝二线等铁路,普通速度铁路有青藏、宜万、渝怀、达成、襄渝二线等铁路,隧道穿越地区地质复杂、环境恶劣。宜万线为我国目前已建和在建铁路中最艰难的复杂岩溶山区干线铁路,其中隧道159座,总长338km,占线路总长的60%。截至2013年,运营铁路隧道长度见表1-2。

运营铁路隧道长度统计表(km)　　　　　表1-2

年代	1949	1950~1959	1960~1969	1970~1979	1980~1989	1990~1999	2000~2013
长度	156	306	660	1035	199	1311	5272
累计	156	462	1120	2157	2356	3667	8939

2001~2013年铁路隧道增长曲线如图1-2所示。

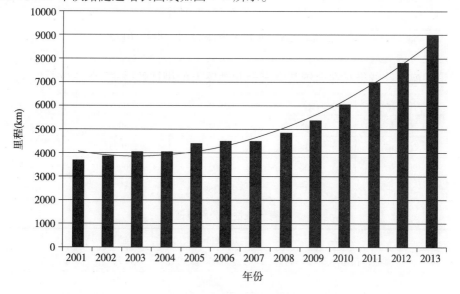

图1-2　铁路隧道增长曲线

截至2013年年底，运营铁路隧道共11074座，总长8939km；2014年在建的铁路隧道有4206座，总长7795km；已规划有4600余座铁路隧道，总长10600km。

目前开通运营的最长隧道为新关角隧道，全长32.645km，该隧道位于青藏铁路西宁至格尔木二线控制性工程，为双线双洞。在建隧道最长的是大瑞铁路高黎贡山隧道，全长34.5km，为单线隧道。

2. 公路隧道的发展

我国公路隧道起步较晚，发展较快，现代意义的公路隧道仅有40年的发展历史。20世纪50年代，我国仅有30多座公路隧道，总长约2.5km。20世纪60~70年代，我国干线公路上曾修建了百米以上的公路隧道。1964年修建的北京至山西原平公路上，修建了两座200m以上的隧道，已是较大的工程。据统计，截至1979年，我国公路隧道通车里程仅为52km，数量为374座。1993年发展到682座，总长136km。隧道平均长度为199m，均以短隧道为主。进入21世纪的13年来，我国公路网交通逐渐穿越崇山峻岭，向离岸深水延伸，秦岭终南山隧道、上海崇明隧桥、厦门翔安、青岛胶州湾海底隧道等重大工程相继建成。截至2013年，我国公路隧道为11359座、总长9605.6km，其中，特长隧道562座、总长2506.9km，长隧道2303座、总长3936.2km。截至2013年，公路隧道数量及长度见表1-3，代表性的公路隧道见表1-4。

公路隧道数量及长度统计表　　　　　表1-3

序号	年份	隧道数量(座)		隧道长度(km)	
		增加	累计	增加	累计
1	2000年		1684		628
2	2001年	98	1782	77	705
3	2002年	190	1972	130	835
4	2003年	203	2175	166	1001
5	2004年	320	2495	244.6	1245.6
6	2005年	394	2889	281.4	1527
7	2006年	899	3788	314.8	1841.8
8	2007年	885	4673	713.7	2555.5
9	2008年	753	5426	630.9	3186.4
10	2009年	713	6139	755.6	3942
11	2010年	1245	7384	1180.6	5122.6
12	2011年	1138	8522	1130.8	6253.4
13	2012年	1500	10022	1799.3	8052.7
14	2013年	1337	11359	1552.9	9605.6

具有代表性的公路隧道　　　　　表1-4

序号	隧道名	长度(m)	位置	车道
1	秦岭终南山隧道	18020	陕西	2×2
2	大坪里隧道	12290	甘肃	2×2
3	包家山隧道	11500	陕西	2×2

续上表

序号	隧道名	长度(m)	位置	车道
4	宝塔山隧道	10391	山西	2×2
5	泥巴山隧道	9985	四川	2×2
6	麻崖子隧道	9000	甘肃	2×2
7	龙潭隧道	8700	湖北	2×2
8	米溪梁隧道	7923	陕西	2×2
9	括苍山隧道	7930	浙江	2×2
10	方斗山隧道	7581	重庆	2×2

第二节　运营隧道结构缺陷与病害现状、特点

一、运营隧道结构缺陷与病害现状

我国是一个多山的国家，山地和丘陵占国土面积的75%左右。目前，我国已经成为世界上隧道工程数量最多、最复杂、发展最快的国家。但是，我国地域自然条件差异较大，隧道穿越的山体工程地质及水文地质等条件复杂多变，运营隧道又受修建时期的设计与施工技术条件的限制，早期修建的隧道经常出现拱墙开裂、衬砌背后脱空、结构渗漏水、隧道冻害、衬砌厚度不足、混凝土强度低等缺陷或病害。隧道的缺陷或病害问题是世界性问题，在我国尤其突出，隧道结构病害是当今工程中常见的突出问题，我国铁路、公路和地下铁道都存在不同程度的病害。

公路隧道土建结构病害近年来呈现快速增长趋势，我国90%的公路隧道修建于1998~2013年之间，而公路隧道的衬砌开裂变形和渗漏水等病害多发于其投入运营5~10年间。目前，我国大部分公路隧道已进入土建结构病害高发期。

通过对隧道结构病害进行整治时发现，隧道病害的一个重要原因是隧道在施工过程中遗留下来的工程缺陷。这些缺陷主要为衬砌存在脱空、空洞或厚度不足，成为隧道结构的薄弱点。在外力水压的作用下，形成衬砌开裂掉块、渗漏水等病害。因此，对隧道结构缺陷和病害均要引起高度重视，采取有效措施尽早发现缺陷和病害，及时整治，确保行车安全。下面的工程案例给出了日常隧道结构病害的形式。

【案例1】 运营管理单位在日常检查中发现，某隧道K1961+399衬砌环向施工缝处拱顶掉块露出空洞、钢筋外露，经进一步查实空洞环向长3.5m、纵向长1.35m，薄层为混凝土浮浆（图1-3），现场临时采取清除薄层和浮浆、限速措施。然后在施工天窗内采取模注混凝土回填处理。

【案例2】 运营管理单位检查发现，某隧道K1420+390处拱顶有裂缝，怀疑有空洞，经凿除发现空洞环向长5.5m、纵向长1.2m，衬砌最薄处仅1cm（设计40cm，如图1-4所示），临时采取凿除薄层、限速措施。后采用植筋、模喷混凝土方案处理。

图 1-3　隧道表面及内部空洞

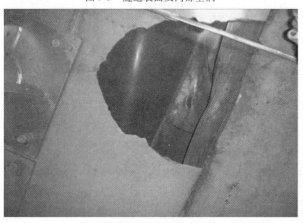

图 1-4　隧道衬砌空洞中可见防水板

【**案例 3**】　某隧道全长 14.295km，1988 年建成通车，1990 年 5 月洞内两处涌水涌砂，造成行车中断。经分析，涌水涌砂是由于灰岩地段富水引起，整治措施为以排为主的方式，增设 8km 泄水洞，并对地表进行堵、截、排相结合的综合治理方法。

【**案例 4**】　某隧道 K1905+103 拱顶出现大量涌水，拱顶混凝土剥离掉块 3 块，最大掉块 35cm×25cm×7cm，凿开 2m×2m 混凝土后出露防水板、渗水盲管和单层钢筋网，衬砌厚度 6～10cm，存在空洞（图 1-5）。后采取增加泄水洞、衬砌套拱加固等措施，处理过程中长期限速。

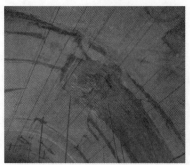

图 1-5　隧道掉块和渗漏水

【案例5】 检查中发现某隧道 K1358+600～K1358+700 范围内有三处掉块：①拱顶掉块纵向长9m，环向宽度约60cm，厚度约12cm；②拱顶掉块长4m、宽0.3m、深0.2m；③左侧边墙掉块长4m、宽0.6m、深0.1m。同时，左侧边墙存在10余条裂纹，以环向为主，右侧较少（图1-6、图1-7）。为防止发生新的掉块危及行车安全，立即采取线路封锁措施，进行锚、工字钢、网喷混凝土套衬加固，整治封锁线路长达25d。

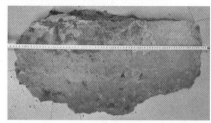

图1-6　隧道衬砌已碎的掉块

图1-7　局部衬砌压溃

二、隧道缺陷和病害特点

（1）隧道缺陷在衬砌内部不易发现，病害具有一定的隐蔽性。因隧道内光线差、隐蔽性强，不易被发现。

（2）隧道缺陷在外力或水的作用下，极易形成病害，需及早发现缺陷并整治。

（3）隧道缺陷和病害数量较大、病情多。病害具有突发性（如掉块），危及行车安全。

（4）缺陷与病害整治比较困难，干扰大，工序复杂，整治一处病害往往需要较长时间封锁铁路或公路，对运营影响较大，整治一座隧道的病害有时需要几年甚至十几年才能完成。

（5）隧道空间狭小，作业时间短，造成施工环境恶劣。

由于以上原因，致使隧道病害数量逐年增加，治理严重不足，有些隧道的病害还相当严重，甚至已危及行车安全。

第三节　运营隧道缺陷与病害存在的问题、病害调查

一、运营隧道缺陷与病害存在的主要问题

（1）由于隧道修建年代久远，基础资料不完整，管理手段落后。

(2)隧道的检查和检测手段落后而且不够规范,早期病害难以发现,使某些可以早期整治的病害,得以发展成严重的病害,彻底整治更加困难。

(3)整治材料耐久性不好,一些隧道整治效果不佳,不易彻底整治,易出现反复,如渗漏水等。

(4)新建隧道的设计和施工遗留问题较多,某些隧道还相当严重。

(5)整治缺陷和病害所需费用大。新开通隧道的缺陷整治费用一般由施工单位承担,隧道病害根据造成原因分别由施工单位、运营管理单位或业主承担,筹集整治费用较难。

二、运营隧道病害的调查

我国对于隧道病害调查和整治最早始于铁路隧道。近年来,公路隧道以业主单位为主,对隧道缺陷和病害进行整治。

1. 全国隧道病害调查

1972年,对全国20世纪30~70年代在不同地质(坚硬、软岩、黄土)条件下修建的不同类型(单心圆拱、三心圆拱、直边墙和曲边墙、单线和双线断面)的隧道混凝土衬砌裂缝产生的原因进行调查分析,共调查隧道94座,总长约80.3km,约有93.2%的隧道衬砌开裂,有裂缝的隧道长度占隧道总长的19.2%。

1995年,我国共有运营铁路隧道4855座,总长2261.56km,存在的主要病害是侵限、漏水。严重漏水的隧道1428座,衬砌严重腐蚀的隧道677座,仰拱变形的隧道212座。

1997年,全国共有运营铁路隧道5200座,总长达2500km以上。其中严重漏水(包括拱部滴水、边墙渗水、流水,隧道底部翻浆冒泥,严寒地区隧道结冰、冻胀)影响隧道正常运营的达1520座,占隧道总数的30%左右。存在漏水、衬砌严重裂损及道床损坏等病害的隧道达2000多座,总长约250km,有病害的隧道长度约占隧道总长度的10%。

2003年年底,全国共有运营铁路隧道6087座,总长3247.66km。其中,因病害失格隧道有3739座,占统计隧道的61.4%。

2006年年底,全国共有运营铁路隧道6495座,总延长3768.7km,存在病害劣化的隧道合计有4255座,其中AA级病害劣化的隧道195座,占全国运营铁路隧道总座数的3%;有A1级病害劣化的隧道2864座,占全路运营铁路隧道总座数的44.1%。

2013年,铁路运营部门对2005年以来投入运营的铁路隧道进行了调查和检测,发现2250座隧道中共有23090处缺陷并进行了整治。

2014年,交通部门组织开展为期一年的公路隧道安全隐患排查治理专项行动,要求隧道技术状态为A类(存在显著异常情况)的隧道,立即采取喷射混凝土、套拱等措施,设立醒目标志、并由专人监控,对于B类(存在异常情况)的隧道,立即开展检测并采取针对性的整治措施。

2. 某铁路局管段运营隧道病害调查

截至2011年,某铁路局管内共有1995座隧道,总延长1397km,约占全国运营铁路隧道总数及里程的1/4。这些隧道的竣工时间从1938年(成渝线)到2010年(成昆线、川黔线),时间跨度较大、修建标准不统一(设计速度120~200km/h)、结构形式各异(砌体、锚喷、模筑、复合式等),但是同一条线路上的隧道修建年代及标准还是较为接近的,可以据此将这些主线隧道分成三个阶段：

（1）1950～1972年建成的成渝、宝成、成昆、沪昆铁路线，隧道主要采用砌体结构形式，衬砌材料采用140～200号混凝土，并有部分隧道或隧道的部分地段采用毛洞形式。

（2）2000年前后建成的达成、内昆、渝怀、黔桂等铁路线路，这些线路仍以单线隧道为主，这一时期的隧道主要采用复合式衬砌形式。

（3）2008年以后建成的以达成新线为代表的一大批双线高速铁路隧道，这一时期的隧道是考虑了耐久性设计的，设计标准较高。

某铁路局各主要线路的概况以及病害概况见表1-5。病害隧道数量和以上三个阶段相差不大，病害隧道延长比随着时间的增加而逐渐增加，每千米延长的病害数量也是随着时间的增加而逐渐增加的。从表1-5中可以看出，隧道病害在隧道运营初期就出现了，可见病害的出现有其必然性，随着运营时间的增加，病害数量增加，病害程度加深。

某铁路局各主要线路隧道及病害概况　　　　　表1-5

阶段	线路名称	修建年代	隧道总数（座）	隧道总延长（m）	病害隧道数量（座）	总病害数量（处）	总病害延米（m）	病害隧道数量比(%)	病害隧道延长比(%)	病害数量（处/km）
第一阶段	沪昆	1958～1996	380	156942.86	285	4210	27271.7	75.00	17.38	26.83
	宝成	1954～1970	32	12310.34	25	316	2666.8	78.13	21.66	25.67
	成昆	1961～1990	285	234135.8	170	852	20818.2	59.65	8.89	3.64
	成渝	1936～1992	44	8564.59	42	529	9383.6	95.45	109.56	61.77
	川黔	1958～1990	123	35846.01	98	384	13735.2	79.67	38.32	10.71
	平均							77.58	44.92	25.01
第二阶段	沪昆	1998～2010	201	132603.51	102	959	10790	50.75	11.99	7.23
	宝成	1994～2006	34	24494.51	28	714	7596.5	82.35	32.81	29.15
	渝怀	2002～2009	112	203694.54	54	646	5725.4	48.21	4.84	3.17
	黔桂	2008	81	67012	75	413	6573.7	92.59	10.07	6.16
	内六	1957～2009	145	148063.75	103	5125	29269	71.03	22.97	34.61
	达成	1994～1996	38	9524	37	406	2771	97.37	29.39	42.63
	达万	1998～2002	54	38324	46	558	4393	85.19	11.93	14.56
	平均							78.44	18.80	19.38
第三阶段	达成	2008	71	32096.43	60	280	548.33	84.51	2.12	8.72

第二章 运营隧道检查与检测

第一节 运营隧道检查内容

运营隧道土建结构的检查工作分为经常检查、定期检查、应急检查和专项检查四种。

一、运营隧道常规检查内容

为了确保运营安全,铁路隧道和公路隧道的运营管理部门需进行经常检查和定期检查,因其各自具有不同的特点,检查内容也不尽相同,分述如下。

1. 经常检查

经常检查是对土建结构的外观状况进行一般性检查。通过经常检查,及时发现早期缺损、显著病害或其他异常情况,确定对策措施,并应符合下列规定:

(1)经常检查宜采用人工与信息化手段相结合的方式,配以简单的检查工具进行。应当场填写"公路隧道常检记录表",翔实记述检查项目的缺损类型,估计缺损范围和程度及养护工作量,对异常情况做出缺损状况判定分类,并提出相应的养护措施。

(2)经常检查以定性判断为主。经常检查破损状况判定分三种情况,即情况正常、一般异常、严重异常。

(3)当经常检查中发现隧道存在一般异常情况时,应进行监视、观测或做进一步检查;当经常检测中发现隧道存在严重异常时,应采取措施进行处治;当对其产生原因及详细情况不明时,应做定期检查或专项检查。

根据《公路隧道养护技术规范》(JTG H12—2015),确定经常检查内容见表2-1。

经常检查内容　　　　　　　　表2-1

序号	项目名称	检查内容
1	洞口	边(仰)坡有无危石、积水、积雪,洞口有无挂冰,边沟有无淤塞,构造物有无开裂、倾斜、沉陷等
2	洞门	结构开裂、倾斜、沉陷、错台、起层、剥落、渗漏水(挂冰)
3	衬砌	结构裂缝、错台、起层、剥落、渗漏水、挂冰、冰柱
4	路面	落物、油污、滞水或结冰、路面拱起、坑槽、开裂、错台等
5	检修道	结构破损、盖板缺损、栏杆变形、损坏
6	排水设施	缺损、堵塞、积水、结冰
7	吊顶及各种预埋件	变形、缺损、漏水(挂冰)

2. 定期检查

定期检查是按规定频率对土建结构的技术状况进行全面检查。通过定期检查,系统掌握

结构技术状况和功能状况,开展土建结构技术状况评定,为制订养护工作计划提供依据,并应符合下列规定:

(1)定期检查需要配备必要的检查工具或设备,进行目测或量测检查。检查时,应尽量靠近结构,依次检查各个结构部位,注意发现异常情况和原有异常情况的发展变化;对有异常情况的结构,应在其适当位置做出标记;此外,检查结果记录宜量化。

(2)检查结果应当场填入"定期检查记录表",将检查数据及病害绘入"隧道展示图",发现评定状况值为2以上的情况,应做影像记录,并详细、准确地记录缺损或病害状况,分析成因,对结构物的技术状况进行评定。

(3)当定期检查中出现状况值为3或4的项目,且其产生原因及详细情况不明的,应做专项检查。

(4)定期检查完成后,应编制土建结构定期检查报告,内容包括:检查记录表、隧道展示图及相关调查资料等;对土建结构的技术状况评定;对土建结构养护维修状况的评价及建议;需要实施专项检查的建议;需要采取处治措施的建议。

根据《公路隧道养护技术规范》(JTG H12—2015),确定定期检查内容见表2-2。

定 期 检 查 内 容　　　　　　表2-2

序号	项目名称	检 查 内 容
1	洞口	1.山体滑坡、岩石崩塌的征兆及其发展趋势;边坡、碎落台、护坡道的缺口、冲沟、潜流涌水、沉陷、塌落等及其发展趋势 2.护坡、挡土墙的裂缝、断缝、倾斜、鼓肚、滑动、下沉的位置、范围及其程度,有无表面风化、泄水孔堵塞、墙后积水、地基错台、空隙等现象及其程度
2	洞门	1.墙身裂缝的位置、宽度、长度、范围或程度 2.结构倾斜、沉陷、断裂范围、变位量、发展趋势 3.洞门与洞身连接处环向裂缝开展情况、外倾趋势 4.混凝土起层、剥落的范围和深度,钢筋有无外露、受到锈蚀 5.墙背填料流失范围和程度
3	衬砌	1.衬砌裂缝的位置、宽度、长度、范围或程度,墙身施工缝开裂宽度、错位量 2.衬砌表层起层、剥落的范围和深度 3.衬砌渗漏水的位置、水量、浑浊、冻结状况
4	路面	1.路面拱起、沉陷、错台、开裂、溜滑的范围和程度 2.路面积水、结冰范围和程度
5	检修道	1.检修道毁坏、盖板缺损的位置和状况 2.栏杆变形、锈蚀、破损等的位置和状况
6	排水系统	1.结构缺损程度,中央窨井盖、边沟盖板等完好程度,沟管开裂漏水状况 2.排水沟(管)、积水井等有无淤积堵塞、沉沙、滞水、结冰等状况
7	吊顶及各种预埋件	1.吊顶板变形、缺损的位置和程度 2.吊杆等预埋件是否完好等,有无锈蚀、脱落等危及安全的现象及其程度 3.漏水(挂冰)范围及程度

二、运营隧道特殊检查内容

1. 应急检查

应急检查是在隧道遭遇自然灾害、发生交通事故或出现其他异常事件后对遭受影响的结构进行详细检查。通过应急检查,及时掌握结构受损情况,为采取对策措施提供依据,并应符合下列规定:

(1)应根据结构受异常事件影响的程度,决定采取的检查方法、工具和设备。

(2)应急检查的内容原则上与定期检查相同(见表2-2),但应针对发生异常情况或者受异常事件影响的结构或结构部位做重点检查,以掌握其受损情况。

(3)当难以判明缺损的原因、程度等情况时,应做专项检查。

(4)检查结果的记录,应与定期检查相同。检查完成后,应编制应急检查报告,总结检查内容和结果,评估异常事件的影响,确定合理的对策措施。

2. 专项检查

专项检查是根据经常检查、定期检查和应急检查的结果,对于需要进一步查明缺损或病害详细情况的隧道,进行更深入的专门检测、分析等工作。通过专项检查,完整掌握缺损或病害的详细资料,为其是否实施处治以及采取何种处治措施等提供技术依据,并应符合下列规定:

(1)检查的项目、内容及其要求,应根据经常检查、定期检查或应急检查的结果有针对性地确定,可按《公路隧道养护技术规范》选择执行,专项检查项目见表2-3。

专项检查项目　　　　　　　　　表2-3

检查项目		检查内容
结构变形检查	公路线形、高程检查	公路中线位置、路面高度、缘石高度以及纵、横坡度等测量
	隧道横断面检查	隧道横断面测量,周壁位移测量(与相邻或完好断面比较)
	净空变化检查	隧道内壁间距测量(自身变化比较)
裂缝检查	裂缝调查	裂缝的位置、宽度、长度、开展范围或程度等
	裂缝检测	裂缝的发展变化趋势及其速度;裂缝的方向及深度等
漏水检查	漏水调查	漏水的位置、水量、浑浊、冻结及原有防排水系统的状态等
	漏水检测	水温、pH值检查、电导度检测、水质化学分析
	防排水系统	拥堵、破坏情况
材质检查	衬砌强度检查	强度简易测定,钻孔取芯,各种强度试验等
	衬砌表面病害	起层、剥落、蜂窝、麻面、孔洞、露筋等
	混凝土碳化深度检测	采用酚酞检查混凝土的碳化深度
	钢筋锈蚀检测	剔凿检测法、电化学测定法、综合分析判定法
衬砌及围岩状况检查	无损检查	无损检测衬砌厚度、空洞、裂缝和渗漏水等,以及钢筋、钢拱架、衬砌配筋位置及保护层厚度、围岩状况、仰拱充填层密实程度及其下岩溶发育情况
	钻孔检查	钻孔测定衬砌厚度等,内窥镜观测衬砌及围岩内部状况
荷载状况检查	衬砌应力及拱背压力检查	衬砌不同部位的应力及其变化、拱背压力的分布及其变化
	水压力检查	地下水丰富的隧道,检查衬砌背后水压力的大小、分布及变化规律

(2)检查人员应对有关的技术资料、档案进行调查,并对隧道周围的地质及地表环境等展开实地调查。

(3)对严重不良的地质地段,重大结构病害或隐患处,宜开展运营期长期监测,对其结构变形、受力和地下水状态等进行长期观测。

(4)检查完成后,应编制专项检查报告,报告内容应包括:检查的主要经过,包括检查的组织实施、时间和主要工作过程等;所检查结构的技术状况,包括检查方法、试验与检测项目及内容、检测数据与结果分析以及缺损状态评价等;对缺损或病害的成因、范围、程度等情况的分析,对维修处治对策、技术以及所需工程量和费用等的建议。

第二节 运营隧道检测方法

一、运营隧道常规检查方法

(一)外观检查

1.外观检查目的

外观检查是对土建结构的基本技术状况进行全面检查。通过检查,系统掌握结构基本技术状况,评定结构物功能状态,为制订养护工作计划提供依据。

2.外观检查内容

根据隧道的实际情况,外观检查内容如下所述。

1)洞口

(1)边(仰)坡有无危石、积水、积雪,洞口有无挂冰,边沟有无淤塞,构造物有无开裂、倾斜、沉陷等。

(2)山体滑坡、岩石崩塌的征兆及其发展趋势,边坡、碎落台、护坡道的缺口、冲沟、潜流涌水、沉陷、塌落等及其发展趋势。

(3)护坡、挡土墙的裂缝、断缝、倾斜、鼓肚、滑动、下沉的位置、范围及其程度,有无表面风化、泄水孔堵塞、墙后积水、地基错台、空隙等现象及其程度。

2)洞门

(1)结构开裂、倾斜、沉陷、错台、起层、剥落、渗漏水(挂冰)。

(2)墙身裂缝的位置、宽度、长度、范围或程度。

(3)结构倾斜、沉陷、断裂范围、变位量、发展趋势。

(4)洞门与洞身连接处环向裂缝开展情况、外倾趋势。

(5)混凝土起层、剥落的范围和深度,钢筋有无外露、受到锈蚀。

(6)墙背填料流失范围和程度。

3)衬砌

(1)结构裂缝、错台、起层,剥落,渗漏水,挂冰、冰柱。

(2)衬砌裂缝的位置、宽度、长度、范围或程度,墙身施工缝开裂宽度、错位量。

(3)衬砌表层起层、剥落的范围和深度。

(4)衬砌渗漏水的位置、水量、浑浊、冻结状况。

4）路面
(1) 落物、油污、滞水或结冰,路面拱起、坑槽、开裂、错台等。
(2) 路面拱起、沉陷、错台、开裂、溜滑的范围和程度。
(3) 路面积水、结冰等范围和程度。
5）检修道
(1) 结构破损,盖板缺损,栏杆变形、损坏。
(2) 检修道毁坏、盖板缺损的位置和状况。
(3) 栏杆变形、锈蚀、破损等的位置和状况。
6）排水设施
(1) 缺损、堵塞、积水、结冰。
(2) 结构缺损程度,中央窨井盖、边沟盖板等完好程度,沟管开裂漏水状况。
(3) 排水沟(管)、积水井等有无淤积堵塞、沉沙、滞水、结冰等状况。
7）吊顶及各种预埋件
(1) 变形、缺损、漏水(挂冰)。
(2) 吊顶板变形、缺损的位置和程度。
(3) 吊杆等预埋件是否完好等,有无锈蚀、脱落等危及安全的现象及其程度。
(4) 漏水(挂冰)范围及程度。
3. 外观检查方法

检查采用步行和高空作业车辅助方式,配备必要的检查工具和设备,进行目测或量测检查。检查时,应尽量靠近结构,依次检查各个结构部位,注意发现异常情况和原有异常情况的发展变化。采用钢卷尺、裂缝测宽仪等设备检测,采用数码相机、粉笔/红油漆等进行标记及记录。

(二)裂缝检查

1. 检查内容

裂缝的位置、走向、长度、宽度、深度、开裂范围和程度。

2. 检查设备

钢尺、读数显微镜、裂缝宽度检测仪、裂缝深度测试仪、记号笔等对裂缝进行检查。

3. 检查方法

裂缝宽度:采用裂缝宽度检测仪、读数显微镜在裂缝表面对裂缝进行检测。

裂缝深度:用裂缝深度测试仪对裂缝深度进行检测。

(三)渗漏水检查

1. 检查内容

检测内容包括:渗漏水位置、水量、浑浊度、冻结度及原有防排水系统的状态;漏水的水温、pH值检测;有必要时,可进行水质化学分析。

2. 检查设备

秒表、计量容器、pH试纸。

3. 检查范围

主要对渗漏水较严重的区段进行检查。

二、运营隧道专项检查方法

(一)地质雷达法

地质雷达(图2-1、图2-2)法是近年来新兴的一种地下探测与混凝土构筑物无损检测新技术。地质雷达是探测隐蔽介质结构位置和分布的非破坏性的探测仪器,是目前国内外用于检测混凝土内部缺陷最先进、最便捷的仪器之一,屏蔽天线抗干扰性强、探测范围广、分辨率高,可实时进行数据处理和信号增强,可进行连续透视扫描,现场实时显示二维黑白或彩色图像。

图2-1　美国劳雷地质雷达主机

图2-2　瑞典MALA地质雷达主机

1. 检测原理

地质雷达的发射天线向混凝土内发射高频宽带短脉冲电磁波,电磁波遇到具有不同介电特性的混凝土与围岩界面时有部分返回,接收天线接收反射波并记录反射波的旅行时间。当发射和接收天线沿衬砌表面逐点同步移动时,就能得到其内部介质的剖面图像。根据接收到波的旅行时间(双程走时)、幅度频率与波形变化资料,可以推断介质的内部结构以及目标体的深度、形状等特征参数。

探地质雷达探测原理、检测结果与实际结构对照如图2-3、图2-4所示。

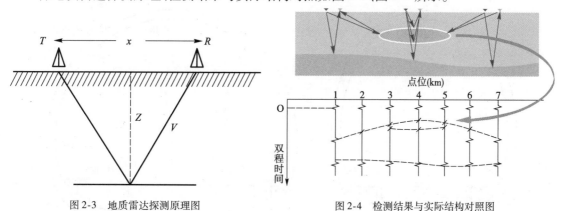

图2-3　地质雷达探测原理图　　　　图2-4　检测结果与实际结构对照图

2. 雷达测线布置

根据《铁路隧道衬砌质量无损检测规程》要求,对隧道衬砌质量检测时常布置纵向测线(图2-5),测线在拱顶、左右拱腰、左右边墙(水沟盖板顶部以上1m)、仰拱(线路中心;双线隧道 2 条测线,单线隧道 1 条测线,如有中心水沟应避开不小于 50cm)等位置布置(图 2-6),全隧通常布置 6~7 条测线。

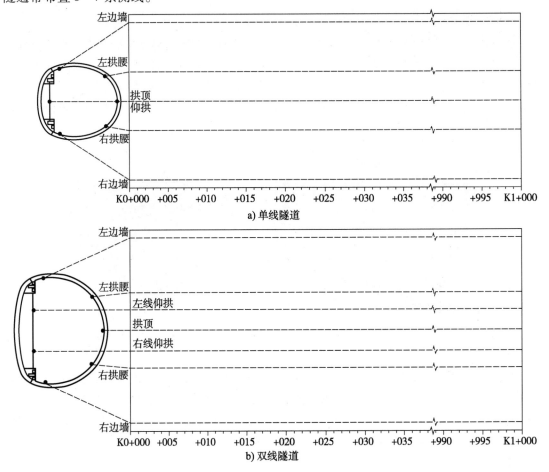

图 2-5 隧道衬砌雷达测线纵向布置示意图

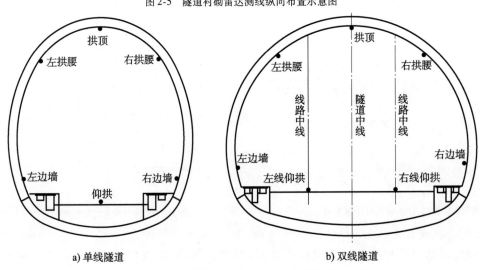

图 2-6 隧道雷达测线横断面布置示意图

公路隧道检测时,可根据断面大小照此布置沿隧道纵向的检测测线。

3. 检测准备

(1)收集隧道工程地质资料、施工图、设计变更资料和施工记录。

(2)根据检测对象选定雷达天线频率(二次衬砌检测选用400MHz或500MHz,仰拱检测选用100MHz或200MHz),并确定相应的技术参数和采集模式(一般采用时间采集模式)。

(3)在任一侧边墙上每隔5m做一个里程标记,并在整10m处写具体里程,用以确保地质雷达图像的定位。

(4)作业人员和设备必须按有关安全规定进行可靠的安全防护,以确保作业安全,尤其是进行隧道拱部测线作业时。

(5)提前对检测仪器、照明机具等设备的电池充电,确保电量充足,以便连续作业。

(6)搭建隧道衬砌检测台车(图2-7),以便进行拱部测线检测。

(7)将雷达主机、天线用电缆按要求连接,并调试以确保设备工作正常;对衬砌混凝土的介电常数或电磁波速做现场标定。

4. 现场检测工作

(1)根据现场情况及要求在隧道衬砌各部位(拱顶、左拱腰、右拱腰、左边墙、右边墙和仰拱)确定测线位置。

(2)按仪器要求将地质雷达主机、天线用电缆连接,并进行调试以确保仪器能正常工作。

(3)由有经验的工作人员扶持地质雷达天线,将天线放于检测测线所在部位。

(4)由经培训并有资质的人员操作地质雷达主机,根据测线部位的衬砌厚度设置技术参数,以确保采集到合格、满足要求的地质雷达信号。

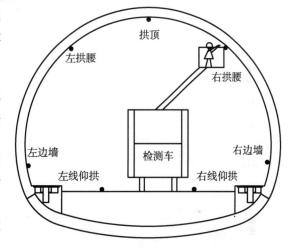

图2-7 检测车及拱部测线检测方式示意图

(5)调试完成后,即沿隧道纵向连续采集信号,检测中在天线经过标记点时(5m间隔)由专人报点,主机操作人员在地质雷达图像上做标记(图2-8),并可每50m做1双标,以进行里程核对。

(6)检测时,每条测线测完后再测另一条测线。

5. 注意事项

1)天线频率的选择

隧道衬砌检测采用屏蔽天线,频率高的天线发射雷达波主频高、分辨率高、能量衰减较快、探测深度较浅;频率低的天线发射雷达波主频低、分辨率低、能量衰减较慢、探测的深度较深。

根据隧道衬砌厚度及检测要求合理地选择天线频率,选择时可参照表2-4,常用频率天线如图2-9所示。

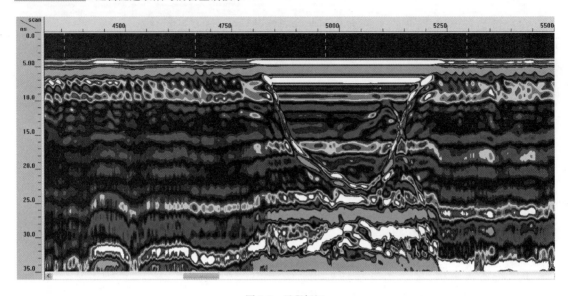

图 2-8 里程标记

检测深度与天线频率选择对照 表 2-4

中心频率 (MHz)	混凝土波速 (cm/ns)	波长 (cm)	分辨率 (λ/B)	穿透深度 (cm)	精度误差 (%)	探测目标
200	12	60.0	7.5	250	3.0	衬砌背后或基底围岩
250	12	48.0	6.0	150	4.0	衬砌背后围岩
400	12	30.0	3.8	100	3.8	二次衬砌
500	12	24.0	3.0	100	3.0	二次衬砌
900	12	13.0	1.7	40	4.3	初期支护

图 2-9 瑞典 MALA 地质雷达几种常用主频的天线

2) 雷达参数的含义及设置

(1) 天线发射率:单位 kHz,最大为 100kHz,发射率越高,数据采集的速度越快。

(2) 测量方式:有时间(连续测量、自由测量)、距离(测量轮控制测量、距离测量)和点(点测)三种测量方式。在地表复杂地区探测或者进行深部探测时选择点测;连续测量方式表示地质雷达系统每秒钟自动记录一定数目的扫描信息,地面测点的多少取决于天线在地面的移动速度;距离测量,需要采用测量轮来完成,系统自动记录每单位距离内的扫描信息,是最准确的数据采集方法。

(3) 采样点数:每根扫描曲线是由一组数据点组成,数据点的多少称为采样点数,采样点数越多,扫描曲线越光滑,垂直分辨率越好。采样点数增加,使得扫描速率下降,同时使得文件所占空间增大。在多数情况下,推荐采样点数选择 512 或 1024。

(4) 时间窗口:地质雷达系统记录电磁波反射信号的长度。时间窗口与地质雷达信号的探测深度有直接关系,时间窗口越大则记录的电磁波时间序列越长,表示记录的反射信号对应的地层界面越深。

(5)介电常数:地下介质(材料)的介电常数,基本上反映了雷达电磁波在地下介质中的传播速度。如果所测介质的介电常数已知,直接在这里输入该参数;在测量现场可以直接将电磁波传播的时间转换成深度信息。介电常数的范围为1~81,常见介质的介电常数见表2-5。

常见介质介电常数表　　　　　　　　　表2-5

介　质	介电常数	电导率(S/m)	传播速度(m/ns)	衰减系数
空气	1	0	0.3	0
水	80	0.5	0.033	0.1
砂岩	6	0.04	—	—
灰岩	4~8	0.5~1	0.12	0.4~1
花岗岩	4~6	0.01~1	0.13	0.01~1
混凝土	6~8	1~100	0.11	—
黏土	5~40	2~1000	0.06	1~300

(6)扫描率:该值是地质雷达系统每秒钟记录在系统内存中的扫描数。采用连续测量方式,则是每秒保存的扫描数;采用测量轮测量方式,则应该把该数值设置得更高。

(7)扫描数/单位距离:每单位水平距离内的扫描数、测点数。使用测量轮测量时,该参数间接表示扫描间距。扫描间距(测点点距)小,水平分辨率高,但是文件所占计算机空间就大。

(8)增益:地质雷达发射的电磁波在介质中的传播过程中,会在电性(介电常数)分界面上发生反射,有一部分电磁波继续向下传播,传播过程中电磁波能量会被介质吸收。随着深度的增加,电磁波能量减弱,信号幅度相应地减小,不利于信号识别和辨认。为了能更好地识别信号特征,采用增益函数来提高信号的幅度,使得信号的细微变化更容易显示和识别。

6. 数据处理与解释

1)数据预处理

天线接收到的雷达波信号在记录各种有效波的同时,也不可避免地记录了各种干扰波,使得记录图形不能清晰反映目标体。由于地下介质相当于一个复杂的滤波器,接收天线接收到的电磁脉冲,波幅衰减,波形与原始反射波有差异。因此,现场采集的数据须进行适当的数字信号处理,为进一步解释分析提供清晰的雷达图像。雷达波形信号处理需要采取以下步骤:

(1)数据预处理。主要包括废道切除、数据归一化、零线设定和去直流漂移。

(2)增益控制。采用时间增益控制调节来补偿由于扩散和衰减的振幅损失,目的是对深部信号放大,以清晰探测深部缺陷。

(3)滤波处理。包括背景去噪、平滑滤波、一维和二维滤波以及小波变换等滤波方法的应用。滤波器可以为采集资料设置滤波器,去除干扰、平滑噪声。

2)反射波的振幅与方向

从反射系数的菲涅耳公式中可以看出两点:

第一点,界面两侧介质的介电常数差异越大,反射波越强。从反射振幅上可以判定两侧介质的性质、属性。

第二点,波从介电常数小进入介电常数大的介质时(从高速介质进入低速介质),反射系数为负,即反射波振幅反向;反之,从低速介质进入高速介质,反射波振幅与入射波同向。这是判定界面两侧介质性质与属性的又一依据。

如从空气中进入土层、混凝土,反射振幅反向,折射波不反向;从混凝土后边的脱空区再反射回来时,反射波不反向,而脱空区的反射与混凝土表面的反射方向正好相反。如果混凝土后边充满水,波从该界面反射也发生反向,与表面反射波同向,而且反射振幅较大。混凝土中的钢筋,波速近乎为零,反射自然反向,而且反射振幅特别强(图2-10)。因而,反射波的振幅和方向特征是雷达波判别最重要的依据。

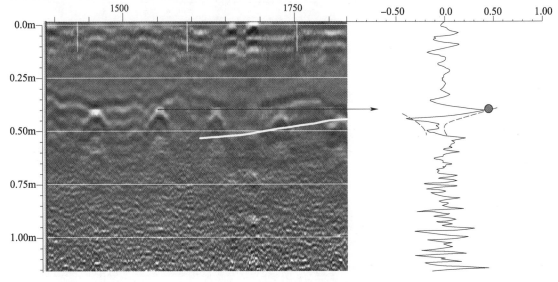

图2-10 振幅及方向反射特征

3) 反射波的频谱特性

不同介质有不同的结构特征,内部反射波的高、低频率特征明显不同,这可以作为区分不同物质界面的依据。如混凝土与岩层相比,比较均质,没有岩石内部结构复杂,因而围岩中反射波明显,特别是高频波丰富。而混凝土内部反射波较少,只是有缺陷的地方有反射。

如围岩中的含水带也表现出低频、大振幅的反射特征,易于识别。节理带、断裂带结构破碎,内部反射和散射多,在相应走时位置表现为高频、密纹反射。但由于破碎带的散射和吸收作用,从更远的部位反射回来的后续波能量变弱,信号表现为平静区。

4) 反射波同向轴形态特征

雷达记录资料中,同一连续界面的反射信号形成同向轴,依据同向轴的时间、形态、强弱、方向等进行解释判断是地质解释最重要的基础。同向轴的形态与埋藏物界面的形态并非完全一致,特别是边缘的反射效应,使得边缘形态有较大的差异。对于孤立的埋设物,其反射的同向轴为向下开口的抛物线(图2-11),有限平板界面反射的同向轴中部为平板,两端为半支下开口抛物线。

5) 衬砌厚度、围岩、脱空等波形特征

衬砌与围岩之间的脱空区为空气,与混凝土和围岩的波阻抗差异很大,反射波正反相间,波相先负后正,反射很强,脱空区断续蜿蜒,位置清晰明显,极易辨别(图2-12)。

6) 隧道检测中干扰波的识别

隧道的检测条件是十分复杂的,除了电气设备的干扰外,隧道墙壁、路基铁轨、检测台车等都会产生反射干扰信号。只有可靠地辨认出衬砌与围岩之间的反射信号与各类干扰信号,才能准确无误地确定衬砌的厚度。当天线在移动中与衬砌表面距离变化时,衬砌与围岩之间的反射信号与表面反射信号同步变化,而隧道内的各种反射波反向变化,形成明显的反差,依此可判定反射波是来自于衬砌内还是隧道内。

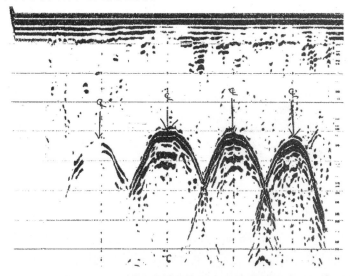

图 2-11 反射波同向轴形态特征示意图

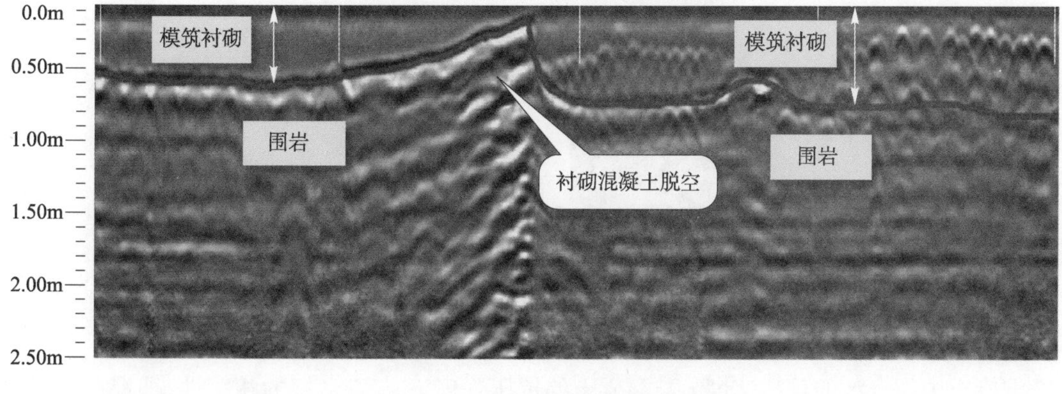

图 2-12 衬砌与围岩间界面形态

(二) 超声-回弹综合法

超声-回弹综合法是应用回弹法和超声法综合检测混凝土强度的方法。回弹值只反映混凝土表层的情况,而超声波声速只反映材料的弹性性质,均不能全面反映混凝土强度等材料的多种指标。但是将两种方法综合使用,优势互补,可得到较好的检测效果。

采用超声-回弹综合法对结构或构件足龄期的混凝土强度进行检测推定时,需用钻芯法作修正。不适用于表面有明显缺陷、遭受冻害、化学侵蚀、火灾和高温损伤结构的检测,也不适用被测构件厚度小于100mm、结构表面温度低于-4℃或高于60℃等情况下,结构混凝土强度的检测。

1. 检测原理

1) 回弹测强度

混凝土是一种刚性材料,在瞬时外力冲击下,会对施力物体产生反力,当施力物体质量与冲击的动能一定时,混凝土对其反力的大小反映了其本身的强度。回弹法即利用此原理,使用一弹击锤以一定动能弹击被测混凝土表面之后测得其回弹值 N,以材料的应力—应变行为与强度的关系为依据,既反映了混凝土的弹性性质,同时又在一定程度上反映了混凝土的塑性性质,但它只能确切反映混凝土表层(约3cm)的状态。

回弹仪(图2-13)检测混凝土强度实际是检测混凝土的表层硬度,并用特殊定义的回弹值来描述和表征混凝土硬度,通过试验方法得到回弹值与混凝土强度间的相关曲线或数学模型。

 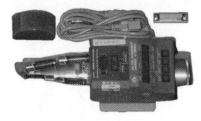

a) 机械回弹仪　　　　　　　　　　　　b) 数显回弹仪

图2-13　混凝土回弹仪

正确操作回弹仪,可提高测试准确度。在操作回弹仪全过程中,都应注意保持握持仪器姿势的正确:一手握住回弹仪中前部位,另一手握压仪器尾部的尾盖。操作基本要领是:用力推压均匀缓慢,扶正垂直对准测面,不晃动(图2-14)。

 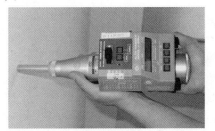

a) 机械回弹仪　　　　　　　　　　　　b) 数显回弹仪

图2-14　混凝土回弹仪的正确测试操作

2)超声波测强度

混凝土中超声波的传播速度 v 与混凝土的抗压强度 f_{cu} 有着良好的相关性,即混凝土的强度越高,相应的超声波声速值也越高。根据这一原理,建立强度和波速的曲线关系,进而测定混凝土的强度值。

超声换能器(图2-15)置于混凝土表面发射时,振动状况复杂,既有纵向振动又有横向振动,其发射出的超声波既有纵波也有横波和表面波。因为纵波比横波速度快得多,虽然换能器发射出各种类型的波,接收换能器也可接收到各种类型的波,但最先接收到的波仍然是纵波,目前在混凝土超声检测中主要研究的是首波(即纵波)(图2-16)。

2. 测区布置

1)检测数量

根据隧道衬砌强度检测要求,可按单个、批量结构或构件进行检测。

(1)单个检测:适用于单个结构或构件的检测。

(2)批量检测:适用于混凝土强度等级相同,原材料、配合比、成型工艺、养护条件基本一致,且龄期相近的同类结构或构件。按批进行检测的构件,抽检数量不得少于同批构件总数的50%且构件数量不得少于2件。

图2-15 超声换能器

图2-16 超声检测中的波形

2)测区布置要求

(1)在结构或构件上均匀布置测区,每个结构或构件上测区数量不应少于10个。

(2)相邻两测区的间距应控制在2m以内,测区离构件端部或施工缝边缘的距离不宜大于0.5m,且不宜小于0.2m。

(3)测区宜选在使回弹仪处于水平状态检测混凝土浇筑侧面。当不能满足这一要求时,可使回弹仪处于非水平状态检测混凝土浇筑侧面、顶面或底面,需对测试结果进行角度和浇筑面修正。

(4)测区宜选在构件的两个对称可测面上(发射和接收换能器的轴线在同一轴线上),也可选在一个可测面上(如隧道衬砌),且应均匀分布。在构件的重要部位及薄弱部位必须布置测区,并应避开钢筋密集区和预埋件部位。

(5)测区尺寸宜为200mm×200mm,测区的面积不宜大于0.04m^2;采用平测时宜为400mm×400mm(以满足超声波波速的回归、修正要求),隧道衬砌平测测区回弹测点及超声波测点示意如图2-17、图2-18所示。

图2-17 超声回弹测区示意图(尺寸单位:cm)

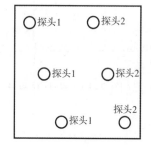

图2-18 平测超声测点示意图

(6)测试面应清洁、平整、干燥,不应有接缝、施工缝、饰面层、浮浆和油垢,并应避开蜂窝麻面。必要时可用砂轮片清除表面杂物和磨平不平整处,并擦净残留粉尘。

3.检测准备

1)技术准备

(1)工程名称及建设、设计、施工和委托单位名称。

(2)结构或构件名称和混凝土设计强度等级。
(3)混凝土浇筑、养护情况及成型日期。
(4)相关施工记录。
(5)确定测区里程及部位。
2)回弹检测准备
(1)在洛氏硬度 HRC 为 60±2 的钢砧上对回弹仪进行率定,率定值应为 80±2。
(2)用砂轮清除测区范围内的虚渣、泥土或灰尘等疏松层和杂物。
3)超声波检测准备
(1)系统的校零:将收、发换能器的辐射面间加黄油或凡士林作为耦合剂,并相互紧贴,将发射能量调到最小时读取的声时,即为 T_0。
(2)测取超声仪两换能器间的距离。

4．现场检测作业
1)回弹检测
(1)将弹击杆顶住混凝土表面,轻压仪器,使按钮松开,放松压力时弹击杆伸出,挂钩挂上弹击锤。
(2)使仪器的轴线始终垂直于混凝土的表面并缓慢均匀施压,待弹击锤脱钩冲击弹击杆后,弹击锤回弹带动指针向后移动至某一位置时,指针块上的示值刻线在刻度尺上示出的数值即为回弹值。
(3)使仪器机芯继续顶住混凝土表面进行读数并记录回弹值。如条件不利于读数时,可按下按钮,锁住机芯,将仪器移开测点读数。
(4)逐渐对仪器减压,使弹击杆自仪器内伸出,测试下一测点。
(5)每个测区测试 16 个回弹值。
2)超声检测
(1)按要求用数据线将换能器与仪器相连,并接上电源,开机后检查仪器的连接状态,并使仪器处于采集状态。
(2)在换能器上涂抹黄油或凡士林等耦合剂,调节首波幅度至屏幕的 1/3 后测读声时值,有调零装置的仪器应调节调零电位器以扣除初读数。
(3)将两换能器分别置于测区中确定的 1 对测点上进行超声波测试,接收信号的首波幅度均应调至屏幕的 1/3 后,才能测读每对测点的声时值。
(4)在每个测区内布置 3 对测点,测试 3 个声时值。

5．注意事项
(1)应定期或不定期对回弹仪、超声仪状况进行校验。
(2)对钢筋混凝土,需要采取措施以减小钢筋对超声波速的影响。
(3)超声测点应布置在回弹测试的同一测区内。
(4)测量超声声时时,保证换能器与混凝土耦合良好,测试的声时值应精确至 $0.1\mu s$。
(5)超声测距的测量误差应不大于 ±1%。

6．数据处理与解释
1)回弹检测数据处理

(1)计算测区平均回弹值:一个测区的 16 个测点回弹值,去掉 3 个较大值及 3 个较小值后,将剩余 10 个回弹值平均求得该测区的平均回弹值。

(2)非水平方向检测混凝土浇筑侧面时,测区的平均回弹值应进行角度修正。

(3)水平方向检测混凝土浇筑表面或浇筑底面时,测区的平均回弹值进行非浇筑侧面修正。

当回弹仪为非水平方向且测试面非浇筑侧面时,应先对回弹值进行角度修正,再对修正后的回弹值进行浇筑面修正。

2)超声检测数据处理

当在混凝土浇筑方向的侧面对测时,根据测区中 3 对测点的声时读数、超声测距计算出 3 个声速值(声速值应精确至 0.01km/s),将其进行平均得出测区混凝土中声速代表值。

当在混凝土浇筑的顶面与底面测试时,应对测区声速值代表值进行测试面修正;当混凝土结构只有一个表面具备检测条件而采用平测法时,则需对超声进行回归修正。

3)混凝土强度的推定

综合法测定混凝土强度就是在测区上既进行回弹法测试又进行超声法测试,以回弹值和波速值两项参数与混凝土强度建立关系,推算混凝土强度。

根据各测区回弹、超声测值(R、v)按混凝土强度(f)与 R、v 间相关关系计算各个测区混凝土强度换算值 f_i。构件第 i 个测区的混凝土强度换算值,应根据规定修正后的测区回弹值及修正后的测区声速值,优先采用专用或地区测强曲线推定。

当结构所用材料与制定的测强曲线所用材料有较大差异时,须用同条件试块或从结构构件测区钻取的混凝土芯样进行修正,试件数量应不少于 3 个。此时,得到的测区混凝土强度换算值应乘以修正系数。

(三)激光扫描仪法

1. 检测原理

1)激光断面仪

激光断面仪(图 2-19)采用极坐标法,以某物理方向(如水平方向)为起算方向,按一定间距(角度或距离)依次测定仪器旋转中心与实际开挖轮廓线交点之间的矢径(距离)及该矢径与水平方向的夹角,将这些矢径端点依次相连即可获得实际开挖的轮廓线。

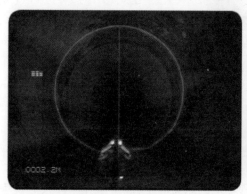
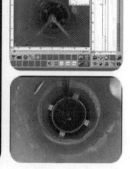

图 2-19　激光断面仪

隧道断面测量仪采用无合作目标激光测距技术和精密测角技术，将极坐标测量方法与计算机技术紧密结合，配合专业图形处理软件，可快速获得隧道封闭空间内部轮廓曲线（图2-20），实时显示超欠挖值，同时可对净空收敛、开挖土石方量进行测量，具有指示炮眼功能，无须后处理可快速出具检测结果及报告。

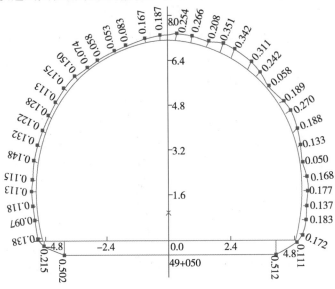

图2-20　激光断面仪检测结果

2）3D激光扫描仪

3D激光扫描仪（图2-21）是对确定目标的整体或局部进行完整的三维坐标数据探测，在三维空间进行从左到右、从上到下的全自动高精度同步扫描，进而得到完整的、全面的、连续的、关联的全景点坐标"点云"数据，可在隧道无光照条件下以每3min 20m的作业速度、976000点/s的精度、每测站仅需2~5min的高效率、毫米级点间距的格网"实景复制"隧道内表面，从而真实地描述出目标的整体结构及形态特性。通过扫描探测点云编织出的"外皮"来逼近目标的完整原形及矢量化数据结构，可进行目标的三维重建。然后由全面的后处理可获取复杂的几何参数，如长度、距离、面积、体积、目标结构形变、结构位移及变化关系等。

3D激光扫描技术的主要特点是大范围的扫描幅度和高精度的小角度扫描间隔。系统通过内置伺服驱动电动机系精密控制激光扫描头的转动，使脉冲激光束沿横轴方向和纵轴方向快速扫描。

图2-21　FARO型三维激光扫描仪

2. 测站布置

1）激光断面仪

根据验收规范及工程要求的断面间距，确定激光断面仪的检测断面，将仪器设置在检测断面的隧道中点。

2）3D 激光扫描仪

由洞口开始每隔 20m 设置一个测站,尽量将仪器设置在隧道中线。

3. 检测准备

1）激光断面仪

(1) 确定检测断面里程；

(2) 用测量仪器测出激光断面仪架设处的高程、与中线的偏距；

(3) 确定测试断面在边墙部位的后视点；

(4) 按要求连接好仪器,并调试以确保激光断面仪能正常工作。

2）3D 激光扫描仪

(1) 将 3D 激光扫描仪的电池充满电；

(2) 按要求安装好仪器,并调试以确保 3D 激光扫描仪能正常工作。

4. 现场检测作业

1）激光断面仪检测

(1) 在检测断面的测点上架立、整平仪器(图 2-22)；

(2) 后视边墙上的后视点；

(3) 调整参数(起始角度、终止角度、测点数等)；

(4) 选取测量模式(多为自动采集)；

(5) 保存数据。

图 2-22　激光断面仪架设

规定沿隧道的开挖方向为正向,测头垂直转动正角度时激光出光的方向为仪器正向,即有圆水泡的方向为正向,也是 X 轴正向,标准断面也应据此制作。

2）3D 激光扫描仪

(1) 在离待测隧道中线起点 10m 处架设三维激光扫描仪(图 2-23),并将该点作为测站 1,将两个参考球 A、B 沿隧道纵向放在离仪器 10m 处,参考球 A、B 的摆放要能够良好识别并使两球有一定高差(图 2-24)。

(2) 开机扫描测量,当三维扫描仪自动扫描 360°后,会保存三维点云数据,并在显示屏上显示出隧道云图(图 2-25)。

(3) 测站 1 扫描完成后将三维激光扫描仪沿隧道轴线向前搬动 20m,在隧道中线上架设测站2,参考球A、B保持原位不动,将参考球C、D沿隧道纵向放在仪器前方10m处(图2-26),参考球C、D的摆放要能够良好识别并使两球有一定高差。

图2-23 三维激光扫描仪架设

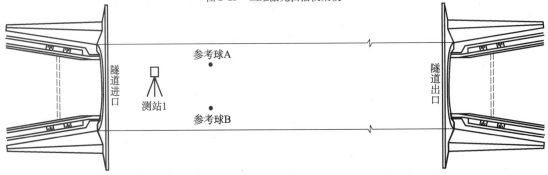

图2-24 测站1扫描示意图

(4)开机扫描测量,当三维扫描仪自动扫描360°后,会保存三维点云数据,并在显示屏上显示出该段隧道云图。

(5)重复以上步骤直至整个隧道扫描结束。

5. 注意事项

(1)确保仪器处于良好状态;

(2)检测前收集隧道工程信息、点位信息;

(3)检测中尽量减少对激光检测路径的干扰,并对异常点做好记录。

6. 数据处理

1)激光断面仪检测

采用激光断面检测仪配套的专用软件,对隧道断面数据进行处理,处理步骤如下:

(1)编辑标准断面曲线;

(2)从测量数据中,导入测量曲线;

图2-25 扫描完成后显示的隧道云图

(3)对测量曲线进行编辑,输入断面的名称、仪器高度和仪器水平偏位(置镜点与隧道中线的偏距);

(4)输入测量人员、测试单位等信息(图2-27);

(5)输出超欠挖、开挖断面面积等检测结果(图2-28)。

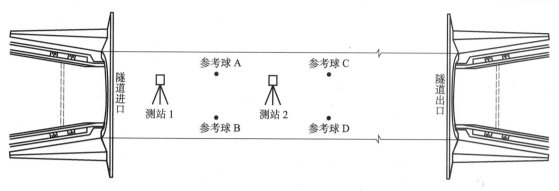

图 2-26 测站 2 扫描示意图

图 2-27 输入信息

图 2-28 激光断面检测超欠挖统计

2)3D 激光扫描仪

(1)设置工程坐标:平曲线、竖曲线、横坡等;

(2)导入隧道标准断面;

(3)通过定位靶球的中心对各个测站的扫描数据进行绝对定位;

(4)设置分辨率、X 轴投影范围、过滤器、投影模型、切片长度等参数后,进行数据处理;

(5)通过创建切片、平整度等后处理,可以得到三维视图、横断面、超欠挖面积和体积、衬砌表面平整度、裂缝及渗漏水展示图等成果(图 2-29 ~ 图 2-34)。

图 2-29 隧道三维点云(实景复制)原始数据展示

a) 单线铁路隧道

b) 双线铁路隧道

图 2-30 隧道内实景影像图

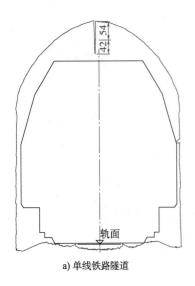
a) 单线铁路隧道

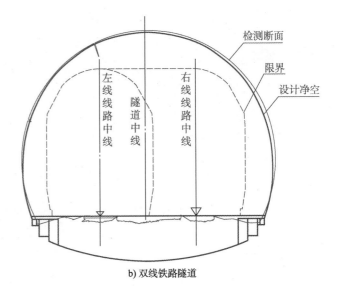
b) 双线铁路隧道

图 2-31 隧道净空断面(尺寸单位:cm)

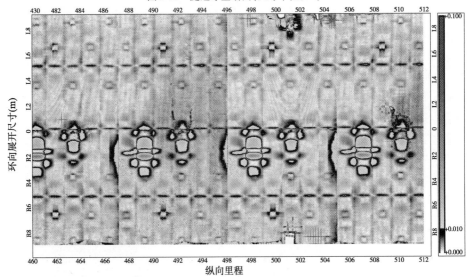

图 2-32 隧道衬砌平整度

(四)取芯法检测

1. 检测原理

取芯法是从结构上钻取芯样,通过室内试验来评定结构质量的一种检测方法,和无损检测方法并列互补。钻芯法由于具有不受混凝土龄期限制、测试结果误差范围小、直观、能真实地反映混凝土强度等诸多优点,可应用于从衬砌结构中钻取芯样测定衬砌的强度,在无损检测中用作修正、验证,甚至仲裁、裂缝深度检测等。

2. 钻芯数量及位置确定

取芯法检测多用在无损检测中强度的修正或无损检测结果的验证等,根据需要进行如下设置。

图 2-33 衬砌表面裂缝

图 2-34 衬砌表面渗漏水

1）无损检测强度修正

（1）标准芯样的数量不应少于 6 个,小直径芯样的试件数量宜适当增加;

（2）芯样应从无损检测方法的结构构件中随机抽取,钻芯位置应与无损检测方法相应的测区重合;

（3）当采用的无损检测方法对结构构件有损伤时,钻芯位置应布置在相应的测区附近。

2）无损检测结果的验证

在对衬砌厚度、衬砌强度等无损检测结果有疑问时,可根据需要对疑问处采用取芯法进行检测,以对无损检测结果进行验证。

3. 检测准备

根据不同的检测目的,做如下检测准备工作：

（1）收集隧道工程地质资料、施工图、设计变更资料和施工记录;

（2）确定取芯的位置、数量、深度;

（3）准备符合要求的取芯机及配套工具,并准备电源、足够量的水;

（4）对芯样做标记的记号笔。

4. 现场检测

（1）在取芯处安装取芯机,并固定牢固;

（2）连接好电源和水管;

（3）钻进时开始缓慢,随时紧固螺栓,钻进至确定深度（图 2-35）;

（4）采用工具取出芯样;

（5）用记号笔对芯样进行编号（图 2-36）。

5. 注意事项

（1）保证钻机钻进过程中的充分水冷却。

（2）达到要求深度后,要将钻头提升到一定高度可停机,钻头离开芯样后才能停水。

（3）保证相应的安全措施。

（4）取芯位置避开受力较大的部位,安全度不足的构件截面,避开钢筋、预埋件或管线。

图 2-35 钻芯工作照片

图 2-36 芯样编号

6. 数据处理

(1) 按照立方体试块抗压试验规定进行。

(2) 换算值计算。

(3) 换算值修正。

(五) 裂缝检测

1. 裂缝宽度检测

1) 检测原理

采用最新电子成像技术,将裂缝原貌成像于仪器主机屏幕,通过屏幕上的激光刻度尺,读出真实可靠数据。

2) 测点布置

对隧道衬砌裂缝进行调查后,沿典型的、需要关注的裂缝走向选取不少于 3 点进行裂缝宽度测试。

3) 检测准备

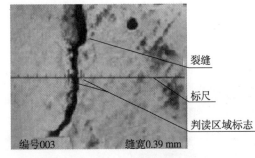
图 2-37 测试界面

(1) 将仪器和摄像头连接好,启动仪器,进入测试界面。

(2) 将摄像头放在被测裂缝上,使裂缝的上、下端部穿过屏幕的上下边界线,类似于图 2-37 的图像。

(3) 裂缝测试部位为裂缝与标尺相交的部位,测试时要尽量保证裂缝与标尺正交,以提高测试的精度。

4) 现场检测

(1) 裂缝判读区域有裂缝分支或背景中有深色的大斑点,可能会影响测试结果,裂缝判读区域标志不能正确的出现在被测裂缝上,此时微调摄像头,使裂缝判读区域标志出现在被测裂缝上即可。

(2) 测试的过程中(图 2-38),缝宽根据裂缝的情况实时变化,按确认键可进行存储数据,测试序号自动增加。

2. 裂缝深度检测

1）检测原理

在相等间距条件下,测量跨缝和不跨缝的声传播时间不同,跨缝时声因绕过裂缝末端使声时加长,由传播声时和探头间距计算缝深。测出超声波在衬砌混凝土中的传播速度,然后,超声波发射器位置固定,使接收器沿衬砌某一方向移动,根据裂缝位置处超声波传播时间的变化（如延迟时间等）,即可计算出裂缝深度（图2-39）。

图2-38 衬砌裂缝测试

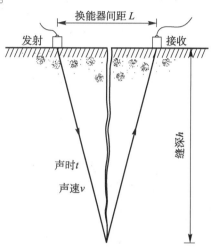

图2-39 裂缝深度测试原理图

2）测点布置

对隧道衬砌裂缝进行调查,沿典型的、需要关注的裂缝走向,选取不少于3点进行裂缝深度测试。

3）检测准备

(1) 根据调查的裂缝资料,制订检测方案,确定裂缝深度测点;

(2) 按要求连接超声波检测仪并调试（图2-40）,确保仪器能正常工作;

(3) 准备换能器的耦合剂（凡士林、黄油等）。

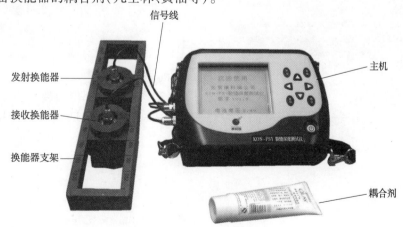

图2-40 裂缝深度测试仪

4）现场检测

隧道衬砌裂缝常采用平面检测法（图2-41）进行检测，平测时应在裂缝的被测部位，以不同的测距，按跨缝和不跨裂缝布置测点（布置测点时应避开钢筋的影响）进行检测，其检测步骤如下。

（1）不跨缝的声时测量。将T和R换能器置于裂缝附近同一侧，测试不跨缝平测时200mm的声时值，进而计算无裂缝路径的混凝土声速值。

（2）跨缝的声时测量。将T、R换能器分别置于以裂缝为对称的两侧，测试间距分别为100mm、150mm、200mm的声时值。

5）注意事项

（1）平测中测距以换能器内边缘为准，是为了提高测距的准确性，而以"时－距"法来求得声波的实际传播距离，可消除仪器初始读数及声波传播路径误差的影响。

（2）跨缝进行声时测量时，在读取首波声时的同时，应注意观察首波相位的变化，因为首波出现反相时的测距与被测裂缝深度存在一定关系，记录了反相时的测距，有助于裂缝深度的分析判断。

（3）T、R换能器测距过小或远大于裂缝深度，声时测试误差较大，对计算裂缝深度影响较大，所以对两个换能器的测距作了限制。

6）数据处理

由不跨缝混凝土声速及跨缝时不同间距的声时值，计算裂缝深度。

（六）钢筋锈蚀检测

1. 检测原理

混凝土中钢筋的锈蚀以金属氧化产生的电化学腐蚀为主，钢筋锈蚀仪（图2-42）采用的半电池电位法是将硫酸铜饱和溶液形成的半电池与钢筋混凝土形成的半电池构成一个全电池系统，由于硫酸铜饱和溶液的电位值相对恒定，而混凝土中的钢筋因锈蚀产生的电化学反应会引起全电池电位的变化，通过测量电位或电位梯度，判断钢筋是否锈蚀及锈蚀程度。

图2-41　裂缝深度测试照片

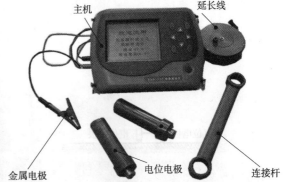

图2-42　钢筋锈蚀仪组成

2. 检测准备

在钢筋混凝土结构及构件上布置测区，每个测区按100mm×100mm～500mm×500mm划分为网格状，网格的节点为电位测点（图2-43）。清除测点处混凝土表面的粉尘，保持清洁、平整。为了加强润湿剂的渗透效果,缩短润湿结构所需要的时间,采用少量家用液体清洁剂加纯净水的导电溶液润湿被测结构。

3. 现场检测

钢筋锈蚀的半电池电位测试方法分为电位测试和梯度测试两种方式。

1) 电位测试

根据钢筋的分布,选择适当位置剔凿出钢筋,除去钢筋表面的污物或锈蚀层,把连接黑色信号线的金属电极夹到钢筋上,确保有效连接,黑色信号线的另一端接锈蚀仪"黑色"插座,红色信号线一端连电位电极,另一端接锈蚀仪"红色"插座(图2-44)。

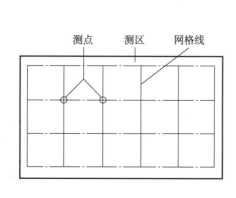

图2-43　测区示意图

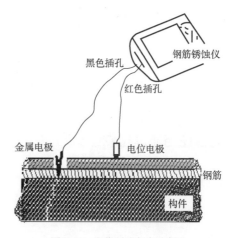

图2-44　电位测试方式示意图

2) 梯度测试

梯度测试与电位测试的区别在于电位测试的是某一个测点的电位值,而梯度测试则是两点之间的电位差。因此梯度测试无需将混凝土凿开,用连接杆连接两个电位电极,间距为20cm,在混凝土表面进行测试(图2-45、图2-46)。

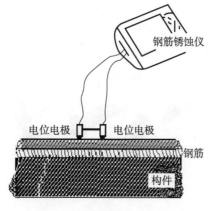

图2-45　梯度测试方式示意图

图2-46　钢筋锈蚀测试照片

4. 注意事项

(1) 避免进水,避免高温(>50℃)。

(2)使用完毕,无须倒掉电极内液体,可永久使用。

(3)避免靠近非常强的磁场,如大型电磁铁、大型变压器等。

(4)仪器长时间不使用时,请取出电池,避免电池泄漏对电路造成损坏。

5. 数据处理

根据测试区各测点的电位值,可由数据图标依照钢筋锈蚀仪机内软件的测点以电位图标的方式显示测点位置和电位信息(图 2-47),依据《建筑结构检测技术标准》对钢筋电位与钢筋锈蚀状态进行判别。

图 2-47　检测数据图标

第三节　运营隧道检测组织方案

一、运营铁路隧道检测组织方案

(一)区间封锁检测方案

(1)施工准备。与工务段、供电段、车务段、电务段签订安全配合协议,与工务段签订作业车配合协议。

(2)申报计划,编写封锁点日临时计划。

(3)发送配合通知单。提前 1 天给工务段、供电段、车务段、电务段发送施工配合通知单,项目负责人确认工务段线路车间、供电段车间、车务段相关车站、电务段车间接到配合通知。

(4)点前准备。配合车务段相关车站召集工务段、供电段、车务段、电务段开点前会,确认作业范围及配合单位人员按作业要求配置到位。

(5)封锁检测。作业车按调度命令进入封锁区间,工务段负责作业车现场作业防护措施设置到位,供电段在检测范围内接挂地线。现场检测按三班制轮班作业,作业车编组到达指定解列地点解列,在各自作业范围内进行检测作业。

(6)工务段、供电段、检测公司、施工单位进行现场验证。

(7)验证完毕后,各作业车在各自作业范围内跑车一遍后到解列地点进行编组,通知电务段对轨道电路状况进行确认,确认轨道电路无故障后告知车站作业车准备返回车站。

(8)返回车站,拆除车挡等作业车防护设施,到车站登记销点。作业车到规定区域停车,作业人员返回驻地。

(二)施工天窗检测施工方案

(1)施工准备。与工务段、供电段、车务段、电务段签订安全配合协议,与工务段签订作业车配合协议。

(2)申报计划。编写天窗月度施工计划及施工天窗临时计划。

(3)发送配合通知单。提前1天给工务段、供电段、车务段、电务段发送施工配合通知单，项目负责人确认工务段线路车间、供电段车间、车务段各车站、电务段车间接到配合通知。

(4)点前准备。配合车务段各车站召集工务段、供电段、车务段、电务段开点前会，确认作业范围及配合单位人员按作业要求配置到位。

(5)天窗检测。工务及供电配合人员协助项目负责人到车站登记，车站根据调度命令放行作业车，作业车按调度命令进入区间，工务段负责作业车现场作业防护措施设置到位，供电段在检测范围内接挂地线。作业车编组到达指定解列地点解列，在各自作业范围内进行检测作业。

(6)工务段、供电段、检测公司、施工单位进行现场验证。

(7)告知车站作业车准备返回车站。

(8)返回车站，到车站登记销点。作业车到规定区域停车，作业人员返回驻地。

(三)区间封锁或施工天窗检测进度计划安排

制订计划的4个原则：

(1)考虑作业车到达检测点平均时间为20min，供电配合挂接触网地线10min，检测完毕后收接触网地线10min，返回车站20min，即点内从车站到检测点往返合计占用时间为60min左右(包括施工天窗与垂直天窗)，施工天窗可用于检测的时长平均120min，垂直天窗放置于施工天窗内可用于检测的时长按平均70min计算。作业车在区间内检测时平均速度为3km/h，以此速度计算每座隧道检测一条测线的运行时间。

(2)每个线路区间长度约60km，距离车站30km以内的隧道考虑从就近车站进出。

(3)垂直天窗时间原则上只对双线隧道进行检测。

(4)当区间内隧道检测总量小、3个施工天窗时间内能完成检测工作的，不对该区间隧道进行封锁检测，尽量减少封锁线路造成的运营压力。

(四)既有线隧道检测作业流程

(1)隧道任一侧边墙上以10m间隔打上标记。

(2)工务现场防护人员确认到位，将作业车平台升至预定高度，检测人员及配合工人上作业车平台，将天线密贴于衬砌表面。

(3)现场标定衬砌混凝土的介电常数或电磁波速，且每座隧道不少于1处，每处实测不少于3次，取平均值。当隧道长度大于3km、衬砌材料或含水量变化较大时，应增加标定点数。标定方法一般采用在已知厚度部位或材料与隧道相同的其他预制件上测量、钻孔实测或在洞口、洞内避车洞使用双天线直达波法测量。

(4)设置仪器参数，窗口大小一般要比实际测量范围要大1/4左右，便于后期解释。

(5)主机、天线和人员于作业车上各就各位。口令到位后开始检测。

(6)检测时，天线紧贴于隧道衬砌表面，并沿所测的测线连续滑动，移动应平稳、速度均匀，移动速度宜为3km/h。

(7)在有障碍物、积水以及其他的可见异常处，用数码相机摄像，以备后期处理和解释用。

(8)数据采集完毕，检测组及配合工人回到作业车，通知工点配合人员拆除地线，告知工务防护及车站现场检测完毕准备返回车站(图2-48)。

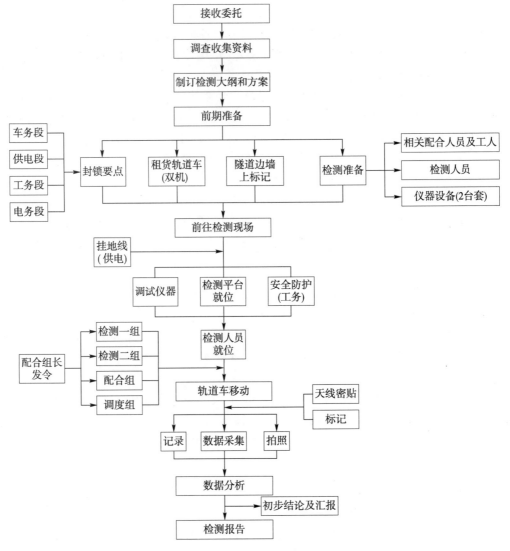

图 2-48 既有线隧道检测作业流程

(五)现场检测作业安全保障措施

1. 检测前对项目部所有成员进行岗前安全培训

检测前组织本项目的全部成员集中学习原铁道部、铁路局关于既有线施工的安全规章制度,确保现场各个环节安全保障有力。主要学习内容为:《铁路技术管理规程》《铁路工务安全规则》。主要采用集中学习,邀请工务、供电、运输方面经验丰富的管理人员讲授规章制度的内容,学习完毕后进行考核,纳入项目部成员绩效考核。

2. 制订切实可行的检测安全保障措施

1) 人身安全

(1) 技术负责人对所有作业人员进行安全培训并考试,培训且考试合格人员方可上道作业。检测前,技术负责人要对全体作业人员进行安全技术方案交底并组织编写作业指导书。

(2) 隧道内所有封锁点外的作业都必须在天窗点内施工,所有人员和机具材料必须在天窗点内才能作业,天窗点外严禁作业。

(3)作业人员进出隧道的过程中要有工务段防护员带领,严禁没有防护员的情况下作业人员进出隧道,进出隧道的过程中工务段防护员要与驻站联络员加强联系,随时掌握列车运行情况并通知人员进入避车洞避车。

(4)在电气化区段通过或使用各种车辆、机具设备不得超过机车车辆限界,作业人员和工具与接触网必须保持2m以上的距离。

发现接触网断线及其部件损坏或在其上挂有线头、绳索等物时,人员不准直接或间接与之接触;在接触网检修人员未到达前,应距断线接地处10m以外设置防护,严禁人员接近。

在接触网支柱及接触网带电部分5m范围以内的金属结构均必须接地,在与接触网相连的支柱及金属结构上,若未装设接地线或接地线已损坏时,严禁人员与之接触。

(5)作业使用的机具必须通过产品认证,未经认证的不得使用。作业前,施工作业负责人和机具使用人员应对机具进行检查,机具状态不良或安全附件失效的机具严禁上线使用。

机具使用前应确认油、水、电、连接件是否符合使用要求,防护装置是否齐全可靠,显示仪表是否正常,整机是否符合现行的安全使用办法。使用中发现故障需紧急处理时,应先停机、切断电路、风路、动力油路等,撤离线路建筑限界以外进行处理,在未确认故障已得到处理的情况下,不得继续使用。

(6)检测作业时全部作业人员必须戴好安全帽、系好安全带或安全绳,不准穿带钉或易溜滑的鞋。严禁一根安全带挂2人及以上人员。

(7)安全带、安全绳每次使用前,使用人必须详细检查。

2)行车安全

(1)在区间上施工,车站驻站联络员与施工现场防护员或项目负责人用电话联系的程序规定如下:

①项目负责人应通过工务段防护员与驻站联络员保持密切联系,掌握列车运行时刻,设置好防护后方可施工。在作业过程中应密切注意来车"预报"、"确报"等信号。

②现场防护员接到驻站联络员发出的预报、确报、变更通知后,均应立即通知项目负责人或按规定信号(用喇叭、信号旗等)向项目负责人重复鸣示,直至对方以相同信号回答时为止。同时应加强警戒,注意瞭望,监视来车与工地情况。如设置有中间联络防护员时,应以上述相同方式准确及时地将信息传达给对方。如联系中断,现场防护员应立即通知施工负责人停止作业。

③驻站联络员与现场防护员应至少每3~5min联系一次。

④驻站联络员应加强与车站值班员的联系,双线区段反方向来车时,驻站联络员应及时通知现场防护员转报项目负责人。

(2)靠近线路堆放材料、机具等,不得侵入建筑接近限界。

(3)各部位作业人员一定要坚守岗位,互相配合,不能擅自离开自己的工作地点,保持作业安全有序、协调进行。

(4)所有作业人员必须统一着防护服,正确使用安全防护用品。

3)设备安全

检测作业准备期间,任何机械设备工具、材料不得接近(不停电的情况下,并保持2m以上距离)、触动、碰损、污染供电设备,人员不得踩踏接触网导线,特别是高压瓷质、硅胶绝缘子及电缆设备要采取遮掩措施,检测前后不得造成异物掉落在接触网上。检测作业前,项目负责人要及时与供电现场配合人员确认既有设备状况,确定防护措施。检测作业过程中对有疑问的地方要及时与现场配合人员确认,防止损坏供电设备。作业过程中造成供电设备损坏,由检测方按有关规定赔偿。

3. 作业车运行安全保障措施

作业车运行具体要求如下:

(1)自轮运转设备应装备作业车运行控制设备(GYK)、机车综合无线通信设备(CIR),司机配备 GSM-R 手持终端。

(2)自轮运转设备前后车顶应安装黄色警示灯,在作业和运行时使用。轨道平车上应安装《铁路技术管理规程》第 358 条规定的移动停车信号。

(3)加强夜间照明设备的配备,确保照明强度。

(4)自轮运转设备运行应由设备配属单位提出申请,注明事由、联系方式、司乘人员培训情况等,经单位主管领导批准方能上道。

(5)同时应向调度所提报《自轮运转特种设备运行、作业计划表》,注明发站、到站、运行径路、限速条件、编组、作业地点、转线计划、添乘人员及联系方式,经调度所施工调度室纳入调度日(班)施工计划方可办理。

(6)司机出乘前必须保证休息,出车前准备工作时间不少于 1h。

(7)出车前、收车后重点检查内容:走行部、传动系、制动系、悬挂部件、物料装载、工器具、GYK 设备、CIR 设备等。

(8)出车前应确认 GYK、CIR 设备作用良好,作用不良时禁止上线运行。GYK、CIR 设备严禁关机或变相关机。

(9)作业车在出车前,司机必须进行制动机试验,列车管压力应不低于 500kPa;运行中,特别是在下坡道运行时,应适时使用制动机,并不得停止发动机工作或采用空挡惰力运行。

(10)作业车编组原则上实行双机牵引,区间作业不得解列。

(11)如施工需要解列运行时,施工前必须制订安全卡控措施,明确解列地点、各自作业范围、连挂时间及地点。连挂地点应选择在平直线路上或坡度较小曲线较缓地段,禁止顺坡连挂。连挂作业应统一指挥,加强联防互控。

(12)在长大坡道,发动机熄火后必须打铁鞋;吊装作业,必须制订方案;尽可能不解编作业。

(13)加强日常车辆的检修,检修实行记名修和双确认制度;车上物品实行定制管理,进出均应进行清点,确保完好无缺。

(14)多单位联合施工,必须指定施工主体,各单位之间互派联络员,在本务机上值乘,承担行车联络之责。在明确分解或连挂地点、各车辆的地点及状态,方能进行分解或连挂。

(15)轨道平车禁止搭乘人员。使用作业车运送材料时,司机及押运负责人应掌握下列事项:

①按规定载重和集重要求装载;

②装载应稳固,不得偏载,不准超限。

(16)作业车连挂时,制动机形式必须相同,应符合车辆编入列车的技术条件。连挂完毕后,必须进行全列制动试验,确认制动性能良好,方可行驶。编组运行时,应将功率大或重载车编在前端,第一位为本务机,各车司机要加强联系,密切配合,同步操作。

二、运营公路隧道检测组织方案

(一)组织工艺及方案

1. 组织工艺

交通组织→隧道检测→开放交通。

2. 组织方案

1) 标志摆设

车辆在通过该路段时须严格按照交通标志的指示行驶,服从执法人员和现场交通安全员的交通指挥,该路段禁止超车、停车,车速控制在30km/h。

下面以某隧道左线检测为例来详细说明标志的摆设方法。在隧道左线检测期间,进行局部交通管制。具体锥标摆法:

(1) 警示区。该区段长度为100m,锥标紧靠超车道左边布置,间距10m。

(2) 过渡区。该区段长度为200m,锥标布置线形为缓和曲线,间距为5m;在隧道进口右侧摆放适量的锥标,以防车辆撞上隧道右侧水沟。

(3) 检测区。该区段长度10m,锥标间距为3m。

2) 交通管制维护

由于锥标在隧道内,通行的车辆可能挂倒锥标,专派2人在交通管制区域值守,负责锥标的扶正。

(二)安全措施

从项目部到班组成立专门的安全管理小组,并设专职安全员,负责本项目的安全工作。

项目部安全员要随时到工地检查安全工作,一经发现有安全隐患,有权立即向班组签发停工令,责令其限期整改。向班组作安全交底,每天最少进行两次安全活动,并做好记录。

严格遵守交通部《公路工程施工安全技术规程》作业,现场的安全标志牌必须满足《公路养护安全作业规程》,应重点注意如下几点安全事项:

(1) 上岗的工作人员在上岗之前必须接受安全教育,对可能出现的危险情况做到心中有数。

(2) 进入工地的所有人员,必须穿反光服或反光背心。

(3) 锥标维护的施工人员必须在隧道两侧的人行盖板上行走,不得在车道上行走,并且在维护锥标时必须是在车辆较少时才能去维护锥标,扶正后须马上回到人行道。

(4) 施工人员要严格按工程师和安全员的交底方案实施。

(5) 对封闭道路用的警筒,随时扶正、固定。损坏的要及时补充。避免非施工车辆进入作业区。

(6) 夜间,在上游过渡区内设置黄色频闪灯,隧道内照明应打开。

(7) 对施工路段发生的堵车现象应及时通知执法大队,配合执法大队的工作,确保施工期间公路运营畅通。

(三)紧急应急措施预案

为保证检测期间路面畅通和应对突发事件,应成立突发事件应急处理小组,组长负责全范围安全和检测协调,副组长负责现场的生产和安全协调,以及组员若干。设置2个安全员,在封道期间进行值班,负责在出现紧急情况时指挥交通,同时协调救援车辆及时到位抢险。

(1)若遇车辆在隧道内出现抛锚时,安全人员应立即通知执法队,查清抛锚地段,封闭事故区段,在洞口前方800m摆设"前方事故"标牌,临时用锥标封闭抛锚路段,派专人指挥交通,同时协助执法队疏导交通或者开放检测隧道供车辆通行,及时通知施救车辆赶赴现场施救拖移故障车,待故障车辆拖离现场后恢复交通。

(2)当隧道内发生交通安全事故时,应立即封闭隧道,严防发生重大汽车追尾事故,在洞口处设置交通事故牌,保护事故现场,第一时间通知执法部门赶赴现场对事故进行处理,同时组织人员疏导交通。

(3)当危险品车辆进入隧道发生故障时,应立即封锁隧道,疏散车辆和人员,在30m范围内禁止明火和烟火,安排人员维持现场秩序,在第一时间将情况通知执法部门和有关部门,同时通知抢险车辆和消防车辆进行施救,在短时间内消除一切安全隐患,确保隧道畅通。

(4)若隧道内出现重大交通事故和危险品车辆在隧道内发生故障,不能通车时,应立即封锁隧道,或将在检测的隧道改为单道双通或者安排车辆从别处通行。

(5)抢险救援小组成员必须监守工作岗位,不得擅离职守,认真履行职责,执行有关安全规定按紧急抢险预案操作,一旦接到报警信息立即组织相关人员和部门赶赴现场进行抢险处置。因指挥失误、组织措施不力,造成重大经济损失和社会不良影响,将按有关规定处理。

第四节 运营隧道检测实例

一、既有铁路隧道检测

(一)检测依据

本次检测的主要依据为:
(1)《回弹法检测混凝土抗压强度技术规程》(GJ/T 23—2001);
(2)《铁路隧道衬砌质量无损检测规程》(TB 10223—2004);
(3)苟家沟等11座隧道竣工资料及维修管理资料等。

(二)检测内容

本次检测的对象为某铁路的11座隧道,隧道详情见表2-6,各隧道检测项目及检测工程量见表2-7。

某铁路双线本次检测隧道全长列表　　　　表2-6

序号	隧道名	行别	隧道全长(m)
1	凉富湾	双	620
2	苟家沟	双	590

续上表

序号	隧道名	行别	隧道全长(m)
3	染坊湾	双	670
4	寨子山	双	105
5	陈家湾	双	463
6	新染坊湾	双	787
7	新张家湾	双	188
8	王家湾	双	223
9	新贾家沟	双	106
10	新学籍沟	双	252
11	新碾子沟	双	238

各隧道检测项目及工程量 表2-7

序号	检测项目		单位	数量	备注
1	衬砌厚度及背后缺陷	纵向测线	m	29694	7条测线
2		环向测线	m	2969	暂定纵向测线的10%
3	隧道净空、衬砌裂缝及渗漏水		m²	98662	全隧道检测
4	混凝土强度		测区	82	50m一个测区

(三)检测方法

本次检测以无损检测为主,根据检测项目确定的检测方法及仪器设备(表2-8)。

检测方法及仪器设备 表2-8

序号	检测项目		检测方法	仪器设备
1	衬砌厚度及背后缺陷	纵向测线	地质雷达	SIR3000型地质雷达
2		环向测线	地质雷达	SIR3000型地质雷达
3	隧道净空、衬砌裂缝及渗漏水		三维激光扫描仪	FARO地面雷达
4	混凝土强度		回弹法	回弹仪

(四)检测总体计划及工期安排

双线电气化铁路隧道运营期间天窗时间很短,预计为90min/d,减去检测前和通电前的准备时间,每天的检测时间为40~45min。

由检测项目可知,只有衬砌厚度及背后空洞检测需要高空、断电作业,即必须在天窗时间内作业;其他检测项目则可以在封闭上行线或下行线、接触网不断电的情况下进行作业(包含边墙测线),故检测时以地质雷达检测拱部5条测线的时间为控制工期。

检测时轨道车按5km/h的正常速度行驶,即理论上每天能检测的最大测线长度为3700m,但考虑到测线的转换、不同测线时参数的设置和不可预见的情况,1台仪器时按3000m/d、2台仪器时按6000m/d的测线长度控制。因此,根据隧道长度、测线布置情况及隧道间距离,制订1台仪器的拱部地质雷达检测安排(见表2-9),若为2台仪器,则时间减半。

拱部地质雷达检测工作安排　　　　　　　　　表2-9

时间安排	隧道名	隧道长度(m)	测线数	测线总长度(m)	隧道间距离(m)	轨道车运行长度(m)	备注
第1天	凉富湾	620	3	1860	0	1860	左线
第2天	苟家沟	590	3	1770	0	1770	左线
第3天	凉富湾	620	2	1240	588	3008	右线
	苟家沟	590	2	1180			
第4天	染坊湾	670	2	1340	803	2458	左线
	寨子山	105	3	315			
第5天	染坊湾	670	3	2010	803	3023	右线
	寨子山	105	2	210			
第6天	陈家湾	463	3	1389	1147	3323	左线
	新染坊湾	787	1	787			
第7天	陈家湾	463	2	926	1147	3647	右线
	新染坊湾	787	2	1574			
第8天	新染坊湾	787	2	1574	0	1574	左线
第9天	新张家湾	188	3	564	80	1090	左线
	王家湾	223	2	446			
第10天	新张家湾	188	2	376	80	1125	右线
	王家湾	223	3	669			
第11天	新贾家沟	106	2	212	2132	3058	左线
	新学籍沟	252	2	504			
	新碾子沟	238	3	714			
第12天	新贾家沟	106	3	318	2132	2926	右线
	新学籍沟	252	3	756			
	新碾子沟	238	2	476			

边墙测线检测速度按4km/h的速度,因耽误时间较少,每天能保证1h的工作时间,故每天按4000m的检测长度进行安排,工作安排见表2-10。

边墙地质雷达检测工作安排　　　　　　　　　表2-10

时间安排	隧道名	隧道长度(m)	测线数	测线总长度(m)	隧道间距离(m)	轨道车运行长度(m)
第1天	凉富湾	620	2	1240	588	3008
	苟家沟	590	2	1180		
第2天	染坊湾	670	2	1340	1216	2766
	寨子山	105	2	210		
	陈家湾	463	2	926		

续上表

时间安排	隧道名	隧道长度（m）	测线数	测线总长度（m）	隧道间距离（m）	轨道车运行长度（m）
第3天	新染坊湾	787	2	1574	1506	3526
	新张家湾	188	2	376		
	王家湾	223	2	446		
第4天	新贾家沟	106	2	212	2132	2820
	新学籍沟	252	2	504		
	新碾子沟	238	2	476		

注：三维激光扫描工作与地质雷达同时进行，不另安排时间。

（五）安全、质量保证措施

1. 安全保证体系工作制度管理

为了确保安全，特制订如下安全保证措施：

（1）在检测工作开展前，对参加检测的工作人员进行专门的安全生产教育和作业规程训练。

（2）参加检测的工作人员必须正确佩戴安全帽，在高空扶地质雷达天线的检测人员必须系安全绳。

（3）检测人员不得在施工作业控制区域以外活动。

（4）用电设备由专人负责管理。

（5）设置专职安全员对作业安全情况进行监控和监督。

（6）听从工务段、供电段等协作单位安全人员的指令。

2. 质量保证体系工作制度管理

（1）对检测工作，做到秉公检测，抵制来自各方面的干扰和不正当的压力影响；抵制不正之风，实事求是，以科学的数据说话，做到独立公正。

（2）检测人员必须持有相关检测证上岗。

（3）检测设备在进入现场前，必须试运行，确保检测结果正常。

（4）现场检测人员在检测过程中，必须按相关技术规程进行操作。

（5）数据采集时，为确保检测数据的真实、科学，检测站对计算和数据换算均做校核检查，对有疑问的数据再安排必要的验证。

（6）现场相关记录必须按国家有关规范和规定进行记录，不得任意涂改，确有笔误按有关规定进行修改。

（7）现场检测发现异常，应及时通知项目负责人，并用其他的方法进行检测校核。

（8）数据处理时，本着公平、公正、严肃认真的态度，按相关规定进行处理，不得修改原始数据。

（9）工程检测报告中的主要格式一律采用统一方式进行编制，而报告中文字叙述也应按照相关规范细则中的规定编写，尽可能规范化。

（10）检测存档报告一般不允许生产单位或其他单位查阅、复制，必要时须经本项目负责人批准。

（11）检测报告及内容严禁外泄给同工程涉及利害冲突的单位,未经委托方或质检部门同意,检测报告不得交与其他单位。

(六)检测结果

本次共检测了11座隧道,以其中的王家湾隧道为例说明检测结果及其形式。

1.衬砌厚度及背后缺陷

1)衬砌厚度

本隧道各测线衬砌厚度检测结果见厚度统计表 2-11,欠厚统计见表 2-12,各测线合格率见表 2-13,典型衬砌检测厚度和地质雷达图像示例如图 2-49、图 2-50 所示。

衬砌厚度检测结果统计表　　　　　表 2-11

测线	里程范围	设计厚度（cm）	检测厚度（cm）		
			最小值	最大值	平均值
左边墙	K0+000～K0+033	55	53	65	59.7
	K0+034～K0+043	50	53	61	56.5
	K0+044～K0+194	45	46	59	52.1
	K0+195～K0+223	50	49	61	55.6
左拱脚	K0+000～K0+033	55	54	70	62.2
	K0+034～K0+043	50	52	67	61.5
	K0+044～K0+194	45	46	63	54.4
	K0+195～K0+223	50	55	66	60.0
左拱腰	K0+000～K0+033	55	55	80	66.9
	K0+034～K0+043	50	48	74	65.4
	K0+044～K0+194	50	44	63	54.3
	K0+195～K0+223	50	44	69	58.5
拱顶	K0+000～K0+033	55	47	79	63.4
	K0+034～K0+043	50	44	63	54.3
	K0+044～K0+194	45	47	68	56.5
	K0+195～K0+223	50	44	67	58.1
右拱腰	K0+000～K0+033	55	57	75	64.7
	K0+034～K0+043	50	56	64	61.3
	K0+044～K0+194	45	45	79	59.5
	K0+195～K0+223	50	45	71	61.3
右拱脚	K0+000～K0+033	55	42	75	58.2
	K0+034～K0+043	50	44	67	57.9
	K0+044～K0+194	45	37	69	52.5
	K0+195～K0+223	50	59	82	69.7
右边墙	K0+000～K0+033	55	51	69	60.0
	K0+034～K0+043	50	54	65	59.5
	K0+044～K0+194	45	44	70	57.6
	K0+195～K0+223	50	49	62	56.1

衬砌厚度欠厚统计表 表2-12

序号	位置	里程桩号	设计厚度(cm)	检测厚度(cm)	长度(m)
1	拱顶	K0+037~K0+038	50	44~48	1
2	右拱脚	K0+022~K0+024	55	49~50	3
3	右拱脚	K0+025~K0+027	55	41~50	3
4	右拱脚	K0+043~K0+044	50	42~49	2
5	右拱脚	K0+057~K0+058	45	40~41	2
6	右拱脚	K0+061~K0+062	45	37~38	2
7	右拱脚	K0+136~K0+141	45	39~41	6
8	右拱脚	K0+191~K0+192	45	39~40	2
9	右边墙	K0+027~K0+030	55	51~53	3
10	合计				24

注：未统计部分单个不合格点。

衬砌厚度评定表 表2-13

序号	位置	检测里程桩号	检测点数	合格点数	合格率
1	左边墙	K0+000~K0+223	224	222	99.11%
2	左拱脚	K0+000~K0+223	224	223	99.55%
3	左拱腰	K0+000~K0+223	224	217	96.88%
4	拱顶	K0+000~K0+223	192	181	94.27%
5	右拱腰	K0+000~K0+223	224	224	100.00%
6	右拱脚	K0+000~K0+223	224	182	81.25%
7	右边墙	K0+000~K0+223	224	217	96.88%
8	总评	王家湾隧道衬砌厚度合格率:95.42%			

由表2-13知,各测线衬砌厚度合格率为:左边墙99.11%;左拱脚99.55%;左拱腰96.88%;拱顶94.27%;右拱腰100.00%;右拱脚81.25%;右边墙96.88%。整座隧道衬砌混凝土厚度合格率为95.42%,不满足规范要求。

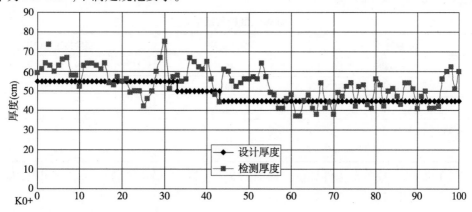

图2-49 右拱脚测线K0+000~K0+100段衬砌厚度检测结果

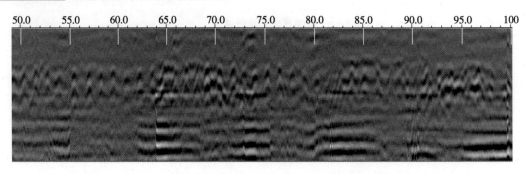

图 2-50　右拱脚测线 K0+050~K0+100 段地质雷达图像

2）背后缺陷

本隧道各测线衬砌背后缺陷见缺陷统计表 2-14。

缺陷统计表　　　　　　　　　　　　　表 2-14

序号	测线	缺陷里程桩号	缺陷类型	缺陷深度(cm)	缺陷长度(m)
1	左边墙	K0+079~K0+080	空洞	35~45	1
2	左拱脚	K0+039~K0+041	空洞	35~43	2
3	左拱腰	K0+084~K0+087	空洞	34~43	3
4	拱顶	K0+029~K0+031	不密实	38~53	2
5	拱顶	K0+214~K0+216	空洞	36~61	2
6	右拱腰	K0+024~K0+025	空洞	45~55	1
7	右拱腰	K0+032~K0+035	空洞	55~65	3
8	右拱脚	K0+069~K0+070	空洞	45~55	1
9	右拱脚	K0+180~K0+181	空洞	45~55	1
10	总计				16

共检测出背后缺陷 11 处，其中空洞 10 处，不密实 1 处；缺陷长度共计 16m，占测线长度的 1.04%。

2. 衬砌强度

本隧道回弹强度检测见表 2-15。

回弹强度检测结果　　　　　　　　　　表 2-15

序号	里程桩号	回弹值(MPa)	强度推定值(MPa)
1	K0+005	44.9	52.5
2	K0+055	38.0	37.5
3	K0+105	42.0	45.9
4	K0+155	48.1	59.0
5	K0+205	41.0	43.7

小于 10 个测区，按单个构件评价。检测的 5 个测区中，最小换算值为 37.5MPa，大于 C25 设计值，满足设计要求。

3. 隧道净空

本隧道横断面统计情况见表 2-16，典型横断如图 2-51 所示。

隧道横断面统计表 表2-16

序号	里程桩号	隧道净空				拱顶超限(cm)	是否侵入限界
		最大侵限		最大超限			
		部位	数值(cm)	部位	数值(cm)		
1	K0+005	墙脚	25	拱脚	24	17	否
2	K0+025	墙脚	23	拱脚	21	16	否
3	K0+045	墙脚	26	拱脚	23	16	否
4	K0+065	墙脚	29	拱脚	24	14	否
5	K0+085	墙脚	26	拱脚	21	11	否
6	K0+105	墙脚	21	拱脚	15	12	否
7	K0+125	墙脚	21	拱脚	17	9	否
8	K0+145	墙脚	19	拱脚	15	10	否
9	K0+165	墙脚	23	拱脚	17	12	否
10	K0+185	墙脚	20	拱脚	16	7	否
11	K0+205	墙脚	24	拱脚	18	11	否
12	K0+220	墙脚	23	拱脚	17	10	否

考察的12个断面中,所有断面墙脚均侵入净空,最大侵入29cm;共有0个断面拱顶侵入净空;各断面均未侵入限界。

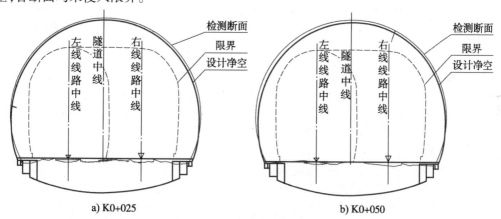

图2-51 净空与设计和限界对比

4.衬砌裂缝及渗漏水

本隧道扫描三维图示例如图2-52所示,典型裂缝及渗漏水见表2-17。

典型裂缝及渗漏水统计表 表2-17

序号	起始里程桩号	终止里程桩号	裂缝部位	裂缝描述
1	K0+027	K0+027	环向	施工缝
2	K0+036	K0+036	环向	施工缝
3	K0+046	K0+046	环向	施工缝
4	K0+053	K0+053	环向	施工缝

续上表

序号	起始里程桩号	终止里程桩号	裂缝部位	裂缝描述
5	K0+062	K0+062	环向	施工缝
6	K0+071.5	K0+071.5	环向	施工缝
7	K0+073	K0+073	左拱腰	斜裂缝
8	K0+080	K0+080	环向	施工缝
9	K0+080	K0+089	右边墙	横裂缝
10	K0+084.5	K0+087.5	拱顶	横裂缝
11	K0+089	K0+089	环向	施工缝
12	K0+098	K0+098	环向	施工缝,渗水
13	K0+102.5	K0+102.5	右拱腰	斜裂缝
14	K0+105	K0+105	环向	施工缝
15	K0+111.5	K0+111.5	环向	施工缝
16	K0+113	K0+119	右边墙	渗水
17	K0+120	K0+120	环向	施工缝,渗水
18	K0+137	K0+137	环向	施工缝,渗水
19	K0+147	K0+147	环向	施工缝
20	K0+155.5	K0+155.5	环向	施工缝,渗水
21	K0+164	K0+164	环向	施工缝
22	K0+167	K0+168.5	右边墙	横裂缝
23	K0+173	K0+173	环向	施工缝
24	K0+177.5	K0+177.5	拱顶	渗水
25	K0+182	K0+182	环向	施工缝
26	K0+191	K0+191	环向	施工缝
27	K0+194.5	K0+194.5	拱顶	渗水
28	K0+200	K0+200	环向	施工缝
29	K0+206	K0+206	环向	施工缝

图 2-52 K0+110~K0+130 段三维图

存在 30 处裂缝,对结构有影响的裂缝:漏水的裂缝有 8 处;拱顶处裂缝有 3 处。

5.检测结论

1)衬砌厚度

各测线测点合格率为:左边墙99.11%;左拱脚99.55%;左拱腰96.88%;拱顶94.27%;右拱腰100.00%;右拱脚81.25%;右边墙96.88%;全隧衬砌混凝土厚度合格率95.42%,不满足要求。

2)背后缺陷

共检测出背后缺陷11处,其中空洞10处,不密实1处;缺陷长度共计16m,占测线长度的1.04%。

3)衬砌强度

检测的5个测区中,最小换算值为37.5MPa,大于C25设计值,满足设计要求。

4)衬砌裂缝及渗漏水

存在裂缝,共有30处,对结构有影响的裂缝:漏水的裂缝有8处;拱顶处裂缝有3处。

5)隧道净空

考察的12个断面中,各断面拱部均未侵入净空和限界。

二、既有公路隧道检测

(一)编制依据

(1)《公路隧道养护技术规范》(JTG H12—2015);
(2)《公路工程质量检验评定标准》(JTG F80/1—2004,JTG F80/2—2004);
(3)《公路隧道设计规范》(JTG D70—2004);
(4)《公路隧道施工技术规范》(JTG F60—2009);
(5)某高速公路中梁山隧道、宋家沟1号隧道、宋家沟2号隧道竣工资料;
(6)某高速公路中梁山隧道、宋家沟1号隧道、宋家沟2号隧道病害检测投标书;
(7)某高速公路中梁山隧道、宋家沟1号隧道、宋家沟2号隧道技术状况检测技术服务合同书。

(二)检测内容

检测的对象为某高速公路中梁山隧道(左洞长3167m,右洞长3104m)、宋家沟1号隧道(左洞长157m,右洞长205m)、宋家沟2号隧道(左洞长350m,右洞长435m)。检测的内容为既有隧道技术状况,包括以下各项内容。

(1)几何技术尺寸检测(隧道横断面及净空状况等)。
(2)衬砌及围岩技术状况检测:
①衬砌的位移、变形和破损;
②衬砌的厚度和强度及其劣化状况;
③衬砌背后空洞及围岩状况;
④衬砌的裂缝及渗漏水。

(三)检测方法

检测以无损检测为主,根据检测项目确定的检测方法及仪器设备见表2-18。

检测方法及仪器设备 表2-18

序号	检测项目	检测方法	仪器设备	备注
1	隧道净空	激光断面仪	BJSD-2型隧道断面仪	衬砌位移、变形
2	衬砌厚度	地质雷达	RAMAC Ⅱ型地质雷达	
3	衬砌强度	超声回弹法	NM-4A超声仪,ZC-3A回弹仪	
4	衬砌背后空洞及围岩状况	地质雷达	RAMAC Ⅱ型地质雷达	
5	衬砌的裂缝及渗漏水	人工素描	照相机,游标卡尺等	人工目测

(四)检测工作安排

该检测项目,总体上进行流水作业。在准备工作完成之后,各检测项目进行平行作业。工期安排横道图如图2-53所示。

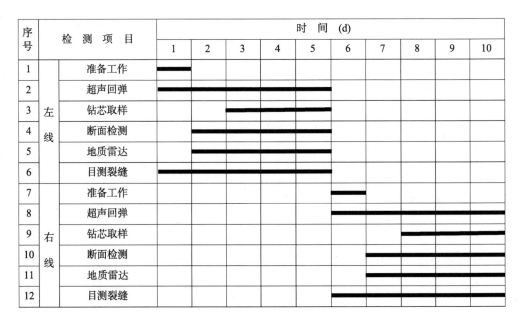

图2-53 检测工作安排横道图

(五)安全保证措施

为了确保安全,特制订如下安全保证措施:

(1)在检测工作开展前,对参加检测的工作人员进行专门的安全生产教育和作业规程训练。

(2)设交通管制标志,夜间作业时设置照明灯和红黄频闪灯。

(3)参加检测的工作人员必须正确佩戴安全帽,在高空扶地质雷达天线的检测人员必须系安全绳。

(4)检测人员不得在施工作业控制区域以外活动。

(5)用电设备由专人负责管理。

(6)检测车辆进出检测区域,注意观察并主动避让正常行驶的车辆。

(六)检测实施过程中的交通管制计划

在检测实施时要封闭交通,进行交通管制。

(1)管制方法:根据检测工作安排(先进行左洞的检测,左洞的各检测项目全部检测完成后进行右洞的检测),先对左洞进行交通管制(封洞),利用右洞进行双向行驶;在左洞检测完成后,对右洞进行检测时,再对右洞进行交通管制(封洞),利用左洞进行双向行驶。

(2)管制时间:检测期间,每天从晚上8点至早上8点,实施夜间检测作业,以最小限度地减小对某高速公路交通的干扰,保证隧道在检测期间正常运营。

(七)检测结果

1. 衬砌厚度及接触状况、路面混凝土厚度及基础状况检测

1)衬砌厚度

衬砌厚度局部存在衬砌厚度小于设计值,各测线测点合格率为:左边墙100%;左拱脚100%;左拱腰100%;拱顶100%;右拱腰99.77%;右拱脚100%;右边墙100%;左路面100%;中路面100%;右路面99.54%。

2)衬砌背后及基底情况

衬砌背后局部存在空洞、不密实情况;基础局部存在不密实及含水情况,示例如图2-54所示。

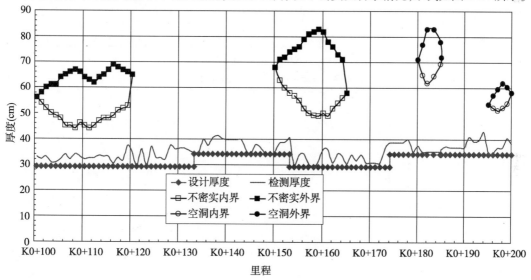

图2-54 K0+100~K0+200 左拱脚衬砌其厚度、背后空洞及围岩情况示意

2. 衬砌强度检测

衬砌强度采用超声回弹综合法检测,结合钻芯取样修正混凝土抗压强度换算值,再根据《超声回弹综合法检测混凝土强度技术规程》计算出衬砌强度检测结果(表2-19),由表2-19可知混凝土抗压强度推定值为30.9MPa,衬砌混凝土大于设计强度。

衬砌强度检测结果　　　　　　　　　表2-19

构件		混凝土抗压强度换算值(MPa)				混凝土抗压强度强度推定值(MPa)
名称	编号	修正系数	平均值	标准差	最小值	
衬砌混凝土	JGD 2005-011	1.12	41.5	5.5	30.9	30.9

3. 隧道净空检测

检测结果详见表2-20,检测的12个断面中不存在侵限的断面有5个,占百分比为42%;在侵限的检测断面中,侵限的部位大多在边墙贴瓷砖装修处,最大侵限值为44mm,最大侵限率为0.24%,衬砌无明显变形,典型断面检测统计如图2-55所示。

典型断面检测统计表　　　　　表2-20

序号	里程桩号	超限面积（m²）	侵限面积（m²）	最大超限（mm）	最大侵限（mm）	平均线性超挖（mm）
1	K0+000	0.66	0.08	79	17	40
2	K0+040	1.13	0	121	0	60
3	K0+080	0.87	0.11	105	44	49
4	K0+120	0.98	0.02	94	14	42
5	K0+160	0.99	0.04	96	1	56
6	K0+200	0.89	0	64	0	43
7	K0+240	0.96	0	86	0	50
8	K0+280	1.08	0	111	0	54
9	K0+320	1.19	0.02	114	7	67
10	K0+360	0.81	0.12	100	32	50
11	K0+400	0.61	0.01	90	9	37
12	K0+430	1.62	0	159	0	82

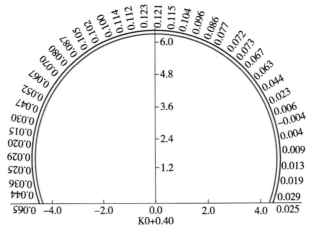

图2-55　K0+040检测断面

4. 衬砌裂缝及渗漏水

宋家沟2号隧道右线衬砌局部存在裂纹、渗水（痕迹）,极个别地方存在滴水情况。较严重的渗漏水里程、渗漏水位置及渗漏水情况列于表2-21。

衬砌裂缝列表　　　　　表2-21

序号	渗漏水里程	渗漏水情况
1	K0+080～K0+150	有多处渗水
2	K0+160～K0+210	有多处渗水
3	K0+230～K0+290	有多处渗水,个别地方有滴水
4	K0+300～K0+370	边墙位置有多处渗水

5.检测结论

1)衬砌厚度及背后围岩情况

(1)衬砌厚度基本满足要求,衬砌背后局部存在的不密实及小空洞,后期在地下水的作用空隙会扩大。

(2)路基基础局部存在不密实及含水情况,路面有沉陷、错台及开裂情况,但尚不妨碍交通。

2)衬砌强度

衬砌混凝土抗压强度推定值满足设计要求。

3)隧道净空

隧道净空断面虽在局部存在轻微侵限,无断面侵入建筑限界,从而对隧道的运营没有影响,仍能满足运营要求。衬砌无明显变形,衬砌不可能再发生异常情况。

4)衬砌裂缝及渗漏水

衬砌表面存在裂缝、渗漏水情况,但裂缝无发展趋势,且衬砌裂缝等处的渗水几乎不影响行车安全,尚未妨碍交通,但影响隧道内设备的安全。

第三章　运营隧道结构缺陷与病害类型及其成因

第一节　运营隧道结构缺陷类型及其成因

一、运营隧道状态分类

根据保证隧道正常使用和行车安全的要求,隧道状态可分为完好、缺陷和病害三类。

隧道状态完好是指隧道衬砌结构状态符合设计要求,无任何缺陷或病害。

隧道缺陷是指隧道交付运营时已存在的可见的或隐蔽的质量缺陷,主要指衬砌厚度不足、衬砌混凝土强度不足、衬砌背后空洞或回填不密实、基底不密实等。

隧道病害是指隧道交付运营时已存在的或运营期间出现的影响衬砌使用寿命或行车安全的劣化状态,主要指衬砌渗漏水、衬砌裂纹、衬砌变形、净空不足、衬砌压溃或剥落、衬砌腐蚀、整体道床裂损、仰拱或底板裂损、基床软化及翻浆等。

二、运营隧道结构缺陷类型及形成原因

运营隧道结构缺陷的类型主要有初砌厚度缺陷、混凝土质量缺陷、初砌背后空洞或回填不密料、隧底缺陷、钢筋及钢架缺陷等。

1. 衬砌厚度缺陷

1)衬砌厚度缺陷形成原因

隧道衬砌厚度不足类缺陷是一种常见的隧道缺陷,造成衬砌出现厚度不足的原因较多,主要是因为隧道在修建期间施工工艺不当引起的:如围岩欠挖,造成初期支护侵入二次衬砌;模板台车支撑不稳,浇筑混凝土时因压力过大引起台车滑移,造成二次衬砌一边厚一边薄的情况;施工过程中因塌方或围岩压力导致初期支护钢拱架变形侵入二次衬砌,施工单位未进行换拱直接模筑衬砌强行通过造成二次衬砌厚度不足;偷工减料等。

2)运营隧道衬砌厚度缺陷影响

隧道衬砌厚度不足会直接导致隧道衬砌结构承载能力降低,从而导致结构形变;当厚度严重不足时,隧道衬砌甚至会发生断裂、塌落等灾难性后果,危及运营安全。

2. 混凝土质量缺陷

1)混凝土质量缺陷分类

(1)强度等级、弹性模量、抗渗等级等性能指标未达到设计要求。

(2)外观质量缺陷,有麻面、露筋、蜂窝、孔洞、夹渣、疏松、裂缝、连接部位缺陷、外形缺陷、外表缺陷、混凝土强度不足等。

(3)结构尺寸偏差超出允许限值。

2)混凝土质量缺陷成因

(1)麻面。麻面是结构构件表面呈现无数的小凹点,而尚无钢筋暴露的现象。它是由于模板内表面粗糙、未清理干净、润湿不足;模板拼缝不严密而漏浆;混凝土振捣不密实,气泡未排出以及养护不规范所致(图3-1)。

图3-1 混凝土表面麻面

(2)露筋。露筋即钢筋没有被混凝土包裹而外露。主要是由于绑扎钢筋或安装钢筋骨架时未放垫块或垫块位移、钢筋位移、结构断面较小、钢筋过密等使钢筋紧贴模板,以致混凝土保护层厚度不足所致。有时也因混凝土结构物缺边、掉角而露筋(图3-2)。

(3)蜂窝。蜂窝是混凝土表面无水泥砂浆,露出石子的深度大于5mm,但小于保护层厚度的蜂窝状缺陷。它主要是由于混凝土配合比不准(浆少石多),或搅拌不匀、浇筑方法不当、振捣不合理,造成砂浆与石子分离;模板严重漏浆等原因而产生(图3-3)。

图3-2 表面露筋   图3-3 蜂窝

(4)孔洞。孔洞是指混凝土结构存在着较大的孔隙,局部或全部无混凝土。由于骨料粒径过大、钢筋配置过密导致混凝土下料中被钢筋挡住;或混凝土流动性差,混凝土分层离析,混凝土振捣不实;或混凝土受冻、混凝土中混入泥块杂物等所致(图3-4)。

(5)缝隙及夹层。缝隙及夹层是施工缝处有缝隙或夹有杂物。它是因施工缝处理不当以及混凝土中含有垃圾杂物所致(图3-5)。

(6)缺棱、掉角。缺棱、掉角是指梁、柱、板、墙以及洞口的直角边上的混凝土局部残损掉落。产生的主要原因是混凝土浇筑前模板未充分润湿,使棱角处混凝土中水分被模板吸去而水化不充分,引起强度降低,拆模时则棱角损坏;另外,拆模过早或拆模后保护不善,也会造成棱角损坏(图3-6)。

(7)裂缝。裂缝有温度裂缝、干缩裂缝和外力引起的裂缝三种。其产生的原因主要是:结构和构件下的地基产生不均匀沉降;模板、支撑没有固定牢固;拆模时混凝土受到剧烈振动;环境或混凝土表面与内部温差过大;混凝土养护不良及其中水分蒸发过快等(图3-7)。

图3-4　孔洞　　　　　　　　　　图3-5　表面缝隙

图3-6　掉角　　　　　　　　　　图3-7　裂缝

(8)强度不足。混凝土强度不足的原因是多方面的,主要有原材料不符合规定的技术要求,混凝土配合比不准、搅拌不匀、振捣不密实及养护不良等。

3.衬砌背后空洞或回填不密实

1)缺陷形成原因

隧道二次衬砌拱顶混凝土是自下而上浇筑的,受自重作用,拱顶混凝土很难被浇筑密实;拱顶脱空还与施工方法、机械设备和混凝土配合比都有密切关系,通过大量实践,可总结衬砌背后空洞成因如下:

(1)混凝土收缩造成脱空。

(2)泵送压力不足或混凝土流动性不足造成脱空。

(3)泵送口角度不合理或选择不当造成脱空。

(4)防水层松铺不足造成脱空。

(5)封口不当造成脱空。

隧道衬砌回填不密实一般是由于混凝土配合比的水灰比偏大、混合料坍落度大、混凝土振捣不密实等一系列原因促使混凝土收缩徐变造成的。

2)衬砌背后空洞或回填不密实的影响

运营隧道衬砌背后空洞和回填不密实(图3-8、图3-9),会导致隧道结构受力不均,进而强度大幅降低,产生掉石、掉块,甚至有局部塌陷的可能。

4.隧底缺陷

1)主要缺陷及形成原因

(1)底板未设钢筋或钢筋间距过大。

(2)仰拱矢跨比达不到设计要求,或将仰拱做成底板。

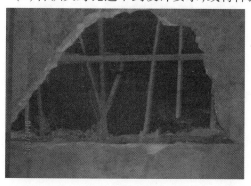

图3-8　二次衬砌脱空

图3-9　二次衬砌脱空

(3)隧底超挖,未清理干净,留有虚渣,或施工期间用料配比不合理、混凝土占比较小以及排水未尽等原因,造成基底充泥充水、不密实。

(4)仰拱填充分层浇筑,人为形成层间施工缝。

(5)仰拱填充与仰拱一起浇筑。

2)隧底缺陷对结构的影响

底板未设钢筋或钢筋间距过大,仰拱矢跨比达不到设计要求,或将仰拱做成底板,导致隧底结构达不到设计要求,会造成隧底开裂、隆起,严重者会导致结构失稳,影响运营安全。

隧底不密实会造成基底充泥充水,在车辆荷载的长期振动下,会造成隧底开裂、路面沉降不均、车辆晃动等(图3-10)。

图3-10　隧底虚渣

仰拱填充分层浇筑,人为形成层间施工缝,在隧道排水系统不畅的情况下,会使得隧底填充层充水、开裂,对无砟轨道道床隧道还会导致轨道板隆起的可能,危害性极大(图3-11)。

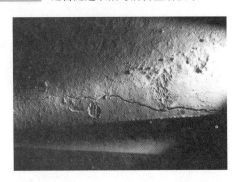 

图 3-11　底板开裂造成轨道板隆起

5. 钢筋、钢架缺陷

1) 主要缺陷及形成原因

(1) 钢筋、钢架缺失。偷工减料,未按设计施作。

(2) 钢筋、钢架间距过大。偷工减料,未按设计施作(图 3-12)。

(3) 钢筋保护层厚度不足。主要是由于绑扎钢筋或安装钢筋骨架时未放垫块或垫块位移、钢筋位移、结构断面较小、钢筋过密等使钢筋紧贴模板,以致混凝土保护层厚度不足(图 3-13)。

2) 对结构的影响

钢筋、钢架缺失或间距过大,会导致结构承载力不足,会诱发结构形变、开裂、垮塌,对运营安全危害性极大。

图 3-12　钢筋间距达 40cm(设计 20cm)　　　图 3-13　钢筋保护层厚度不足

第二节　运营隧道结构病害的类型

一、水害

隧道的水害主要是指隧道围岩的地下水或部分地表水,以渗漏或涌出方式进入隧道内造成的危害。它包括以下几个方面。

1. 隧道渗漏水

隧道渗漏水主要有:施工缝、变形缝、结构裂缝渗漏水或淌水(图 3-14),单个漏水点喷水或股水(图 3-15、图 3-16),拱部或边墙面渍水或渗水、淌水(图 3-17)。含有矿物质(导电)

的渗漏水滴到接触网线上,会引起接触网放电,危及运营安全。渗漏水对隧道内的电力、通信、消防等设备会造成不同程度的损坏或锈蚀,影响设备的正常运行,降低使用寿命,增加维修费用。渗漏水促使混凝土衬砌风化、剥落,造成衬砌结构破坏。

图3-14 施工缝、裂缝渗漏水

图3-15 喷水

图3-16 股水

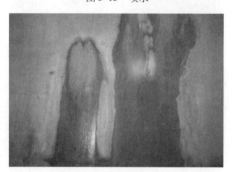

图3-17 面域渗漏水

2. 隧道衬砌周围积水

运营隧道中地表水和地下水向隧道周围渗流汇集,水压力较大时会导致衬砌破裂和拱脚下沉,使围岩的结构面软化或泥化,引起膨胀性围岩体积膨胀。在寒冷地区造成冰胀和围岩冻胀。在黄土隧道衬砌周围的水还会离析土中的胶体并带出黄土,在衬砌背后形成空洞。

3. 潜流冲刷

潜流冲刷主要是指由于地下水渗流和流动而产生的冲刷和溶蚀作用,使得隧道衬砌基础下沉。它可使边墙开裂或者仰拱、隧道内路基下沉开裂;围岩滑移错动可导致衬砌变形开裂;因超挖回填不密实或未全部回填,引起围岩坍塌,导致衬砌结构破坏。

4. 隧道穿过含水地层

(1)节理和裂隙发育,并含裂隙水的岩层。

(2)漂卵石类土和砂类土的含水地层。

(3)浅埋隧道段,地表水可沿着覆盖层的孔洞、裂缝渗透到隧道内。

(4)白云岩、灰岩等可溶性岩层,当有充水的暗河、溶槽、溶洞等与隧道相连通时。

5. 隧道衬砌防排水系统不完善

(1)隧道的防排水设施不齐全。

(2)在混凝土衬砌施工质量上存在缺陷,导致出现较多的裂缝、孔隙、蜂窝,因而防水能力差。

(3)混凝土的沉降缝、工作缝、伸缩缝的防水处理未做好。

(4)防水层施工质量存在缺陷以及材质的耐久性差。

(5)衬砌背后的盲沟和暗沟、辅助坑道(无衬砌)、暗槽、排水孔等排水系统因不能修理造成了堵塞。

(6)衬砌变形之后产生的渗漏水病害。

二、冻害

我国冻土地区分布广泛,其中多年冻土占整个陆地面积的1/5。在冻土地区修建的公路隧道易产生冻害现象,例如新疆的天山2号隧道因渗漏水侵蚀和冻胀破坏而报废,青海的大阪山隧道成为"冰河",甘肃的七道梁隧道因渗漏水和冰冻而被迫向隧道送暖气,辽宁的八盘岭隧道和吉林的密江隧道因渗漏水而被迫在混凝土衬砌内加复衬(图3-18)。

图3-18　隧道冻害

1. 拱部挂冰、边墙结冰

渗漏的地下水通过隧道衬砌混凝土裂缝逐渐渗出,在渗水点出口处受低温影响在拱部形成挂冰,边墙积成冰柱,尤其在施工接缝处渗水点多,结冰明显,累积十至几十厘米厚的冰溜子(又称为挂冰)。如不清理,挂冰越积越大,侵入限界危及行车安全。隧道排水沟相关设施,保温不良引起冰冻称冰塞子。水沟因结冰堵塞,使地下排水困难,水沟(管或槽)冻裂破损。隧道衬砌周边因水结冰而冻胀,致使隧道内各种冻害接踵而至,特别是路面结冰严重危及汽车的安全。

2. 围岩冻胀破坏

修筑在黏土等冻胀明显地层内的隧道,如果围岩内含水多时,冬季就易发生冻胀破坏,致使隧道拱部和边墙衬砌发生变形与开裂。当边墙壁后排水不畅,积水成冰,产生冻胀压力,会造成拱脚移动,或者墙顶内移;有的虽然墙顶不动,但墙中发生内鼓现象,也有墙顶内移致使断裂多段。另外,如果隧道衬砌混凝土设计标号较低,抗渗性差,在地下水丰富地区,水就渗入混凝土内部。到冬季时水在混凝土结构内结冰,膨胀产生冻胀压力,经多年冻融循环使衬砌结构变酥、强度降低,造成结构破坏。隧道衬砌除结构内因含水受冻害外,由于岩体冻胀压力的作用,也会使衬砌发生纵向裂纹和环向裂纹。

三、衬砌裂损

1. 隧道衬砌裂损的种类

隧道衬砌裂损主要有衬砌开裂、掉块、掉拱、垮塌等。衬砌开裂是最常见也是最多的一种病害,但并非所有的裂缝都是影响结构安全的,正确辨别裂缝的性质及原因尤为重要,通过辨认可以因地制宜地制订整治措施。

根据裂缝走向,可以将裂缝分为纵向裂缝(图 3-19)、环向裂缝和斜向裂缝 3 种。环向裂缝一般对于衬砌结构正常承载影响不大,拱部和边墙的纵向及斜向裂纹对隧道结构的整体性危害较大。

根据裂缝的受力情况,又可以分为压裂性裂缝、拉裂性裂缝和剪裂性裂缝 3 种,具体见表 3-1。

图 3-19 纵向裂缝

按裂缝受力情况分类　　　　　　表 3-1

类 别	图 例
1. 压裂性裂缝 其边缘呈压碎状。严重者,受压区表面产生鱼鳞状碎片剥落、带状压劈、掉块、酥化等现象。裂缝发展方向不规则,有封闭或不封闭的环形、斜向、横向及纵向等交错割裂	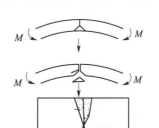
2. 拉裂性裂缝 其边缘较为整齐,大致沿隧道纵向发展,但也有斜向拉裂的。裂缝深度方向大致为径向,裂缝宽度随深度逐渐减小。严重受拉断裂者,常伴有错动	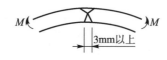 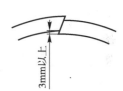
3. 剪裂性裂缝 其宽度在表面与深处多大致相同,边缘较为整齐,衬砌在裂缝两侧沿剪切方向有错动。剪裂与拉裂或压裂常有密切联系	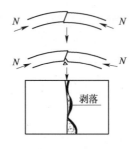 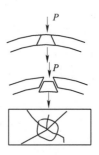

根据裂缝的产生原因又可以分为:与围岩压力无关的开裂(表 3-2～表 3-4)和与围岩压力有关的开裂(表 3-5)。与围岩压力无关的开裂又分为:①与使用条件、环境条件有关的开裂(表 3-2);②与材料性质有关的开裂(表 3-3);③与施工有关的开裂(表 3-4)。

与使用条件、环境条件有关的开裂　　　　　　　　　　表3-2

类　别	图　例
1. 冻融环境 　受潮混凝土在负温条件下,由于水分结冰、融化反复作用造成混凝土受冻破坏。在拱脚、墙脚及接缝处出现斜向开裂和纵向开裂、剥落等	
2. 氯盐环境 　侵入混凝土表面,多数在钢筋处出现开裂,部分混凝土剥落。露出的钢筋锈蚀发展很快,严重削弱了钢筋的承载力和延性	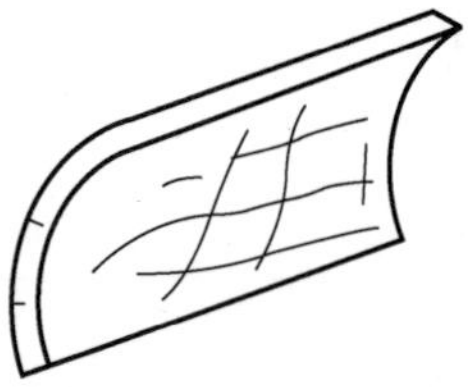
3. 化学腐蚀环境 　硫酸盐和酸类物质等发生的腐蚀破坏,表现特征为表面发白,损害从棱角处开始,随后裂缝开展并造成混凝土表面剥落,最终使混凝土成为一种易碎甚至松散的状态	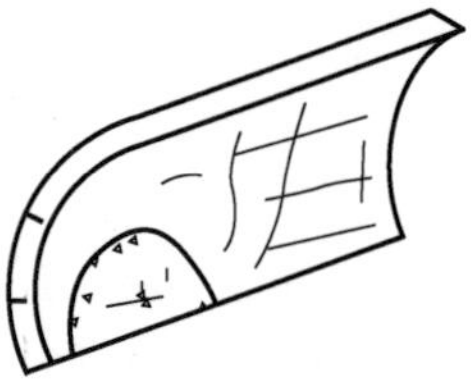
4. 温度差 　外部高温或高湿,内部低温或干燥的场合,开裂发生在低温或干燥侧。在初期阶段,开裂没有贯通,但在反复作用下,随时间而逐渐贯通	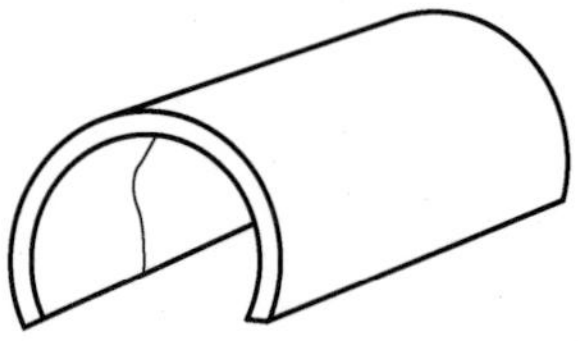

与材料性质有关的开裂　　　　　　　　　　表3-3

类　别	图　例
1. 水泥的水化热 　厚度大($t=80$cm以上)的断面易发生	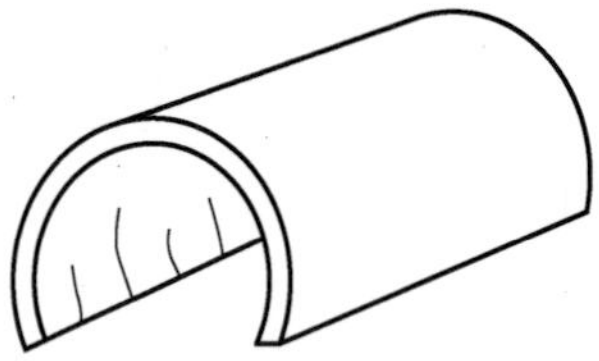
2. 碱性集料反应 　混凝土原材料(主要是水泥、活性掺合料和外加剂)携带的可熔性碱在有水的作用下和骨料中含有的碱活性物质发生的反应,生成可吸水肿胀的凝胶或体积膨胀的晶体,使混凝土发生膨胀开裂	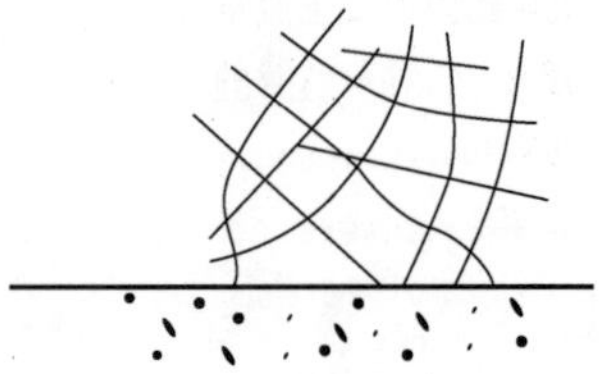
3. 水泥的异常凝结 　早期出现短而不规则的开裂	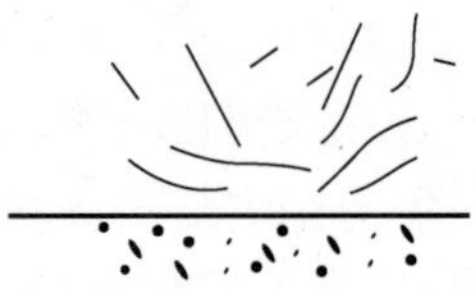

续上表

类　别	图　例
4. 集料中的泥分 随混凝土的干燥出现不规则的网状开裂	
5. 风化岩和低质量的集料 发生爆裂状开裂	
6. 下沉开裂 　发生在上部钢筋的上部，混凝土灌注后 1～2h，沿钢筋出现	钢筋

与施工有关的开裂　　　　　　　　　　　　　　　　　　　表 3-4

类　别	图　例
1. 混合料分散不均匀 有膨胀性的和收缩性的材料，局部发生	
2. 拌和时间过长 运输时间过长时发生，呈网状	
3. 振捣不充分 　振捣不充分，导致二次衬砌内混凝土脱空或不密实，或拱顶存在浮浆，在列车动载的长期作用下，二次衬砌过薄处会发生开裂	
4. 灌注过快 因混凝土沉降而出现	

续上表

类　　别	图　　例
5. 施工缝（接茬缝） 由于停电、机械故障等原因迫使混凝土浇筑中断时间超过混凝土的初凝时间，继续在原混凝土表面浇筑混凝土，导致新旧混凝土接茬间出现裂缝，俗称"冷缝"	
6. 支撑下沉 因隧底未清除干净或纵向不均匀沉降原因导致一侧脚底下沉	
7. 拆模过早 过早拆模，混凝土强度未达到设计强度时过早承受混凝土自重或围岩压力	

与围岩压力有关的开裂　　　　　　　　表 3-5

类　　别	图　　例
1. 垂直方向线状荷载 在拱顶附近作用线状荷载，拱顶发生拉裂，拱腰内表面发生压溃。随变形的发展，拱顶拉裂的围岩侧产生压溃	
2. 斜向线状荷载 拱腰附近作用有线状荷载，在荷载位置的衬砌内表面产生拉裂，在拉裂的两侧发生压溃。变形继续发展时，在荷载位置拉裂的围岩侧出现压溃	

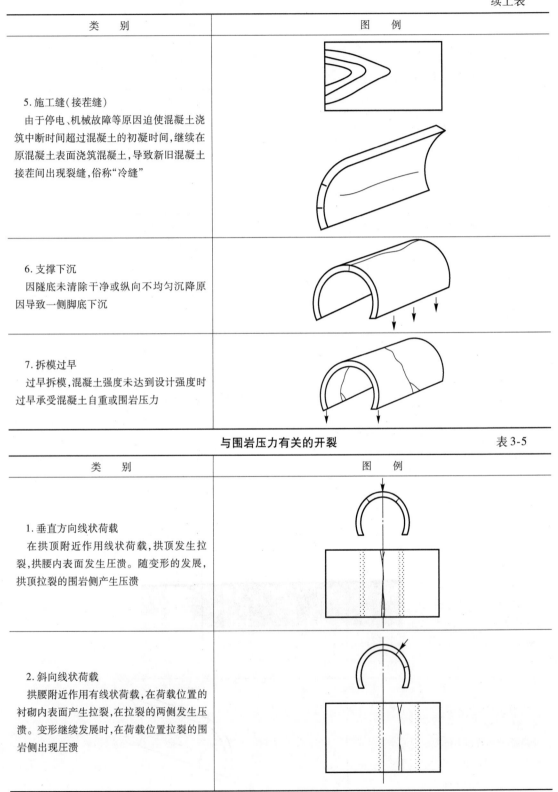

续上表

类　　别	图　　例
3. 水平方向线状荷载 在拱墙两侧（或一侧）有线状荷载作用时，在荷载位置的内侧产生拉裂。变形继续发展时，从拱脚到拱顶出现大范围的压溃。拱顶衬砌可能剥落	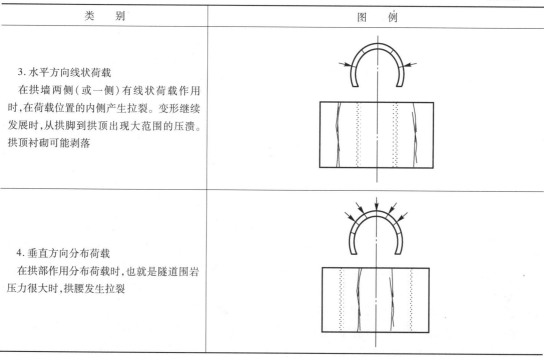
4. 垂直方向分布荷载 在拱部作用分布荷载时，也就是隧道围岩压力很大时，拱腰发生拉裂	

注：拉裂 ——；压溃 ～～～。

2. 衬砌裂损的危害性

衬砌裂损的危害是不言而喻的，它可导致隧道结构变形、掉块甚至塌落；降低衬砌结构对围岩的承载能力；使隧道的净空变小，侵入建筑限界，影响车辆安全通过；衬砌裂缝还会成为渗漏水的通道。衬砌裂损形成的纵横交错裂缝如图 3-20 所示。

图 3-20　纵横交错裂缝

四、衬砌侵蚀

建在富含腐蚀性介质的隧道，其衬砌背后的腐蚀性环境水，容易沿衬砌的施工缝、变形缝、毛细孔及其他孔洞渗流到衬砌内侧成为隧道渗漏水，对衬砌混凝土和砌石、灰缝产生物理性或化学性的侵蚀作用，造成衬砌侵蚀。

1. 衬砌侵蚀的种类

衬砌侵蚀的种类分为物理侵蚀和化学侵蚀两类。物理侵蚀的种类主要有：冻融交替部位的冻胀性裂损和干湿交替部位的盐类结晶性胀裂损坏两种。隧道衬砌混凝土的化学侵蚀是一个很复杂的物理化学过程。综合国内外的研究成果，根据主要物质因素和腐蚀破坏机理，可分为硫酸盐侵蚀、镁盐侵蚀、溶出性侵蚀（软水侵蚀）、碳酸盐侵蚀和一般酸性侵蚀五种。

2. 衬砌侵蚀的危害性

隧道衬砌侵蚀，使衬砌出现起毛、酥松、蜂窝麻面、起鼓剥落、孔洞露石、骨料分离等材质破坏，引起衬砌厚度变薄。还会导致衬砌内的钢筋腐蚀，使得衬砌结构强度降低，降低隧道衬砌的承载能力，缩短使用寿命，危及行车安全。

五、隧底病害

运营铁路隧道的基床病害主要指由于隧道基底病害和渗漏水等引起的道床下沉、开裂、翻浆冒泥等现象。基床病害容易导致线路几何状态难以保持，制约列车提速，危及行车安全，严重时能造成列车在隧道内脱轨倾覆。基床病害的成因主要包括：当基底为软弱层，如风化的基岩、断层破碎带、超挖部分为浮渣填充层等，由于其强度低、结构松散，容易被水浸泡软化或被水冲刷流失，列车动载的反复作用使基底泥水多沿边墙缝、人行道与道床的接缝或其他薄弱环节（如中心及侧水沟）等处涌向道床，形成翻浆冒泥，进而使基底局部淘空，造成道床断裂。另外，还有软岩膨胀底鼓等原因。

第三节 运营隧道结构病害形成原因

一、由外力引起的隧道病害

由外力引起的隧道病害很多，如衬砌变形、开裂、移动、冻胀（鼓出、开裂）、下沉、洞门前倾等。而引起隧道病害的外力又分为很多种，有松弛地压力、偏压蠕动、滑坡等，每种类型的外力产生的病害现象也有所不同。

1. 松弛地压力

松弛地压力是指围岩自然松弛，不能支持其自重而作用在衬砌上的荷载。多以垂直压力为主，容易导致隧道拱部沿隧道纵向产生张开性的裂缝。而垂直压力的大小沿隧道横断面多为马鞍形分布，这也是拱腰处纵向裂缝较多的原因。还有一种松弛地压力，当隧道衬砌上部有较大的空洞，而空洞上部围岩突然掉落冲击衬砌结构，衬砌由于承载力不足就会发生垮塌性破坏，这种病害的破坏性很大。

隧道因围岩松弛地压力产生病害的原因如下：

(1) 围岩自重、列车振动使围岩松弛。

(2) 因风化降低节理面的结合力。

(3) 砂质围岩中细颗粒成分流失使黏结力降低。

(4) 施工衬砌厚度不足。

(5) 衬砌劣化，接缝材料劣化。

2. 偏压蠕动、滑坡

隧道在偏压、蠕动下有两种形式的病害：一是当隧道走向与坡面平行时，在靠近山侧拱腰处产生水平张拉开裂、错动，而另一侧拱腰处衬砌则产生压溃。二是当隧道走向垂直坡面时，洞口一般容易产生被动拉力或压力，洞口衬砌产生环向裂缝、错台等。

隧道因偏压、坡面蠕动产生病害的因素有内外两种：

(1) 内因。在设计阶段，偏压衬砌、填土、上部挖方等因素考虑不全，近河侧边墙基础嵌入深度不足；在施工阶段，衬砌背后有空洞、厚度不足。

(2) 外因。隧道选址不当，在强风化带、软岩滑坡体地质地带，埋深小、有岩堆、崩塌体、河流冲刷面等易引发隧道病害。暴雨、地震等自然灾害也会增加病害发生的可能性。

3. 滑坡

构成斜坡的地表表层因地下水而产生的滑动现象，或者随之产生的移动现象均称为滑坡。当隧道正好处于滑坡地带时，衬砌在靠山侧拱部、边墙产生水平开裂、错动，拱顶压溃、坍塌，边墙收敛、轨道变形、侧沟错动、路基变形、底鼓、地表下沉、开裂等。

二、由衬砌材料劣化引起的隧道病害

衬砌材料劣化引起的隧道病害，视其环境、施工条件、使用条件等各不相同。病害发生的时期及发展性也大不相同，与时间有密切关系。一般而言，材料劣化种类很多，且并不是单独产生，很多情况下几种病害现象同时发生，相互助长使病害加重。这些病害的发生、发展与隧道的地理环境、水文情况、地质条件、防水设施、混凝土品质、配合比、通风条件等有密切的关系。

三、由水引起的隧道病害

将隧道的水害归结为客观和主观两个方面的原因。

1. 客观原因

隧道穿过含水或透水的地层。①砂类土和漂卵石类土含水地层；②节理、裂隙发育，含裂隙水的岩层；③石灰岩、白云岩等可溶性地层，当有水的溶槽、溶洞或暗河等与隧道连通时；④浅埋隧道地段，地表水可沿覆盖层的裂隙、空隙渗透到隧道内。

2. 主观原因

隧道衬砌防水及排水设施不完善。①原建隧道衬砌防水、排水设施不完善；②混凝土衬砌施工质量差，蜂窝、空隙、裂缝多，自身防水能力差；③防水层施工质量不良或材质耐久性差，使用数年后失效；④混凝土衬砌的施工缝、伸缩缝、沉降缝等未做好防水处理；⑤衬砌变形后产生的裂缝渗漏水；⑥既有排水设施，如衬砌背后的暗沟、盲沟、无衬砌的辅助坑道、排水孔、暗槽等，年久失修阻塞。

另外，隧道渗漏水与其他病害是密切相关的。考虑水的可流动性和水压的传递性，隧道的衬砌结构往往要承受较高的水头压力。在这样的条件下，衬砌中的任何缺陷和病害都可能成为渗漏水的通道。反过来，渗漏水又会加速各类病害的发生和发展，影响隧道的使用性能和寿命。因此，隧道渗漏水实际上是隧道各种病害的综合反映。

四、施工不当引起的隧道病害

隧道施工中可能会遇到软弱围岩、浅埋、大跨偏压、岩溶、涌水、断层、瓦斯、高地应力、强地

震、岩爆、膨胀岩、酸性水侵蚀、泥石流等地质灾害,会给施工带来很大困难和阻力,导致塌方不断,甚至造成人员伤亡。

(1) 回填不密实或存在空洞。由于超挖或塌方,没有按规范认真做好回填或压注浆工作,造成初期支护与围岩之间留有较大范围的空隙,尤其是拱部;或二次衬砌浇筑原因使拱部或拱腰出现局部脱空现象,或混凝土振捣不密实。由于不密实或存在空洞,形成积水空间,使隧道出现渗漏水,或使隧道与围岩不能形成一个有机整体,不能很好发挥围岩的弹性抗力作用。

(2) 施工中的偷工减料,造成塌方,而对塌方处理不彻底,遗留不密实、脱空等缺陷。

(3) 施工中的偷工减料,如锚杆数量、质量不符合设计要求,造成初期支护不足或支护安全储备减弱,造成安全隐患。

(4) 由于欠挖或变形过大,造成二次衬砌厚度不足。

(5) 所选防水材料不合格(不合理)或防水板的铺设存有缺陷造成隧道渗漏水。

(6) 所选水泥不合格或混凝土配合比不合理,造成二次衬砌混凝土强度不能满足设计要求。

(7) 混凝土骨料不合格,造成强度不足或不能满足设计的特殊要求,若采用人工机制砂、石,除对骨料进行力学试验外,还应进行各种成分含量分析。如某隧道采用了含有石膏成分的洞渣作为混凝土骨料,造成二次衬砌膨胀性开裂。

(8) 在石灰岩地区特别应注意地下水,尤其是裂隙水的水质化验,检验地下水是否具有腐蚀性。

(9) 在遇水软化的围岩中,隧底浮渣未清理干净就浇注仰拱或铺垫层,易造成隧底翻浆冒泥。

施工不当引起的病害,有些是施工时无法预见的,有些是可以预见的。对无法预见的病害,只有通过不断提高施工技术水平或检测手段,尽可能减少;对可以预见的病害可以采取以下措施:

(1) 选择有经验的、有资质的施工、监理单位。

(2) 加强施工单位和施工人员的质量安全意识教育,施工单位应建立健全质量检查和质量控制管理体系。

(3) 建管方应建立相应的监督体系,同时加大奖惩力度。

(4) 引入第三方检测制度,对工程质量进行跟踪监督检查。

五、维护不当引起的病害

维护不当主要指未能及时发现、及时处理,或处理措施不合理使得小的缺陷发展成病害。

(1) 洞外排水系统遭破坏,未及时修复,可能导致或增加隧道渗漏水的可能。

(2) 洞内水沟被堵,造成基底积水,可能使基底围岩软化,产生翻浆冒泥。

(3) 对出现的小的裂纹(缝)、小(少)的渗漏水重视不够,或预见不足,未能采取有效措施,遏制其发展。

(4) 对已出现病害的隧道,或病害原因分析不清楚,或处理措施不当,或处理不彻底,造成病害继续发展,形成更大的病害或形成危害。

其实隧道病害的发展是一个渐变过程,若在隧道运营阶段发现缺陷或病害后,能够及时加以有针对性的整治,是可以使病害的危害减小到最低程度。

第四章　运营隧道缺陷与病害等级划分

在运营铁路隧道的病害研究当中,只有明确隧道病害等级及其标准,才能有效地制订病害综合处理方法与对策。但同样的劣化原因也有轻重之分,既要"对症下药",又要"对重症下重药"。因此正确地划分病害等级和建立相应判别标准也是同样重要的。对于该方面的研究,国内外尚无统一的规则可寻,只是在不同领域有着各自的规定,但各有优点与弊端。因此有必要参考各规范和依据现场的实际情况,确定运营隧道缺陷及病害等级,为进一步采取相应的综合治理措施提供依据。

第一节　我国铁路运营隧道缺陷及病害分级相关规定

一、普速铁路隧道衬砌缺陷及病害分级标准

1.《铁路运营隧道衬砌安全等级评定暂行规定》(铁运函〔2004〕174号)

隧道衬砌存在缺陷及病害时,为了病害整治与工程质量评定的需要,《铁路运营隧道衬砌安全等级评定暂行规定》(铁运函〔2004〕174号)按照隧道衬砌缺陷与病害项的严重程度划分为轻微、较严重、严重、极严重4个等级。

(1)隧道衬砌厚度及混凝土强度缺陷的量化指标,应符合表4-1的规定。

衬砌厚度及混凝土强度缺陷的评定标准　　表4-1

缺陷项目	缺陷等级	1	2	3	4
	严重程度	轻微	较严重	严重	极严重
衬砌厚度不足	$0.90 \leq h_i/h < 1$	L_c 不限			
	$0.75 \leq h_i/h < 0.90$	$L_c < 5$	$L_c \geq 5$		
	$0.60 \leq h_i/h < 0.75$		$L_c < 5$	$L_c \geq 5$	
	$h_i/h < 0.60$			$L_c < 5$	$L_c \geq 5$
衬砌混凝土强度不足	$0.85 \leq q_i/q < 1$	L_q 不限			
	$0.75 \leq q_i/q < 0.85$	$L_q < 5$	$L_q \geq 5$		
	$0.65 \leq q_i/q < 0.75$		$L_q < 5$	$L_q \geq 5$	
	$q_i/q < 0.65$			$L_q < 5$	$L_q \geq 5$

注:1. L_c 表示检测衬砌厚度不足地段的测线连续长度;L_q 表示检测衬砌混凝土强度不足地段的连续长度;h 表示设计衬砌厚度;h_i 表示检测衬砌厚度,当衬砌混凝土存在内部缺陷时,检测衬砌厚度应换算为有效衬砌厚度;q 表示设计衬砌混凝土强度;q_i 表示检测断面衬砌混凝土测点的平均强度。

2. 检测衬砌厚度:当相邻测线3条及以上连续不足时,其缺陷等级应提高一级。

3. 检测断面衬砌混凝土的最低强度:当低于平均值的0.85时,其缺陷等级应提高一级。

（2）隧道衬砌背后有空洞或回填不密实、基底不密实的量化指标，应符合表4-2的规定。

衬砌背后有空洞或回填不密实、基底不密实的评定标准　　　　表4-2

缺陷项目	缺陷等级	1	2	3	4
	测线连续长度(m)	轻微	较严重	严重	极严重
衬砌背后有空洞	有空洞	$kL_c \leq 1$	$1 < kL_c \leq 3$	$3 < kL_c \leq 5$	$kL_c > 5$
回填不密实	不密实	$sL_c \leq 3$	$3 < sL_c \leq 9$	$9 < sL_c \leq 15$	$sL_c > 15$
基底不密实	不密实	$dL_c \leq 3$	$3 < dL_c \leq 9$	$9 < dL_c \leq 15$	$dL_c > 15$

注：1. kL_c表示衬砌背后回填有空洞地段测线连续长度；sL_c表示衬砌背后回填不密实地段的测线连续长度；dL_c表示基底不密实地段的测线连续长度。

2. 衬砌背后未回填深度及直径大于10cm，即属于有空洞。

3. 衬砌背后有空洞或回填不密实，当位于拱脚以上1m范围内时，其缺陷等级应提高一级。

（3）隧道衬砌病害的量化指标，应符合表4-3的规定。

衬砌病害的评定标准　　　　表4-3

序号	病害等级	1	2	3	4
	病害项目	轻微	较严重	严重	极严重
1	衬砌漏水	拱部有季节性滴水、边墙有季节性淌水	拱部有滴水、边墙有淌水	拱部滴水呈线、边墙淌水流泥、隧底涌水、结冰侵限	拱部漏水直击接触网，影响正常运营
2	衬砌裂纹	衬砌有收缩裂纹或环向裂纹	裂纹多于三条、有交叉；裂纹长度小于5m、宽度小于3mm	裂纹为网状、有剥落掉块的可能；裂纹长度5～10m，宽度3～5mm；裂纹错位长度小于5m、宽度小于3mm	裂纹为网状、有剥落掉块可能；裂纹长度大于10m，宽度大于5mm；裂纹错位长度大于5m、宽度大于3mm
3	衬砌位移或变形（以速度v计）		$v < 3\text{mm}/\alpha$	$3\text{mm}/\alpha \leq v \leq 10\text{mm}/\alpha$	$v > 10\text{mm}/\alpha$
4	净空不足		侵入隧道建筑限界	侵入直线建筑接近限界	侵入超级超限货物装载限界
5	衬砌压溃或剥落	衬砌有局部风化剥落	拱部压溃范围小于1m^2，剥落掉块厚度小于30mm	拱部压溃范围大于1m^2、小于3m^2，剥落掉块厚度30～50mm	拱部压溃范围大于3m^2，剥落掉块厚度大于衬砌设计厚度的1/4
6	衬砌腐蚀		衬砌腐蚀厚度小于设计厚度的1/5	衬砌腐蚀厚度大于设计厚度的1/5，小于或等于2/5	衬砌腐蚀厚度大于设计厚度的2/5
7	整体道床破损	整体道床有局部轻微裂损	整体道床变形、错牙、下沉小于3mm	整体道床变形、错牙、下沉3～5mm，可能影响轨道稳定	整体道床变形、错牙、下沉大于5mm，已影响轨道稳定

续上表

序号	病害等级 病害项目	1 轻微	2 较严重	3 严重	4 极严重
8	仰拱或底板裂损	连续长度小于或等于1m	连续长度大于1m、等于或小于3m	连续长度大3m、等于或小于5m	连续长度大5m
9	基床软化、翻浆	基床局部软化、翻浆	基床软化、翻浆，轨道几何尺寸变化较小	基床软化、翻浆较严重、轨道几何尺寸变化较大	基床软化、翻浆严重，轨道几何尺寸变化异常

注：1. 衬砌裂纹均指尚在发展中的裂纹。当裂纹已稳定，其病害程度应降低一级；当裂纹发展较快，其病害程度应提高一级。

2. 衬砌裂纹呈密集状态、平行裂纹多于三条或出现大量环向非施工缝裂纹时，其病害程度应提高一级。衬砌裂纹如以斜向受力裂纹为主，其病害等级应提高一级。

3. 发现衬砌有位移或变形时，用净空位移计量测其发展速度；当衬砌位移或变形发展趋势呈加速趋势时，其病害等级应提高一级。衬砌位移或变形速度 v 的变形值，是基于直边墙无仰拱的衬砌结构，当为曲边墙有仰拱衬砌结构时，其病害等级应提高一级。

4. 在仰拱或底板裂损病害项目中，其裂损连续长度值是基于底板结构，当为仰拱结构时，其病害等级应提高一级。

5. 因滑坡或其他原因增加外力引起的衬砌裂纹、变形或轨道中线位移，其病害量化指标应另行确定。

（4）隧道衬砌安全等级评定标准见表4-4。

①根据隧道衬砌缺陷及病害的分布情况，应分段评定隧道衬砌缺陷及病害的等级。当同一地段有多项缺陷或病害项目时，应按严重程度最高的项目判定其等级。

②隧道衬砌安全等级分段评定时，其每段的长度不宜小于隧道内净空最大宽度。否则，应视为相邻段病害等级中高等级地段。

③隧道衬砌安全等级不仅与竣工时衬砌的状态有关，而且与运营期间通过的机车车辆轴重、运量及养护维修是否到位有关。推定隧道衬砌状态的变异原因时，除应充分考虑各种因素的影响外，尤其应注意具有主导性的因素。

④隧道衬砌的安全等级，可按衬砌状态及危及行车安全的程度划分为完好（D）、轻微（C）、较严重（B）、严重（A1）、极严重（AA）五个等级，并应按表4-4规定的标准评定。

隧道衬砌安全等级评定标准　　　　　表4-4

项目 \ 安全等级	D 完好	C 轻微	B 较严重			A1 严重			AA 极严重		
衬砌病害等级	无病害	2	2	2	2	3	3	3	4	4	4
衬砌缺陷等级	无缺陷	1	2	1	1* 3* 4*	3	2	1* 2* 4*	4	3	1* 2* 3*
围岩级别					Ⅳ~Ⅵ			Ⅳ~Ⅵ			Ⅳ~Ⅵ
地下水状况					发育			发育			发育
对行车安全的影响		对行车安全无影响	病害有发展；对行车安全尚未产生影响			病害发展快，存在危及行车安全的可能			病害已危及行车安全		

注：表中当衬砌缺陷等级为注有"*"者的等级时，该段衬砌安全等级应通过综合判识确定。

(5)隧道衬砌安全等级的评定应按下列步骤进行：

①详细研究分析所搜集的隧道修建、运营资料，衬砌病害调查与观测资料，衬砌状态检测资料；

②对照隧道衬砌缺陷的量化指标(表4-1、表4-2)及衬砌病害的量化指标(表4-3)，分段评定隧道衬砌缺陷及隧道衬砌病害等级；

③依据分段评定的衬砌病害及衬砌缺陷等级，结合隧道工程地质、水文地质及对行车安全的影响情况，按评定标准(表4-4)综合评定该段隧道衬砌的安全等级；

④一座隧道衬砌的安全等级，应在分段评定的基础上，按各段中病害最严重地段的安全等级确定。

2.《铁路桥隧建筑物修理规则》(铁运〔2010〕38号)

2010年，原铁道部出台《铁路桥隧建筑物修理规则》(铁运〔2010〕38号)，要求工务部门每年对桥隧建筑物按项目进行一次状态评定。状态评定按劣化程度分为A、B、C三级，A级又分AA、A1两等。

(1)主要评定标准如下，具体详见表4-5。

①凡结构物或主要构件功能严重劣化，危及行车安全，评定为A级AA等；

②凡结构物或主要构件功能严重劣化，进一步发展会危及行车安全，评定为A级A1等；

③凡结构物或构件功能劣化，进一步发展，会升为A级，评定为B级；

④凡结构物或构件劣化，对其使用功能和行车安全影响较小，评定为C级。

(2)结构物或构件状态评定为A级者，其病害一般需要通过大修或更新改造进行整治；当结构物存在影响行车安全的病害，应采取相应的限速或限载措施，遇紧急情况，应立即采取临时加固措施，并视具体情况，尽快安排彻底整治或列入下一年度的桥隧大修或更新改造计划及时进行整治。

(3)结构物或构件状态评定为B级者，其病害一般需要通过维修进行整治(个别病害需要通过大修进行整治)。

(4)结构物或构件状态评定为C级者，其病害可通过维修进行整治，个别病害只需加强观测并根据其变化情况采取相应的措施。

(5)具体评定标准见表4-5。

隧道状态评定标准　　　　　　表4-5

类型等级	一、隧道衬砌裂损及渗漏水劣化(处/m)			
	1.衬砌变形或移动	2.衬砌开裂、错动	3.衬砌压溃	4.衬砌渗漏水
AA	山体滑动使衬砌移动、变形、下沉发展迅速，危及行车安全	开裂或错台长度$L>$10m，宽度$s>5$mm，且继续发展或拱部开裂呈块状，危及行车安全	拱顶压溃范围$S>3m^2$或衬砌掉块最大厚度大于衬砌厚度的1/4，危及行车安全	水(砂)突然涌入隧道，淹没钢轨，危及行车安全；电力牵引区段，拱部漏水直接传至接触网
A1	变形或移动速率$v>$10mm/a	①开裂、错台长度10m≥L≥5m，宽度$s>5$mm；②开裂、错台使衬砌呈块状，且有发展	压溃范围$3m^2$≥S≥$1m^2$或有可能掉块	隧底冒水、拱部滴水成线、严寒地区边墙淌水、翻浆冒泥严重，道床下沉，不能保持轨道几何尺寸，影响正常运行

续上表

类型等级	1.衬砌变形或移动	2.衬砌开裂、错动	3.衬砌压溃	4.衬砌渗漏水
B	变形或移动速率 $3\text{mm}/\text{a} \leqslant v \leqslant 10\text{mm}/\text{a}$，且有新的变形出现	开裂、错台长度 $L<5\text{m}$，且宽度 $3\text{mm}/\text{a} \leqslant s \leqslant 5\text{mm}$	压溃范围 $S<1\text{m}^2$，剥落块体厚度小于3cm	隧道滴水、淌水、渗水及排水不良引起洞内局部道床翻浆冒泥
C	有变形，但速率 $v<3\text{mm}/\text{a}$	开裂、错台使衬砌呈块状，且有发展	压溃范围很小	漏水使基床状态恶化，钢轨腐蚀，养护周期缩短，继续发展将会升至B级

二、隧道冻害、衬砌腐蚀劣化（处/m）

类型等级	1.隧道冻害	2.混凝土衬砌厚度不足	3.混凝土衬砌强度不足	4.砌块衬砌腐蚀
AA	①冰溜、冰柱、冰锥等不断发展，侵入限界，危及行车安全；②接触网及电力、通信、信号架线上挂冰，危及行车安全和洞内作业人员安全；③道床结冰（丘状冰锥），覆盖轨面，严重影响行车	因施工缺陷或腐蚀致使衬砌厚度 $h_i/h<0.6$，且长度 $\geqslant 5\text{m}$	因施工缺陷或腐蚀致使混凝土强度 $q_i/q<0.65$，且长度 $\geqslant 5\text{m}$	拱部衬砌有可能掉落大块体（与砌块大小一样）
A1	冰楔和围岩冰胀的反复作用使衬砌变形、开裂并构成纵横交错的裂缝	①衬砌厚度 $h_i/h<0.6$，且长度 $<5\text{m}$；②衬砌有效厚度 $0.6 \leqslant h_i/h<0.75$，且长度 $\geqslant 5\text{m}$	①衬砌混凝土强度 $q_i/q<0.65$，且长度 $<5\text{m}$；②衬砌混凝土强度 $0.65 \leqslant q_i/q<0.75$，且长度 $\geqslant 5\text{m}$	①接缝开裂，深度 $\geqslant 10\text{cm}$；②砌块错落大于1cm，剥蚀深度 $\geqslant 4\text{cm}$
B	①冻害致使洞内排水设备破坏；②冻融使道床翻浆冒泥，轨道几何状态恶化；③冻害造成衬砌变形、开裂，但未形成纵横交错裂缝	①衬砌有效厚度 $0.6 \leqslant h_i/h<0.75$，且长度 $<5\text{m}$；②衬砌有效厚度 $0.75 \leqslant h_i/h<0.9$，且长度 $\geqslant 5\text{m}$	①衬砌混凝土强度 $0.65 \leqslant q_i/q<0.75$，且长度 $<5\text{m}$；②衬砌混凝土强度 $0.75 \leqslant q_i/q<0.85$，且长度 $\geqslant 5\text{m}$	①接缝开裂，深度 $<10\text{cm}$；②砌块有剥蚀，但剥蚀深度 $<4\text{cm}$
C	冻融使衬砌的养护周期缩短	①衬砌有效厚度 $0.75 \leqslant h_i/h<0.9$，且长度 $<5\text{m}$；②衬砌有效厚度 $0.9 \leqslant h_i/h<1$；③衬砌有剥蚀	①衬砌混凝土强度 $0.75 \leqslant q_i/q<0.85$，且长度 $<5\text{m}$；②衬砌混凝土强度 $0.85 \leqslant q_i/q<1$	①接缝开裂，但深度不大；②砌块有风化剥落现象

续上表

三、隧道限界、通风、照明设施劣化				
类型等级	1. 限界不足(座)	2. 通风不良(座)	3. 照明不良(座)	—
A1	实际限界不能满足最大级超限货物的装载限界加100mm的要求(曲线时按规定加宽)	①有害气体浓度超过容许值且未设置通风机械;②通风机械不能使用	①未按规定设置照明;②照明设备不能使用	—
B	实际限界尚能满足上述要求(曲线时按规定加宽)	通风机械不能正常使用	照明设备不能正常使用	—
四、隧道仰坡、洞底及排水设施劣化				
类型等级	1. 整体道床损坏(m)	2. 仰拱及铺底损坏(处/m)	3. 排水设施(处/m)	4. 坍方落石(处/m)
AA	整体道床严重变形损坏,危及行车安全			洞口仰坡坍方落石
A1	整体道床开裂、变形,影响线路稳定	仰拱变形损坏及铺底损坏影响线路稳定等	①未按规定设置隧道内外排水设施;②隧道内外排水设施严重损坏,造成隧道内漏水或影响道床稳定	洞口仰坡有危石未处理
B			隧道内外排水设施损坏	

注:q_i 为检测断面衬砌混凝土测点的平均强度;q 为设计衬砌混凝土强度;h_i 为检测衬砌厚度,当衬砌混凝土存在内部缺陷时,检测衬砌厚度应换算为有效衬砌厚度,即将检测衬砌厚度减去内部缺陷削弱的部分厚度;h 为设计衬砌厚度;长度指沿隧道纵向连续长度。

二、高速铁路隧道衬砌缺陷及病害分级标准

2011年年底,原铁道部对高速铁路隧道状态评定进行了分级,出台《高速铁路桥隧建筑物修理规则(试行)》(铁运〔2011〕131号),也将隧道劣化程度分为A、B、C三级,评定标准类似普速铁路,但较普速铁路更严,提高了一个等级。具体见表4-6。

高速铁路隧道状态评定标准　　　　　　表4-6

一、隧道衬砌裂损及渗漏水劣化(处/m)				
类型等级	1. 衬砌变形或移动	2. 衬砌开裂、错动	3. 衬砌压溃	4. 衬砌渗漏水
AA	山体滑动使衬砌移动、变形、下沉发展迅速,危及行车安全;变形或移动速率 $v>10mm/a$	①开裂或错台长度 $L>3m$,宽度 $S>5mm$;②开裂、错台使衬砌呈块状,且有发展	拱顶压溃有掉块可能;边墙压溃范围大于 $1m^2$	隧底冒水、拱部滴水成线、严寒地区边墙淌水,翻浆冒泥严重,道床下沉、上拱,不能保持轨道几何尺寸,影响正常运行

续上表

类型 等级	1. 衬砌变形或移动	2. 衬砌开裂、错动	3. 衬砌压溃	4. 衬砌渗漏水
A1	变形或移动速率 $v \geqslant 3\text{mm/a}$	开裂、错台长度 $L < 3\text{m}$，且宽度 $5\text{mm} \geqslant S \geqslant 3\text{mm}$	边墙压溃范围小于 1m^2，或有掉块可能	隧道滴水、淌水、渗水及排水不良，引起道床翻浆冒泥
B	有变形，但移动速率 $v < 3\text{mm/a}$	开裂、错台长度 $L < 3\text{m}$，且宽度 $< 3\text{mm}$ 或一般龟裂或无发展	边墙压溃范围小	漏水使基床状态恶化，钢轨腐蚀

二、隧道冻害、衬砌腐蚀劣化（处/m）

类型 等级	1. 隧道冻害	2. 混凝土衬砌厚度不足	3. 混凝土衬砌强度不足	
AA	冰楔和围岩冰胀的反复作用使衬砌变形、开裂并构成纵横交错的裂缝	因施工缺陷或腐蚀致使衬砌厚度 $h_i/h < 0.6$，且长度 $\geqslant 3\text{m}$	因施工缺陷或腐蚀致使混凝土强度 $q_i/q < 0.65$，且长度 $\geqslant 3\text{m}$	
A1	①冻害致使洞内排水设备破坏； ②冻融使道床翻浆冒泥、轨道几何状态恶化； ③冻害造成衬砌变形、开裂，但未形成纵横交错裂缝	①衬砌厚度 $h_i/h < 0.6$，且长度 $< 3\text{m}$； ②衬砌有效厚度 $0.6 \leqslant h_i/h < 0.75$，且长度 $\geqslant 3\text{m}$	①衬砌混凝土强度 $q_i/q < 0.65$，且长度 $< 3\text{m}$； ②衬砌混凝土强度 $0.65 \leqslant q_i/q < 0.75$，且长度 $\geqslant 3\text{m}$	
B		①衬砌有效厚度 $0.6 \leqslant h_i/h < 0.75$，且长度 $< 3\text{m}$； ②衬砌有效厚度 $0.75 \leqslant h_i/h < 0.9$，且长度 $\geqslant 3\text{m}$	①混凝土强度 $0.65 \leqslant q_i/q < 0.75$，且长度 $< 3\text{m}$； ②混凝土强度 $0.75 \leqslant q_i/q < 0.85$，且长度 $\geqslant 3\text{m}$	
C		①衬砌有效厚度 $0.75 \leqslant h_i/h < 0.9$，且长度 $< 3\text{m}$； ②衬砌有效厚度 $0.9 \leqslant h_i/h < 1$； ③衬砌有剥蚀	①混凝土强度 $0.75 \leqslant q_i/q < 0.85$，且长度 $< 3\text{m}$； ②混凝土强度 $0.85 \leqslant q_i/q < 1$	

续上表

类型等级	三、隧道通风设施劣化，仰坡、洞底及排水设施劣化			
	1.通风不良(座)	2.仰拱及铺底损坏(处/m)	3.排水设施(处/m)	4.坍方落石(处/m)
AA		仰拱变形损坏及铺底损坏影响线路稳定等	①未按规定设置隧道内、外排水设施；②隧道内外排水设施严重损坏，造成隧道内漏水或影响道床稳定	洞口仰坡坍方落石；洞口仰坡有危石未处理
A1	①有害气体浓度超过容许值且未设通风机械；②机械不能使用	仰拱变形损坏及铺底损坏	隧道内、外排水设施损坏	洞口仰坡防护设施损坏
B	通风机械不能正常使用			

类型等级	四、救援通道			
	1.作业通道	2.出口通道衬砌变形或移动	3.出口通道衬砌开裂、错动	4.出口通道衬砌压溃
A1	作业通道严重失修，危及人身安全	变形或移动速率 $v>10\text{mm/a}$，有新的变形出现	开裂、错台宽度 $s\geqslant3\text{mm}$	压溃范围 $S\geqslant1\text{m}^2$ 或有可能掉块
B		变形或移动速率 $10\text{mm/a}\geqslant v\geqslant3\text{mm/a}$	开裂、错台长度 $L<3\text{m}$，且宽度 $s<3\text{mm}$ 或一般龟裂或无发展状态	压溃范围 $S<1\text{m}^2$，剥落块体厚度小于3cm

注：q_i 为检测断面衬砌混凝土测点的平均强度；q 为设计衬砌混凝土强度；h_i 为检测衬砌厚度，当衬砌混凝土存在内部缺陷时，检测衬砌厚度应换算为有效衬砌厚度，即将检测衬砌厚度减去内部缺陷削弱的部分厚度；h 为设计衬砌厚度；长度指沿隧道纵向连续长度。

第二节　我国公路运营隧道缺陷及病害分级相关规定

近期交通运输部修订发布了公路工程行业标准《公路隧道养护技术规范》(JTG H12—2015)(简称新《规范》)。新《规范》在公路养护领域，依据公路技术等级、交通方式、交通量、隧道规模等因素，首次提出按照"养护分级"进行差异化养护的理念；在公路隧道领域，创建了"公路隧道技术状况评定方法"，这在业内乃至国外都是没有的。

土建结构的养护工作应包括日常巡查、清洁、结构检查与技术状况评定、保养维修和病害处治等内容。因篇幅限制，本书对日常巡查、清洁等内容从略(可参见新《规范》)，重点谈结构检查与技术状况评定。结构检查应包括经常检查、定期检查、应急检查和专项检查，经常检查以定性判断为主，检查内容和判定标准宜按表4-7执行，定期检查与专项检查内容从略。经常检查破损状况判定分3种情况：情况正常、一般异常、严重异常。

经常检查内容和判定标准　　　　　　　　　　　　　　　表 4-7

项目名称	检查内容	判定标准	
		一般异常	严重异常
洞口	边(仰)坡有无危石,积水,积雪;洞口有无挂冰;边沟有无淤塞;构造物有无开裂,倾斜,沉陷等	存在落石,积水,积雪隐患;洞口局部挂冰;构造物局部开裂,倾斜,沉陷,有妨碍交通的可能	坡顶落石,积水漫流或积雪崩塌;洞口挂冰掉落路面;构造物因开裂,倾斜或沉陷而致剥落或失稳;边沟淤塞,已妨碍交通
洞门	结构开裂,倾斜,沉陷,错台,起层,剥落;渗漏水(挂冰)	侧墙出现起层,剥落;存在渗漏水或结冰,尚未妨碍交通	拱部及其附近部位出现剥落;存在喷水或挂冰等,已妨碍交通
衬砌	结构裂缝,错台,起层,剥落	衬砌起层,且侧壁出现剥落状况,尚未妨碍交通,将来可能构成危险	衬砌起层,且拱部出现剥落状况,已妨碍交通
	渗漏水	存在渗漏水,尚未妨碍交通	大面积渗漏水,已妨碍交通
	挂冰,冰柱	存在结冰现象,尚未妨碍交通	拱部挂冰,形成冰柱,已妨碍交通
路面	落物,油污;滞水或结冰;路面拱起,坑槽,开裂,错台等	存在落物、滞水、结冰、裂缝等,尚未妨碍交通	拱部落物,存在大面积路面滞水、结冰或裂缝等,已妨碍交通
检修道	结构破损;盖板缺损;栏杆变形,损坏	栏杆变形,损坏;盖板缺损;结构破损,尚未妨碍交通	栏杆局部毁坏或侵入建筑限界;道路结构破损,已妨碍交通
排水设施	破损,堵塞,积水,结冰	存在破损,积水或结冰,尚未妨碍交通	沟管堵塞,积水漫流,结冰,设施破损严重,已妨碍交通
吊顶及各种预埋件	变形、缺损、漏水(挂冰)	存在破损、漏水,尚未妨碍交通	破损严重,或从吊顶板漏水严重,已妨碍交通
内装饰	脏污、变形、破损	存在破损,尚未妨碍交通	破损严重,已妨碍交通
标志、标线、轮廓标	是否完好	存在脏污、部分缺失,可能会影响交通安全	基本缺失或严重缺失,影响行车安全

　　机电设施主要包括供配电设施、照明设施、通风设施、消防设施、监控与通信设施等。机电设施的养护内容及技术状况评定标准可参见新《规范》,此书从略。

　　其他工程设施主要指电缆沟、设备洞室、洞外联络通道、洞口限高门架、洞口绿化、消音设施、减光设施、污水处理设施、洞口雕塑、隧道铭牌、房屋设施等,其养护内容及技术状况评定标准可参见新《规范》,此书从略。

　　根据新《规范》,在隧道维护管理的实施步骤上,一般情况下应从简易的检查开始依序实施,再依异状程度,分阶段实施检测;但遭遇紧急状况时,可不依阶段顺序,全凭专业人员的判断,迅速地采取必要的处理措施。结合有关规范、资料和工程实践经验,可按下列流程进行,如图 4-1～图 4-3 所示。

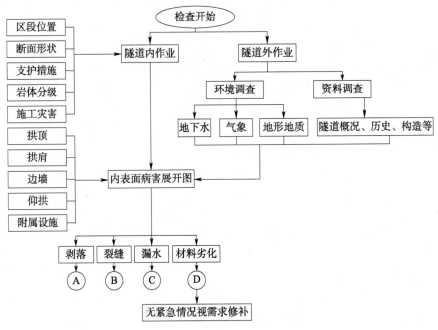

图 4-1　隧道检测与病害处理作业流程

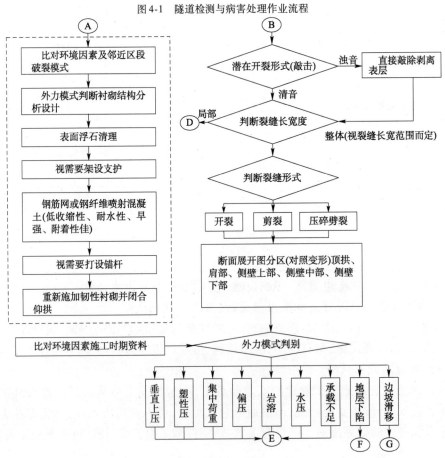

图 4-2　隧道检测与病害处理作业流程

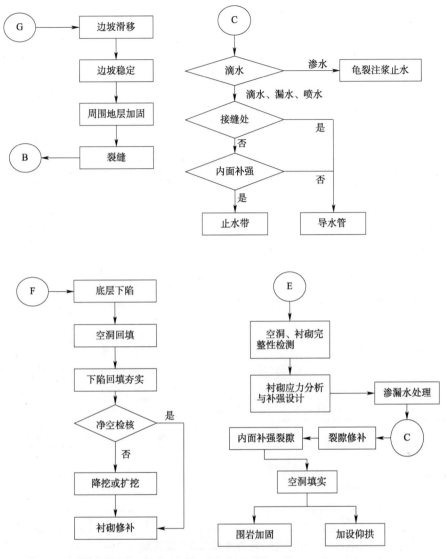

图 4-3 隧道检测与病害处理作业流程

第三节 日本运营隧道病害分级相关规定

日本依据《建筑物维修管理标准》(日本标准)中的有关规定,采用健全度作为变异隧道检查和等级划分的依据,共分为 A、B、C、S 四级,A 级又细分为 AA、A1、A2 三级。当变异严重,威胁运输安全及旅客生命财产等安全时,在总体检查阶段就可定为 AA 级,应立即采取措施。其总体检查健全度的等级划分见表 4-8,总体检查的健全度判定标准见表 4-9。为便于判断,针对引起隧道变异的主要因素,如外力变化、衬砌材料劣化、轨道维修周期缩短等因素引起的变异,建立了个别检查的健全度判定方法和标准。个别检查开裂、错动的判定基准见表 4-10,个别检查隧道渗漏水的判定基准见表 4-11。

日本隧道总体检查健全度等级划分　　　　　　　　　　　　　　表 4-8

等　级		对运营安全的影响	变异程度	措　施
A	AA	危险	重大	立即采取
	A1	迟早会造成威胁,有异常外力危险	变异发展功能继续降低	及早采取
	A2	以后有危险	变异发展功能会降低	必要时采取
B		如发展变为 A 级	如发展变为 A 级	监视(必要时采取)
C		现状时无影响	轻微	重点检查
S		无影响	无	无

日本隧道总体检查的健全度判定标准　　　　　　　　　　　　表 4-9

变异分类	判定标准	健全度
外力变化引起的变异	因变形、移动、下沉而侵限或者有可能侵限	A
	因变形、移动、下沉而有可能崩塌者	A
	衬砌有可能剥离、剥落,发生时会危及运行安全和旅客安全者	A
	有变形,但不发展,而且其变形对使用上无障碍	C
衬砌劣化、轨道维修周期缩短引起的变异	因衬砌材料劣化,屡屡发生剥落,威胁运行和旅客安全者	A
	结冰发生、侵限者	A
	发生涌水、结冰而对运行和轨道维修作业人员有重大影响者	A
	与运行安全、旅客安全无关的轨道维修周期缩短,但使用功能降低者	B
	有涌水,但对运行及旅客安全无威胁,而且不影响使用功能者	C

个别检查开裂、错动的判定基准　　　　　　　　　　　　　　表 4-10

开裂或错动值	长度(m) 大于 10	5～10	小于 5
大于 5mm	AA～A1	A	A1
大于 3mm	A1	A1	A2

个别检查隧道渗漏水的判定基准　　　　　　　　　　　　　　表 4-11

判定基准	健全度
因漏水结冰,因侵限对列车运行造成威胁者	AA
在电气化区间,拱部漏水直接传到架线和绝缘子者	AA
道床翻浆冒泥、鼓底,轨道变形,维修周期极短,确保正常运行困难者	A1
排水受阻,漏水,使道床状态恶化	B

第五章 运营隧道衬砌结构缺陷与病害整治

第一节 整治原则及程序

运营隧道衬砌结构缺陷与病害整治,是建立在隧道状态检测基础上,通过对检测数据分析、缺陷与病害原因诊断、缺陷与病害等级划分及隧道整体结构安全评估,提出技术可行、经济合理、优质高效的整治措施。对于隧道衬砌类病害,由于各类型病害成因可能相同又可能同时出现,所以隧道病害分类虽然不同,但处理方法大致相似或者相同,按照病害分类在下文中一一列出,并且给出的治理方法可以单一选用也可以根据实际情况组合使用。

一、整治原则

整治措施应遵循因地制宜、技术可行、经济合理、高效安全、彻底整治的原则。着重体现在以下几个方面:

(1)确保整治后不侵入建筑限界或降低限界标准,并得到主管部门批准。

(2)确保在运营隧道中的施工安全和在整治隧道中的运营安全。

(3)充分考虑运营隧道天窗时间、机电设施、限界、病害程度等限制因素,确保整治方案具有良好操作性。

(4)确保整治方案耐久性强,力争做到"一次整治,彻底根除"。

(5)兼顾工程投资和业主要求,可按"轻、重、缓、急"分段分次整治。

(6)可参照"运营隧道缺陷及病害定级评价表"确定整治范围(表5-1)。

(7)对大规模整治或极严重工点病害的整治建议组织专家会诊。

运营隧道缺陷及病害定级评价表 表5-1

序号	分类	不予整治	日常维修	进行监测,视监测情况进行日常维修或大、中修	大修或立即整治
1	铁路隧道	C级	C级或B级	B级	A1或AA
2	公路隧道	1类	2类	3类	4类或5类

二、整治程序

一般按照先处理危及运营安全的极严重病害后处理轻微病害、先加固拱部结构后加固边墙的原则进行。

第二节 衬砌缺陷与病害整治措施

一、围岩加固措施

围岩加固措施所起的作用主要有:改变地应力的分布形式、控制围岩松散破坏区的发展；消灭围岩的膨胀、冻胀、软化泥化、浸析崩解的病害因素,或者最大限度地限制其危害程度,控制围岩变形和失稳；消除围岩地下水对衬砌的动、静水压力和潜流冲刷；控制岩体的整体滑移、错落或局部沿软弱结构面和层面的滑动。

1. 控制地下水稳固岩体

地下水的浸泡与活动对各种围岩的稳定性影响最大。通过疏干围岩含水,采取治水措施是稳固岩体的根本措施之一。

对偏压隧道或位于滑坡地段,有可能产生新滑动的隧道,可以修建排水设施,防止地表水渗入岩体,同时修筑抗滑墙或抗滑桩来预防山体失稳与滑坡。

2. 锚杆加固岩体

对围岩级别较好的岩体,自衬砌内侧向围岩内打入一定数量和深度(3~5m)的金属锚杆、砂浆锚杆,可以把不稳定的岩块固定在稳定的岩体上,提高破碎围岩的黏结力,形成一定厚度的承载拱;在水平层状的岩石中把数层岩层串联成一个组合梁,与衬砌共同承受外荷载。有效的锚固作用能改善围岩及结构的力学性能,控制围岩体结构变形的发展,形成具有动态耦合作用的衬砌—锚杆—围岩体系自适应内承载结构。采用锚杆加固不仅有效控制衬砌变形,提高稳定性,而且可以使作用在衬砌上的地层压力大小和分布产生有利转化,从而保证隧道体系的稳定性。

3. 注浆加固围岩

在衬砌上均匀布置孔位,用风钻打适当深度的孔,向衬砌周围破碎围岩体内注浆加固围岩。使衬砌周围的围岩在一定范围形成一个厚度为1~4m的人工固结圈,使作用在衬砌上的地层压力大小和分布产生有利转化,有效地稳定围岩同衬砌本身共同受力。同时也可防止地下水的渗入,有利于衬砌结构受力与防水。

常用的注浆材料为水泥浆、水泥-水玻璃浆液等,也可采用其他化学浆液,如铬木素、聚氨酯等。如果衬砌背后空隙较大,为了节省水泥和投资,可以选用灌注性好,抗渗性、耐腐蚀性较好的廉价材料,如水泥粉煤灰砂浆、水泥沸石粉砂浆、水泥砂浆等。

4. 回填与置换

隧道衬砌周围如果存在空隙,不仅会对地层压力分布造成不利影响,而且使得衬砌结构失去周边的有利支承条件,使衬砌的承载能力无法得到充分发挥。此时要采取回填措施,用砂浆或混凝土将围岩空隙回填密实。

如果隧道底部存在厚度不大的软弱不稳固的岩体或者有不稳固的填充物,可以采取置换的办法处理。

5. 支挡加固岩体

对靠山、沿河偏压隧道或滑坡地带,除治水稳固山体外,还可采用支挡措施,包括设支挡墙、锚固沉井、锚固钻(挖)孔桩等来预防山体失稳与滑坡,这种工程措施只能用于洞外整治。

二、衬砌裂损补强措施

一般情况下,已裂损的衬砌均还有相当大的支护潜力,可以充分利用,在结构自稳能力较好时,可采用加固补强措施来改善衬砌结构。当结构失去自稳能力,无法通过外部加固时才采用拆除重建、更换衬砌的方法。

1. 表面清扫

衬砌内表面清扫有利于摸清衬砌缺陷、病害状态,也是采用加固措施前必须进行的一项作业。表面清扫中应注意以下事项:

(1)用目视检查等,事先掌握附着物的种类、范围、深度、衬砌劣化的状况等;

(2)视工点条件采用高压喷水、喷气、钢丝刷等对衬砌内表面的煤烟、尘、泥、劣化混凝土等附着物进行清除;

(3)清除物要收集起来放入固定地点,不得随意丢放。

2. 凿除

对环向施工缝缝边混凝土开裂、拱部劣化混凝土、拱部混凝土涂抹的砂浆层、拱部衬砌因为开裂、错台有掉块可能的,应先凿除再采用其他加固措施。凿除时应注意以下事项:

(1)施工前,应用目视、敲击等方法检查,掌握衬砌的劣化状况。劣化和剥落显著、凿除可能损害衬砌功能时或会危及运营安全的,应采用其他方法。

(2)视工点条件采用高压喷水、喷气、电动锤、切割机等对起鼓剥落的劣化混凝土进行凿除。

(3)对环向施工缝缝边混凝土开裂等不影响结构安全的,凿除后可以不进行二次处理。如再采用砂浆涂抹,因新旧混凝土、砂浆黏结力差,在车辆的长期运营震动下,可能会脱落掉块,危及行车安全;对拱部衬砌开裂、错台的,凿除后应进行二次加固处理。

3. 裂缝嵌补

衬砌裂损整治前,均应对裂缝进行嵌缝修补,再结合其他措施进行结构加固;对衬砌裂损"轻微"级,或不受力的环向裂缝或温度裂缝,只嵌缝修补即可,嵌缝材料根据缝宽及渗漏水情况选用,一般采用有机树脂类和无机水泥系两类。对宽度≤5mm 的渗漏水施工缝、裂缝可采取钻孔注浆、埋管(嘴)注浆、贴嘴注浆等堵水措施,注浆材料根据渗漏量、可灌性及现场环境等条件采用聚氨酯、环氧树脂、丙烯酸盐、水泥-水玻璃或水泥基灌浆材料等。对宽度>5mm 的渗漏水施工缝和裂缝,采取凿槽堵漏处理,具体方法为:在施工缝和裂缝周围凿宽 5~6cm、深 5~6cm 的楔形槽,用清水清洗槽及周围。对拱顶施工缝、裂缝,为防止快修堵漏剂脱落,还可在槽中增加水泥钢钉与钢丝网,然后将调和好的速凝型无机防水堵漏剂填入槽中并稍稍高出,接着用抹刀抹平,并至少保持 15min 的湿润,最后在槽及周围刮涂渗透结晶型防水涂料两层(图 5-1)。

4. 锚杆补强

对衬砌裂损较严重的,可采用中空注浆锚杆加固法。一方面通过锚杆把围岩连接成一体,防止围岩强度的降低,另一方面通过锚杆径向注浆提高衬砌背后围岩的承载能力,从而达到补偿衬砌裂损的作用。采用锚杆补强的适用性非常广,简单易行,对大多数衬砌裂损或单条纵向裂缝都可以采用(图 5-2)。

 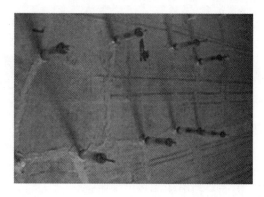

图 5-1 灌浆处理裂纹

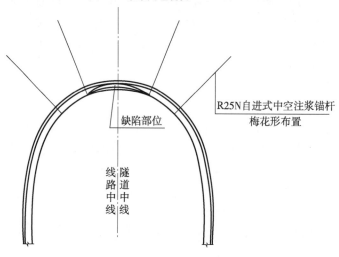

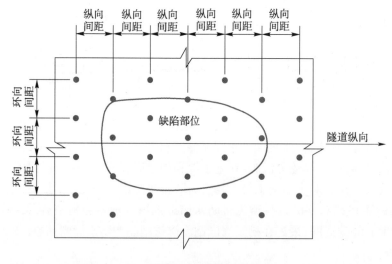

图 5-2 锚杆补强示意图

1) 锚杆补强的基本条件

锚杆补强时,应对衬砌背后地质状况及洞内构筑物进行详细调查,确认是否具备锚杆补强的条件。

(1)周边的地质状况

为了发挥锚杆补强的效果,能够获得充分锚固力的围岩是前提条件。因此,除了未固结的土砂围岩、黏土化的软弱破碎带等极端软弱的围岩外,良好的地质状况是采用锚杆补强的前提。为此,先进行竣工资料及施工日志的查阅,对Ⅴ级围岩地段的软弱围岩还应进行钻孔取芯,掌握围岩的状态,必要时采用长钻孔确认软弱及松弛的范围。

(2)涌水状况

涌水量大的地方,会产生锚固材料流失等问题。

(3)限界富余

一般来说,采用锚杆补强时,锚杆头部会突出衬砌内表面,因此限界要有一定富余。应采用断面仪量测隧道净空断面以确认是否富余,如无富余,应对锚杆头部加以适当处理。

(4)初期支护情况

初期支护内如有钢支撑,会妨碍钻锚杆孔。因此要充分调查其位置及间隔;其次还要调查架空线、电缆等洞内构筑物的位置。

(5)施工条件

除调查上述条件外,还要调查距洞口的距离和给定的作业时间等。

2)锚杆补强的其他考虑因素

进行锚杆补强时,还应考虑锚杆的材料、尺寸及配置参数、抗拔力等因素。

(1)材料

锚杆可采用普通中空锚杆、组合中空锚杆、自进式中空锚杆、预应力锚杆等,对孔壁不能自稳或在软弱围岩中,应采用自进式中空锚杆。

普通中空锚杆由堵头、螺母、垫板、止浆塞、中空锚杆体、锚头组成;组合中空锚杆由排气管、堵头、螺母、垫板、止浆塞、中空锚杆体、连接套、排气管、钢筋、锚头组成;自进式中空锚杆由螺母、垫板、止浆塞、中空锚杆体、连接套、钻头组成(图5-3、图5-4、图5-5)。

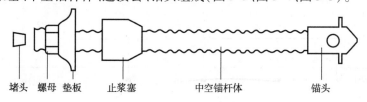

图5-3 普通中空锚杆结构

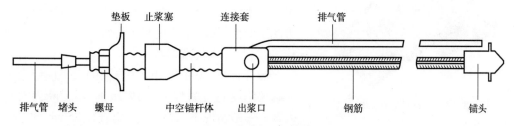

图5-4 组合中空锚杆结构

中空锚杆体直径一般有25mm、28mm、32mm,采用牌号为Q345的结构用无缝钢管;组合钢筋采用牌号为HRB335或HRB400热轧带肋钢筋,其力学性能参数见表5-2和表5-3。

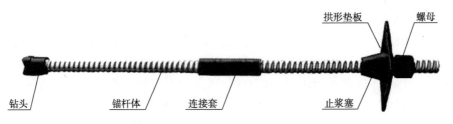

图 5-5 自进式中空锚杆实物

中空锚杆体的屈服力、最大力和断后伸长率 A　　　　　表 5-2

普通中空锚杆产品规格 （mm×m）	牌号	屈服强度 R_{cL}（MPa）	抗拉强度 R_m（MPa）	屈服力（kN）	最大力（kN）	断后伸长率 A（%）
				不　小　于		
φ25×5	Q345	325	490	102	153	21
φ25×7				128	193	
φ28×5.5				126	190	
φ32×6				159	240	

注：1. 屈服力是指纵向拉伸的中空锚杆体在屈服期间，不计初始瞬时效应时所测得的最小拉力。
　　2. 最大力是指拉断中空锚杆体时所测得的最大拉力。

组合锚杆体的屈服力、最大力和断后伸长率 A　　　　　表 5-3

组合中空锚杆产品规格（mm）	钢筋						中空锚杆体（牌号为Q345）				
	牌号	屈服强度 R_{eL}（MPa）	极限强度 R_m（MPa）	屈服力（kN）	最大力（kN）	断后伸长率 A（%）	屈服强度 R_{cL}（MPa）	极限强度 R_m（MPa）	屈服力（kN）	最大力（kN）	断后伸长率 A（%）
				不　小　于					不　小　于		
φ20	HRB335	335	455	105	142	17	325	490	106	160	21
φ22	HRB400	400	540	126	170	16			127	192	
	HRB335	35	455	127	172	17					
φ25	HRB335	335	455	164	223	17			159	240	

锚杆垫板采用牌号为 Q235 的热轧钢板，冲压成碟形，尺寸宜为 150mm×150mm×6mm（图 5-6）。

图 5-6 锚杆垫板的形状

锚固材料大体上分为水泥系和树脂系两类，一般多采用水泥系材料。在有涌水或头部锚固及锚杆周边注浆的情况，可采用树脂系材料。

(2) 尺寸及配置参数

锚杆直径、长度及间距等参数的选择应综合考虑衬砌缺陷或病害的程度、围岩级别、隧道断面大小等因素。一般情况下，锚杆可选用直径 25mm 的中空注浆锚杆，单线隧道锚杆长度采用 3m，双线隧道锚杆长度采用 4m，环向×纵向间距采用 1.2m×1.2m 的标准，可根据衬砌缺陷或病害的程度、围岩级别、隧道断面大小、二次衬砌厚度等因素进行优化调整。

(3)抗拔力

对运营隧道加固尤其对隧道拱部加固时,锚杆端头一般外露在衬砌内表面,如锚固质量不符合设计要求,有可能会滑落造成运营事故。为确保锚固质量,应采用拉拔计对锚杆抗拔力进行检查,且锚杆抗拔力不小于 50kN,抽检数量不少于 5%,每组不少于 3 根。

5. 纤维布补强

纤维布用于结构构件的抗拉、抗剪和抗震加固,该材料与配套胶黏剂共同使用,对结构内表面有补强作用。在桥梁、隧道、混凝土结构抗震、修复、加固、补强方面的应用得到大力推广,尤其是 2008 年 5 月 12 日地震之后,国产纤维布发展迅速,但与进口材料相比还有一些差距,有待改进。纤维布主要有碳纤维、尼龙纤维、玻璃纤维等,碳纤维有导电性,不宜加固电气化隧道,而玻璃纤维与尼龙纤维没有导电性。芳纶纤维布如图 5-7 所示,芳纶纤维布加固图如图 5-8 所示。

图 5-7 芳纶纤维布

图 5-8 芳纶纤维布加固图

对于隧道内表面细裂纹、小剥落掉块,可以采用粘贴纤维布的方法进行结构补强,起到防止结构开裂、防剥落掉块的作用。与其他补强方法相比,纤维布补强具有如下优点:

(1)占用净空断面最小;

(2)抗拉强度高、抗剪能力强;

(3)质量轻、柔软性好,易于施工及维护,无须大型机械;

(4)防腐蚀,耐久性好,适合酸、碱、盐和湿热环境的使用。

设计施工应注意事项:

(1)受压力的场合,不宜使用;

(2)对衬砌混凝土劣化严重地段,不宜使用;

(3)胶黏剂是可燃物;

(4)要使用配套胶黏剂,最好是进口胶,否则容易发生粘贴不牢、易脱落,危及行车安全;

(5)在严寒、潮湿的隧道环境慎用纤维布。

工艺程序如图 5-9 所示。

工艺要求:

(1)贴布前应对衬砌内表面进行必要的处理,仔细清除破损、劣化部分,修补裂缝、露筋除锈、削平凸出部位和棱角等,使纤维布粘贴后能与二次衬砌内表面紧密结合。

(2)在处理好的衬砌内表面涂刷能渗透到混凝土内的底层涂料,然后填平表面凹陷部位,达到表面平整,使纤维布与衬砌粘贴紧密并避免粘贴后起鼓。

(3)严格掌握贴布的位置与搭接长度,注意进行脱泡和浸渗操作。

(4)掌握好每道工序施工的间隔时间,防止纤维布起鼓、脱离、错位。

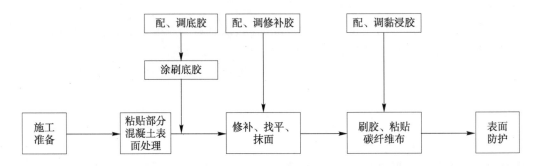

图 5-9 粘贴纤维布工艺流程

纤维布补强措施在合巢芜高速公路试刀山、高山等公路隧道有过运用;在铁路隧道也有运用,但据工务部门反映效果不是很好,究其原因列车风压较大,易发生脱落,对潮湿环境隧道不宜使用,对一些无水、通风条件好的短隧道,如采用进口胶,还是可以适用的。

6. 锚喷网补强法

在隧道建筑限界允许的情况下,对于衬砌裂损较严重至严重地段,可采用锚杆+网喷混凝土进行结构补强。锚杆一般采用中空注浆锚杆或自进式锚杆,锚杆布置参数可参见"锚杆补强法";钢筋网一般采用 $\phi 6mm$ 或 $\phi 8mm$ HPB300 钢筋,网格间距 20~25cm;喷射混凝土采用 C25 混凝土,喷层厚度 5~20cm,不小于 5cm。为增强喷混凝土的抗压、抗剪、抗冲击力,提高喷混凝土的承载能力,可掺加混合料质量的 1%~3% 的纤维素纤维(图5-10)。喷射混凝土宜采用湿喷工艺,喷射完成应按相关规范的要求进行养护,否则会因为施工质量不到位导致喷混凝土脱落掉块,危及运营安全。

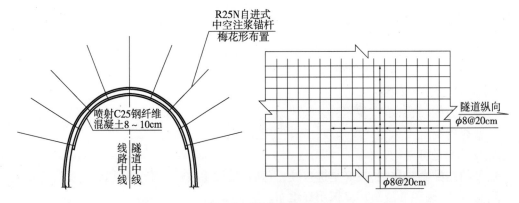

图 5-10 锚喷网补强示意

锚喷网补强适用性比较强,效果也比较好,对大多数严重地段的裂损都是可以适用的,但有些管理单位会担心喷混凝土脱落,因此要求喷混凝土时必须严格施作,喷混凝土前要对既有混凝土凿毛,采用湿喷工艺,喷后加强养护,确保施工质量。

近年来,采用纤维网格代替金属网,也可应用于隧道内表面补强。纤维网格(FRP Grid)是指将碳纤维、玻璃纤维或芳纶纤维等高性能连续纤维浸渍于耐腐蚀性的树脂中,形成网格状的整体,外形有二维和三维两种形式(图5-11)。纤维网格具有轻质、高强、双向受力、施工方便,可以用于恶劣环境的施工等优点,与聚合物砂浆一起使用具有耐火性、抗剥离性好、耐久性强、加固效果明显等优点(图5-12、图5-13)。材料为国外进口材料,采用此材料时,要求采用配套的进口聚合物砂浆。优点:喷层比网喷混凝土更薄,适用于对限界要求更高的隧道;缺点:造价高,且对隧道拱顶补强尚未有大量实例(表5-4)。

图5-11 纤维网格
注:夹具需养护24h后使用

图5-12 传统金属网加固图

碳纤维网格加固系统与传统工艺比较 表5-4

项 目	ARMO-system 碳纤维网格加固系统	传统工艺(钢筋网片喷射混凝土加固)
喷射混凝土厚度(不平基层的找平)	1~2cm	3cm
喷射混凝土厚度(隐蔽钢筋网)	无	1~2cm
喷射混凝土厚度(保护层厚度)	1~1.5cm	3cm
喷射混凝土总厚度	3~4cm	8cm
达到防火标准ISO 834 F60(>1h的防火)的保护层厚度	1cm	3cm
达到防火标准ISO 834 F90(>1.5h的防火)的保护层厚度	2cm	4cm
耐火性能	碳纤维能够抵抗高达1700℃的温度(无氧气介入的情况)	钢筋在500℃的温度下,强度明显下降
防腐性能	好(不需要防腐措施)	差
施工条件	施工便捷,对场地要求低	需要机械辅助,对场地要求高
施工工期	短	较长
需要劳动力	少	较多
混凝土回弹率	低(不存在钢筋网振动的问题)	高(存在钢筋网振动的问题)
混凝土密实度	高(网格后无混凝土空洞)	较差(网片后有混凝土空洞)
控制裂缝能力	强	较弱

图 5-13　纤维网格加固图

7. 钢带补强法

在隧道建筑限界无富余的情况下,对于衬砌裂损较严重至严重地段,可采用 W 钢带对衬砌结构进行补强。W 钢带是采用厚度 3～5mm,宽度 180～320mm 卷钢板,经过冷弯成 W 形后,在 W 形钢带中部加工出与锚杆孔距相等的锚杆孔的钢带(图 5-14)。W 钢带可与各种锚杆共同组合锚盘支架,将分散的多根锚杆通过 W 钢带连接起来形成一个整体承载结构,显著地提高锚杆的整体效果,从而达到补偿衬砌厚度不足或衬砌裂损的作用。

W 钢带与平钢带相比的技术优越性:

(1) W 形钢带抗弯截面模量提高 37 倍。

(2) 刚度提高 70 倍左右。

(3) W 钢带冷轧过程中的硬化作用,能提高抗拉强度 12%～15%。

环向钢带采用 W 钢带,纵向间距 1.2m 左右,对加强地段还应布置纵向平钢带。W 钢带需联合锚杆进行补强,锚杆材料、尺寸及配置参数的选取可参照"锚杆补强法"(图 5-15)。

钢带补强前,应进行限界测量。对限界无富余的,可采用镀锌钢带,对外露锚杆头及垫板也应进行镀锌处理。镀锌采用热浸镀,镀锌层平均厚度应不小于 70μm。

图 5-14　W 钢带　　　　　　　　　　图 5-15　镀锌 W 钢带 + 锚杆

对限界有富余的,采用网喷混凝土将钢带封闭,耐久性更好。钢筋网采用直径 6mm 或

8mm 的 HPB300 钢筋,网格间距 20cm 或 25cm,混凝土采用 C25 喷射混凝土,喷射厚度 5~20cm,不小于 5cm。为增强喷射混凝土的效果,可掺加混合料质量 1%~3% 的纤维素纤维。喷射混凝土宜采用湿喷工艺,喷射完成应按相关规范的要求进行养护,否则会因为施工质量不到位导致喷混凝土脱落掉块,危及运营安全(图 5-16)。

对一些局部掉块,需要应急补强确保运营安全时,可以采用厚 4.5~6mm 平钢板 + 高强化学锚栓进行补强,锚栓长度伸入衬砌内长度不小于 20cm。

由于限界限制,加上有些管理单位担心喷混凝土会脱落,所以产生镀锌钢带设计。优点:施作方便,比单纯采用锚杆加固要强;缺点:钢带及锚杆头均要镀锌,对镀锌质量要求高,要勤于防腐养护,不宜用于潮湿环境隧道。对限界允许的,宜采用网喷混凝土将钢带封闭,这样耐久性更强。

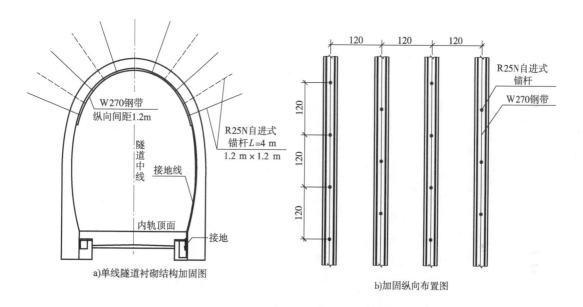

a)单线隧道衬砌结构加固图

b)加固纵向布置图

c)钢带+锚喷网加固照片

图 5-16　隧道加固

8. 纤维板补强

对于衬砌裂损较严重至严重地段,当隧道内净空限制严格、管线设备较多、整治外观要求较高时,可采用衬砌内表面粘贴纤维板的方法,以承担衬砌内面所受的拉伸应力,起到抑制弯曲裂缝开口的效果,同时,也能防止混凝土剥落。

(1)纤维板质轻、抗拉伸强度高,与其他补强方法比较,占用净空断面最小(图5-17)。

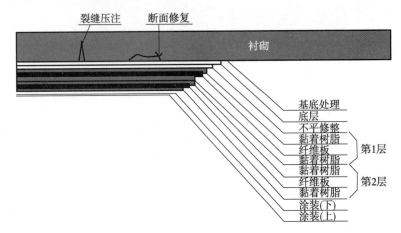

图5-17　纤维板黏着方法的断面

(2)补强效果。因在衬砌内表面粘贴纤维板,可以承受内表面产生的拉应力。一般来说,可以控制弯曲开裂的开口,同时有防止剥落的效果。

(3)可施工性。

①纤维板用含浸、粘贴树脂的粘贴作业是中心环节,施工比较容易;

②只用手工作业,不需要大型机械等,不受施工空间的制约;

③纤维板能够比较灵活地适应结构物的形状;

④可根据层数的增减调节补强量;

⑤质轻,可搬性好,易于搬入,施工容易。

(4)耐久性、耐腐蚀性。不生锈,且因被树脂覆盖,能够防止衬砌劣化。

(5)施工要点。

①受压力的场合,不能期待补强效果。

②含浸、粘贴树脂是可燃物。

③衬砌混凝土劣化严重,混凝土强度小的场合,不能期待补强效果。

④含浸、粘贴树脂的强度发展,需要时间,因此,要使施工过后在列车风压作用下不发生剥离现象,就要采取防止剥离的措施。同时,在施工环境寒冷的场合,粘贴强度的发展也需要很长时间,更要引起注意。

⑤玻璃纤维、尼龙纤维没有导电性,碳纤维有导电性。

纤维板补强技术在国内隧道鲜有运用,对潮湿环境隧道不宜使用,对一些无水、通风条件好的短隧道,如采用进口胶,还是可以适用的。

9.钢板补强法

对于衬砌裂损较严重至严重地段,当隧道内净空无富余,可采用衬砌内表面粘贴钢板的方法,以承担衬砌内面所受的拉伸应力,抑制弯曲裂缝开口的效果,同时,也能防止混凝土剥落(图5-18、图5-19)。

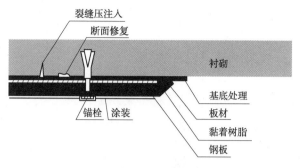

图 5-18 钢板黏着方法的断面

图 5-19 钢板加固

（1）补强效果。衬砌内表面粘贴钢板，可承受内表面产生的拉应力，特别是能够控制弯曲开裂的开口，有防止剥落的效果。

（2）耐久性、耐腐蚀性。因被钢板覆盖，能够抑制衬砌的劣化。

（3）注意事项。

①钢板比纤维板密度大，施工性差，安装时除了采用黏胶外，还要采用锚栓固定；

②衬砌混凝土劣化显著、混凝土强度小的场合下，不能期待补强效果；

③钢板会腐蚀，应定期进行涂装，或采用镀锌钢板；

④有导电性，电气化隧道要采用接地装置。

钢板补强措施在国内一般用于应急、临时性的单点或单个区域加固，对永久性加固或大规模整治鲜有采用，主要原因还是防腐问题不易解决。

10. 拱架补强法

对衬砌压溃或开裂极严重，且隧道结构尚未失稳并受内净空限制的情况下，可采用拱架补强法。设计施工应注意如下事项。

1）补强拱架的形状、尺寸、材质

钢材要采用延展性大、易于弯曲和焊接加工的钢材，一般采用轻型旧钢轨、工字钢及 H 型钢。从耐久性方面看，最好进行防锈处理。

2）补强拱架的断面、间距

补强拱架的断面和间距，应结合隧道病害严重程度、隧道断面尺寸、限界及施工条件等确定。补强拱架上的外力是很难推定的，一般进行工程类比设计，选用 11～38kg/m 轻型旧钢轨，I14～I20 工字钢、H100～H175 型钢，钢架间距 0.6～1.5m。对净空无富余地段，需要进行凿槽嵌入的，不宜选用较大断面的拱架，以免对隧道结构造成较大损伤。

3）楔块、连接件、拱脚的设计施工

拱架架立后，与既有衬砌内表面难以密贴，需要采用预制混凝土楔块将空隙楔紧，确保将围岩、衬砌的外力传递到拱架上，防止松弛荷载增大。

应在拱架的关键受力部位采用锁脚锚管将拱架固定，两榀拱架之间采用纵向连接钢筋进行连接，确保拱架整体受力，不倾倒。锁脚锚管可采用 $\phi50$ 热轧无缝钢管，长 $3.5\sim5.0m$，每处 2 根，要对锁脚锚管进行注浆，确保拱架稳定；纵向连接钢筋可采用 $\phi22HRB400$ 钢筋，沿拱架环向间距 $1m$ 布置 1 根，连接钢筋与钢架焊接。

钢架底脚应避免直接落在水沟盖板上，要坐落在混凝土上或坚固的围岩上，必要时应设置钢垫板，防止因拱脚的承载力不足导致钢架不均匀沉降。

4）净空断面测量及净空断面不足的处理措施

设计时应先对隧道净空进行断面测量，以确定是否有足够的富余空间来架立钢架，能够外置钢架的应尽量利用富余净空外置，以免损伤隧道衬砌结构；对净空不足的或衬砌表面有凹凸时，视情况采用凿除或切槽嵌入，确保钢架不侵入隧道限界。

需要凿除或切槽地段，应先对拟加固段进行临时加固或预加固，确保运营安全。临时加固可采用钢拱架进行临时支撑，钢拱架间距 $1\sim1.5m$，需要采用锁脚锚管进行锁定，钢架之间也要纵向连接成一体。预加固可采用 $\phi25\sim32mm$ 的自进式中空注浆锚杆对围岩进行径向注浆，通过提高衬砌背后围岩的承载能力，从而减轻围岩对衬砌结构的压力。

5）采用网喷混凝土对拱架进行封闭

在隧道净空允许的情况下，采用网喷混凝土或锚喷网对钢拱架封闭，补强效果会更好，提高钢架补强的耐久性。嵌钢拱架+锚喷网加固图如图 5-20、图 5-21 所示。

采用钢拱架对衬砌结构裂损进行补强运用非常普遍，也非常实用，见效快，强度高，也可运用于衬砌危急状态时的临时支撑。在限界允许的情况下，尽量少切槽或不切槽，以减少对结构的损伤；优先采用网喷混凝土封闭，增加补强耐久性。

11. 套衬（套拱）加固

对衬砌压溃或开裂极严重，且隧道结构尚未完全丧失承载能力，隧道内净空允许的情况下，可以通过在既有衬砌内表面增加套衬（套拱）来加强原衬砌，制止衬砌裂缝进一步发展。当原衬砌已接近丧失承载能力，但由于其他原因（如地质很差，或修建时发生过大量坍塌等）不宜或不允许拆除重建衬砌时，亦可考虑采用套衬（套拱）加固。套衬（套拱）设计应视隧道病害严重程度、隧道断面尺寸、限界及衬砌背后围岩级别等因素确定。一般采用 $20\sim35cm$ 的单层或双层钢筋混凝土衬砌。套衬（套拱）施工前，应先对原衬砌进行局部补强和防渗漏处理；如在拱墙增设套衬应按新建衬砌的标准设置防排水系统。套衬（套拱）与原衬砌之间通过锚杆或植筋连接；套衬（套拱）施工时，应预留回填注浆管，模筑完成后，要进行回填注浆，确保新旧衬砌密贴，不留空隙。套衬（套拱）加固如图 5-22、图 5-23 所示。

套衬要求限界至少有 $20cm$ 的富余，铁路隧道（除时速 $350km/h$ 的高铁隧道有 $30cm$ 的预备作业空间外）尤其是电气化隧道无此富余量，但对公路隧道有一定的适用性，可以通过降低速度目标值实现。由于套衬一般采用模筑衬砌，相比钢拱架，外形美观、耐久性更好，在工程造价允许的情况下，如全隧道采用套衬，整治后会有焕然一新的感觉。

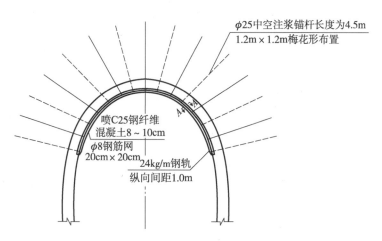

a) 嵌钢轨拱架+锚喷网加固图

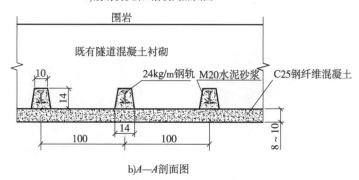

b) A—A剖面图

图 5-20 嵌钢拱架+锚喷网加固设计图

 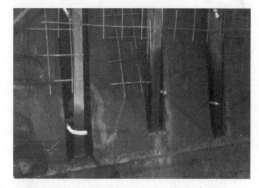

图 5-21 嵌钢拱架+锚喷网加固照片

12. PCL 工法加固

Precast Concrete tunnel Lining 简称 PCL 工法,是一种预制混凝土衬砌板,预先加工成型,直接拼装。制作时,能有效控制衬砌板的质量,施工快捷、方便,主要针对衬砌强度不足等问题,PCL 工法如图 5-24 所示。本措施国内鲜有使用,但随着人工成本的不断增加,未来一定会有大量隧道采用 PCL 工法替代模筑衬砌。

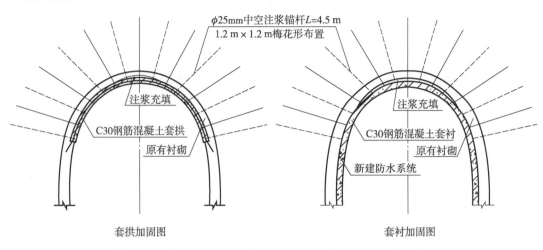

图 5-22 套衬（套拱）加固设计图

图 5-23 套衬（套拱）加固照片

图 5-24 PCL 工法施工图

13. 局部凿除、植筋、钢筋混凝土嵌补法

对衬砌局部压溃或开裂达极严重级,已危及行车安全,采用在既有结构上加固已不能满足要求时,可采用局部凿除、植筋、钢筋混凝土嵌补的方法来置换劣化部位,从而维持衬砌承载力、耐久性的方法。

主要程序:对拆除部位周边采用临时钢拱架进行预加固→凿除、切割劣化部位,切口应做成内宽外窄呈"倒梯形"→处理、修复劣化部位的防排水系统→在既有混凝土中植筋,新旧混凝土通过植筋连接→对劣化部位打设自进式中空注浆锚杆进行围岩径向注浆加固→立模灌筑C30微膨胀混凝土(图5-25、图5-26)。

此法目前在国内新建铁路隧道缺陷整治中使用较多,适用于二次衬砌局部欠厚、脱空或不密实的处理。

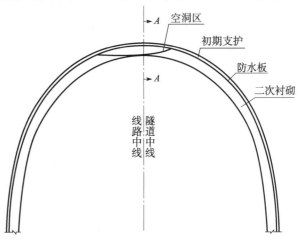

图5-25 二次衬砌拱顶空洞缺陷

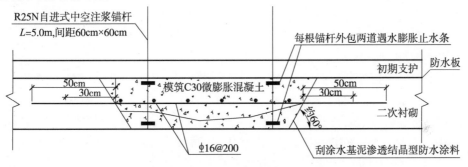

图5-26 凿除、植筋、钢筋混凝土嵌补图

注:以图5-25的A-A剖面为例,采取拱顶空洞缺陷处理措施

14. 拆除重建法

对衬砌压溃或开裂极严重,原有衬砌已基本丧失承载能力,已危及行车安全的,则应考虑拆除旧衬砌,重新施作新衬砌。新建衬砌的形式和结构尺寸,可结合原衬砌病害产生原因和围岩压力具体情况,参照新建隧道衬砌的标准来拟定。新建衬砌采用钢筋混凝土结构。新建衬砌一般采用"跳槽开挖、分段施工"的方法进行施工,施工前先对拟拆除段前后5~10m范围内采用钢拱架进行临时支护,对拟拆除段衬砌背后围岩进行径向注浆预加固,以防衬砌拆除后围岩坍塌。在全封闭封锁施工的条件下,跳槽间距可以按一模混凝土长度8~12m进行拆除重建,可以采用静态破碎及控制爆破技术进行拆除,新建衬砌采用钢筋混凝土衬砌。如不能完全封锁,只有"天窗"点施工条件,应采用"开马口跳槽施工",马口宽度2~3m为宜,人工拆除。新建衬砌钢筋可采用格栅钢架(钢架断面及间距视隧道病害严重程度、隧道断面尺寸、衬砌背后围岩级别及二次衬砌厚度确定)+纵向连接筋代替,以提高施工效率,最大限度地减少对线路运营的干扰。

拆除重建主要施工程序:对拟拆除段前后5~10m范围内采用钢拱架进行临时支护(间距

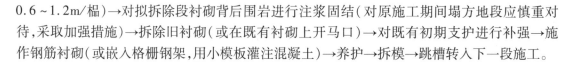

0.6～1.2m/榀)→对拟拆除段衬砌背后围岩进行注浆固结(对原施工期间塌方地段应慎重对待,采取加强措施)→拆除旧衬砌(或在既有衬砌上开马口)→对既有初期支护进行补强→施作钢筋衬砌(或嵌入格栅钢架,用小模板灌注混凝土)→养护→拆模→跳槽转入下一段施工。

三、隧道衬砌侵蚀处理措施

防侵蚀可以采用抗侵蚀混凝土、防蚀层两种方法。抗侵蚀混凝土的材料可以选择抗侵蚀水泥材料,也可以添加外加剂,而采用防蚀层是一种对混凝土表面进行处理的方法,将各种耐腐蚀的材料铺设在衬砌混凝土的表面,使之成为一种防蚀层,是提高衬砌抗腐蚀能力的常用方法。

1. 采用抗侵蚀混凝土

1)选择抗侵蚀水泥材料

隧道衬砌混凝土应根据侵蚀的不同对水泥、砂子均有所选择,而混凝土的抗腐蚀性能又主要取决于水泥品种,因而正确地选择水泥品种对任何一种腐蚀类型都是十分重要的。但目前尚没有完全可以消除腐蚀的水泥品种。从合理选择水泥品种,与优选粗细骨料及级配、掺外加剂、减少用水量等措施结合起来,最大限度地提高衬砌的抗蚀性和密实度,配制成防腐蚀混凝土,效果就更好。

目前隧道工程常用的防腐蚀水泥有抗硫酸盐水泥、高抗硫酸盐水泥、低碱高抗硫酸盐水泥、矾土水泥、石膏矿渣水泥等。

2)采用外加剂

(1)掺用火山灰质的活性掺合料。在混凝土中水泥的水化产物 $Ca(OH)_2$ 的存在是必不可少的,但它却是混凝土腐蚀的主要参与者。因此,在混凝土中掺入火山灰质的水硬性活性掺合料,如火山灰、粉煤灰等以提高混凝土的耐腐蚀性是比较有效的。这是因为这些活性掺合料善于与 $Ca(OH)_2$ 结合成难溶的化合物,即二次水化,从而减少 CaO 被溶出的程度,对减少镁盐腐蚀、硫酸盐腐蚀的效果也是较好的。但是在防止硫酸盐腐蚀中,火山灰的掺入可能会妨碍铝酸钙的水化作用,在后期干扰与硫酸盐的反应。

(2)加入引气剂或减水剂。在混凝土中掺入某些引气剂或减水剂(如木质磺酸钙、有机硅、氯化钙等),不仅可以减少混凝土的用水量,提高其强度和抗冻性,还可提高 $Ca(OH)_2$ 和 $CaSO_4$ 的溶解度,对提高混凝土的耐腐蚀能力也是十分有效的。

3)提高混凝土的密实性和抗渗性

由于各种侵蚀介质都是通过混凝土的各种孔隙、毛细孔而进入其内部,因而提高混凝土的密实性和抗渗性,即是提高混凝土的抗侵蚀能力,对防止或减少任何一种类型的混凝土腐蚀都是有效的。基于此,在设计中正确选择混凝土的配合比、保证必要的水泥用量,尽可能地减小水灰比,并在施工中加强振捣,以保证混凝土的密实性,是十分必要的。

2. 采用防蚀层

采用防蚀层是一种对混凝土表面进行处理的方法,各种耐腐蚀的材料铺设在衬砌混凝土的表面,使之成为一种防蚀层,是提高衬砌抗腐蚀能力的常用方法。

1)防蚀层铺设面的确定

防蚀层可以设在衬砌外面,也可以设在衬砌内面,对隧道衬砌,一般采用防蚀层与防水层合二为一,在衬砌外面铺设。如果两者分离,应使防蚀层在防水层外层,使之起到保护防水层的作用。对运营隧道,当不存在结晶性侵蚀和骨料溶胀时,也可采用防蚀层在防水层内层的方法,此时也要尽量使防蚀层与防水层两者合一。必须分层时,应先在衬砌混凝土内表面做好内贴防水层,然后铺设防蚀层。

2）制作防蚀层

防蚀层按其成型工艺有注浆、抹面、喷涂（喷射混凝土和喷涂料）和块材镶砌等。

（1）注浆防蚀层。注浆防蚀层是在衬砌壁后,注入防侵蚀材料,避免围岩中含侵蚀介质的地下水与衬砌外表面接触,防止其缓慢侵蚀。

（2）抹面防腐蚀层。用抹面的方法制作防蚀层,要求将隧道衬砌基面清洗干净,对明显渗漏水点要先堵漏或做好引排措施。

（3）喷涂防蚀层。将各种防蚀涂料涂在衬砌外表面,形成防蚀层。常用的防蚀材料有:乳化沥青涂料、EM改性沥青涂料、苯乙烯涂料。

（4）块材镶砌防蚀层。块材镶砌时应根据其不同的胶结材料,用不同的方法进行施工,铺砌前应先试排,铺砌顺序应由低往高,平面铺砌时,不宜出现十字通缝,立面铺砌时,可留置水平或垂直通缝。

3）伸缩缝、变形缝防蚀

当隧道衬砌的沉降缝、伸缩缝发生腐蚀病害,一般可在病害发生处做衬砌背后排水盲沟把水排走。如果采用防水措施,可用油膏和胶油嵌缝,缝口再用氯丁橡胶黏合剂粘贴氯丁胶板,用开卸式塑料止水带或软的聚氯乙烯板条封口。施工缝如果发生腐蚀,可用聚氯酯压浆防水,同时兼有防蚀作用,或预留凹槽,用硫黄胶泥腻缝。

4）已腐蚀衬砌的加固与翻修

一般的措施有抹补、浇补、喷补等方法,其中抹补指当总腐蚀深度（清好的基面至完好表面总深）小于10cm时,先在治好的基面上做抹面防水层,再在其上做防蚀层的方法;浇补则是当总腐蚀深度大于10cm时,立模浇筑防水混凝土补强,再在其上设防蚀层;喷补是直接在清理后的基面上用喷浆代替抹补层,用喷混凝土代替浇补层,再在喷层之上设防蚀层;镶补适用于腐蚀层总厚度大于25cm的严重腐蚀部位,用耐腐蚀的块材将被腐蚀的断面砌筑镶补,使结构补强层与防蚀层合为一体,并以镶补层为模型,在镶补层与清理好的基面之间用防水混凝土灌填捣实,随砌随灌。

对运营期隧道的普通混凝土衬砌,产生腐蚀病害,应查明病害原因,结合隧道裂损、渗漏水病害,综合考虑衬砌加固和改善防、排水条件。对于拱部质量较差的衬砌（有裂损、漏水、厚度不足和腐蚀等各种病害）,一般应同时考虑衬砌背后压浆后,仍存在的局部渗漏且利用排堵结合整治,并采用喷射混凝土补强堵漏。压浆与喷射混凝土,是综合整治隧道裂损、渗漏水、腐蚀三种病害的有效措施。对不需要补强的大面积渗漏水地段,也可采用喷涂阳离子乳化沥青胶乳或喷射防水砂浆,做成内贴式防水、防蚀层。在凿毛冲洗干净的衬砌面上,喷射混凝土和防水砂浆,均具有黏结性好、密实度高、质量耐久可靠等突出优点,应优先考虑采用。

四、衬砌厚度不足整治措施

二次衬砌厚度主要依据雷达检测结果,但雷达检测受仪器、环境、经验等多种因素的影响,检测厚度与实测厚度会有差异,因此需进行钻孔验证。在钻孔验证的基础上,再按照《铁路运营隧道衬砌安全等级评定暂行规定》[公路隧道可参照《公路隧道养护技术规范》(JTG H12—2015)]进行二次衬砌厚度不足缺陷等级分级,属"轻微"级可以不处理;属"较严重"级地段,且无衬砌裂损、无渗漏水、衬砌内或衬砌背后无脱空、不密实等其他病害(缺陷)的,可以暂不处理,纳入工务部门长期监测中;属"严重"级地段,且无其他病害(缺陷)的,可采用锚杆、钢带等进行结构加固;属"极严重"级地段,且无其他病害(缺陷)的,对既有运营隧道,可采用钢带、钢拱架等进行结构加固,对新建未运营隧道,建议拆除重建。对二次衬砌厚度不足缺陷,且伴随其他病害(缺陷)的,应进行综合判断、综合整治。

五、衬砌内或衬砌背后脱空整治措施

《铁路运营隧道衬砌安全等级评定暂行规定》规定"衬砌背后未回填深度及直径大于10cm,即属于有空洞",否则视为不密实。衬砌背后脱空或不密实是隧道病害中很普遍的现象,产生空洞的原因有很多,如超挖回填不密实,塌方处理不彻底,混凝土收缩,混凝土灌注工艺不到位,水土流失,地质运动等。衬砌背后存在空洞,会使脱空区衬砌失去围岩抵抗力导致衬砌受力不均,还可能导致附近围岩松动产生松弛土压,甚至掉落冲击衬砌,单侧拱腰或边墙出现大范围空洞还可能导致衬砌受偏压作用。可见空洞会直接影响衬砌结构的受力状态,从而影响其承载力和安全性。根据《铁路运营隧道衬砌安全等级评定暂行规定》,对衬砌背后脱空或不密实为轻微级的,可不予处理,较严重级及以上的应予以处理,处理的措施主要以回填注浆为主(图5-27)。

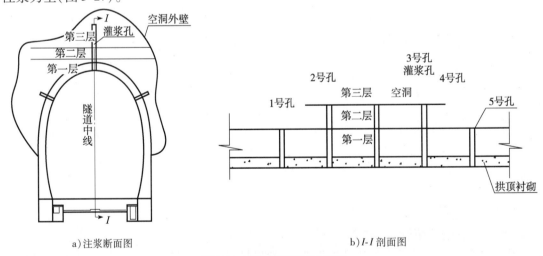

a) 注浆断面图   b) I-I 剖面图

图5-27 隧道衬砌背后脱空处理

回填注浆前,应对衬砌背后空洞及衬砌进行详尽调查,以确认是否适宜直接回填注浆。主要调查内容如下。

1. 衬砌背后空洞的大小及范围

在衬砌内表面间距3~5m布置纵向和环向雷达测线,采用超声波检测空洞区域,再用风钻钻孔验证空洞的深度。

2. 衬砌状态

采用地质雷达,检测二次衬砌的厚度,并与设计厚度对比;采用混凝土强度检测仪检测混

凝土强度值,并与设计强度对比;观察衬砌内表面是否有碳化、裂纹、掉块、腐蚀等情况。据此判断是否要先采用锚杆、钢带、钢架进行结构补强后再回填注浆。

3. 地质及围岩情况

调查衬砌背后围岩等级及岩性,判断回填注浆的必要性及紧迫性。

4. 涌水状况

调查衬砌背后是否含水或存在涌水,根据水量、水压情况选择注浆材料及注浆压力。含水地段应先采用钻孔引排方法降低水位。

1) 施工条件

在运营隧道中,注浆作业及其作业平台和设备的设置会受到限制,因此,需要充分研究作业时间、材料放置等施工条件。

2) 回填注浆设计事项

(1) 注浆材料

注浆材料应结合空洞大小、涌水状况、地质条件、经济性等因素选择最合适的材料。注浆材料应有一定的流动性,能够均匀充填空隙,并能传递因位移、变形产生的反力,一般不需要很高的强度。

对衬砌背后少水的空洞,一般采用水泥浆或水泥砂浆,水灰比(质量比)(0.6~1):1,灰砂比1:(1~2.5)。

在有水地段,多采用双液浆,提高胶凝时间,如采用水泥-水玻璃双液浆,但水玻璃耐久性差,要慎用;也可以采用聚合物水泥砂浆(一种高分子材料),即使在涌水中,也不会产生离析,是一种塑性压注材料。

对衬砌背后大空洞,如高度超过50cm且空间达到2m³以上的,可先采用塑化型气泡混合轻质混凝土(湿重度W不小于$9kN/m^3$,抗压强度CF不小于7.5MPa)充填,再用水泥浆或水泥砂浆密实。气泡混合轻质混凝土未进行注浆试验前可按照下列参数配比:水灰比为50%,气泡浆液体积比为65%。

(2) 注浆压力

注浆压力应充分考虑注浆材料、施工方法以及对缺陷衬砌及近接结构物的影响。无水地段,注浆压力以0.1~0.2MPa为宜;有涌水压地段,应优先选择钻孔排水降低水位、水压,再进行注浆,确实不能排水降压的,注浆压力应考虑水压,且注浆前应对衬砌进行临时支撑防护,确保衬砌安全。

(3) 注浆孔与注浆管

注浆孔采用风钻钻孔。注浆孔的设置,一般以易于产生空隙的拱顶为中心,根据空隙的状态沿周边设置,注浆孔间距1.5~2m,梅花形布置。拱顶附近的注浆孔应先打,将其作为排气孔和检查孔,了解充填状态。

注浆管通常采用直径30~50mm的钢管或硬质塑料管,长度不大于空洞最深处至二次衬砌内表面的距离。

(4) 注浆施工注意事项

①注浆管应埋入衬砌,不得外露,以防侵限。

②注浆前应进行注浆试验,用秒表记下注入和流出时间,据此确定注浆量、注浆压力,检查

管路设备运行情况。在注浆过程中,可根据实际情况适当调整注浆参数。

③沿隧道轴线分左右逐段压注,其程序:由两端向中央,由左向右,由低处向高处依次注浆。

④注浆是一项连续作业,不得任意停泵,以防堵塞管路。

⑤注浆时应时刻注意注浆压力、衬砌变形观察和储浆筒的浆液下降情况。当注浆压力稳定上升达到设计压力后稳定10min,不进浆或进浆量很少时,即可停止注浆,进行封孔作业。若注浆时间较长而不升压,可能浆液流窜太远,应缩短浆液凝胶时间或停注,若跑浆严重,可间歇注浆。

⑥注浆期间应有专人记录浆液消耗量、注浆时间及注浆压力等数据。

⑦回填注浆后,从拱顶检查孔检查注浆填充情况。必要时钻孔取芯验证注浆效果。

⑧注浆过程中应密切注意衬砌情况,一旦出现变形,应立即停止注浆,并采取相应措施。

⑨衬砌缺陷或病害达到严重、极严重级时,回填注浆前应架设钢拱架进行临时防护,确保衬砌安全。

六、钢筋、钢架间距过大或缺失的整治措施

钢筋、钢架缺失或间距过大是施工方未按设计要求施工的结果,设计前要仔细查阅变更资料及施工日志,防止因变更资料未及时更新引起误判。

(1)初支钢架缺失或间距过大的,或使用了非标钢架的,如果在施工过程中围岩无塌方、变形无异常情况,且施作后两年衬砌无开裂、渗漏水,衬砌厚度及强度也满足设计要求的,可不处理。

(2)衬砌钢筋间距过大的,经结构检算,满足有关规定的,可不处理;检算不满足有关规定的,根据衬砌混凝土实际强度、厚度、缺陷范围和部位、监控量测等情况综合分析,确定处理方案,暗洞一般可采用锚杆补强处理,明洞可在拱部增设套拱补强。

(3)衬砌钢筋缺失的。

①对新建未运营隧道:a.Ⅳ级围岩衬砌钢筋缺失长度小于或等于6m的,实测二次衬砌强度、厚度满足设计要求的,表面无裂纹,可不处理;缺失段落长度大于6m小于10m的,按实际混凝土强度、厚度进行结构安全检算,不满足规定的,可采用锚杆补强;缺失段落长度大于10m的返工处理。b.Ⅴ级围岩缺失钢筋长度小于或等于2m的,可不处理,否则,返工处理。

②对既有运营隧道:实测二次衬砌强度、厚度满足设计要求,表面无裂纹,衬砌背后未脱空,无渗漏水等病害(缺陷)的,可暂不处理,列入工务部门长期监测对象,否则应进行综合判定并整治。

七、衬砌钢筋保护层厚度不足的整治措施

衬砌钢筋保护层厚度不足,当不足表现在衬砌内侧时,容易被肉眼发现,看上去像"肋排",严重的还有漏筋出现;当不足表现在衬砌外侧时,肉眼难以发现,需要雷达或破损检测。发生此类缺陷的原因主要有:模板台车滑移、围岩欠挖,或钢筋布置不合理。钢筋保护层厚度不足,易发生腐蚀,会影响结构的耐久性,尤其是在腐蚀环境中,更应引起重视。钢筋保护层厚度不足表现在衬砌外侧时,可以暂缓整治,列入工务部门监测范围。钢筋保护层厚度不足表现在衬砌内侧时,应根据地下水环境等级情况酌情整治。整治的方法有:

(1)补足保护层。视限界富余情况采用网喷混凝土、锚喷混凝土等方法增加钢筋保护层,

喷混凝土厚度5~10cm。

(2)通过止水阻止钢筋受腐蚀。在衬砌内表面涂抹一层刚性防水层(如渗透结晶型防水涂料等),阻止外界空气中的水分对钢筋的侵蚀。如衬砌内表面有渗漏水的,应查明原因,先进行渗漏水整治。

第三节 衬砌缺陷及病害整治实例

一、某铁路隧道

1. 隧道概况

某隧道全长2333m,为燕尾式隧道,隧道进口DK164+32~DK164+800为燕尾段,由单线过渡为双线,纵坡为单面下坡。开裂、掉块段K1274+560~K1274+558段(DK165+390~DK165+392)位于双线隧道段,距隧道出口约973m,埋深约200m,设计为Ⅳ级围岩,初期支护为20cm厚、C20网喷混凝土(局部格栅钢架),二次衬砌为40cm厚、C25素混凝土。

2. 工程地质、水文地质条件

洞身穿越T_2b1紫红色粉砂岩、泥岩地层,节理裂隙不发育,岩体完整,地下水不发育。

3. 病害情况

2013年3月19日,工务部门进行桥隧设备春检时,发现某隧道K1274+560处拱顶衬砌开裂掉块,两线间道砟上掉落有3块混凝土,其中最大一块尺寸为:长0.5m、宽0.27m、厚0.06m。随后,桥工段联系轨道车及供电人员对开裂处混凝土进行敲击、撬落处理,脱落混凝土最大厚度10cm。处理后检查发现拱顶混凝土有两处空响,K1274+558一处为环向2.5m,纵向1.7m;K1274+560一处为环向2.3m,纵向1.6m。拱顶松动混凝土撬除后,K1274+560处防水板表面还附着混凝土,随时有可能掉落,经临时处理后,设置24h人员看守和限速60km/h处理。经现场查看,既有衬砌表面存在两条斜向裂缝,与环向施工缝形成一个三角形闭合的裂缝,掉块面积约8.5m²。经实测验证及无损检测,K1274+556~K1274+561段拱部二次衬砌最小厚度为10cm,小于20cm的点数占58.3%,拱顶存在2~3cm脱空,K1274+545~K1274+556和K1274+561~K1274+570段拱部二次衬砌厚度均大于20cm,小于30cm的点数占32.9%。掉块段检测初期支护中有钢架。根据《铁路桥隧建筑物修理规则》(铁运〔2010〕38号)规定,衬砌劣化等级达到AA级(图5-28、图5-29)。

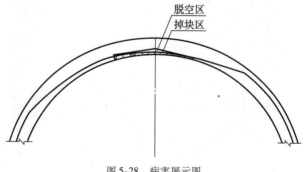

图5-28 病害展示图

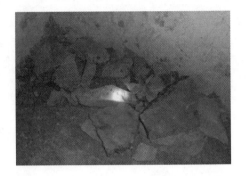

图 5-29 病害照片

4. 整治措施

1）结构加固

（1）对 K1274+556～K1274+561 段拱部三角区进行清理，清除松动混凝土，网喷 C25 混凝土 15～20cm；然后拱部设置钢带+锚杆进行锚固，钢带采用纵向 W270 钢带（间距 1.2m）、环向 250 平钢带（间距 1.0m），拱顶 50°范围内采用长 5.0m 的自进式中空注浆锚杆[间距：1.0m（环）×1.2m（纵）]，两侧拱腰采用长 8.0m 的 $T=60kN$ 的分段式预应力中空注浆锚杆和长 5.0m 的自进式中空注浆锚杆进行交错锚固[锚杆间距：1.0m（环）×1.2m（纵）]（图 5-30）。

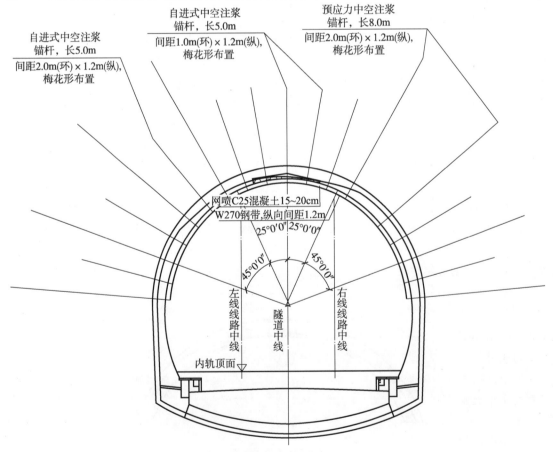

图 5-30　K1274+556～K1274+561 段衬砌加固图

(2)对 K1274+561~K1274+563 段整个拱部采用长 5.0m 的 R25N 自进式中空注浆锚杆+钢带加固(图 5-31)。

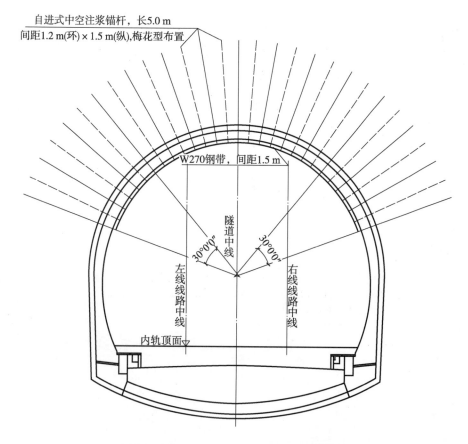

图 5-31　K1274+561~K1274+563 段衬砌加固图

(3)对 K1274+551~K1274+556 和 K1274+563~K1274+568 段拱顶至左拱腰区域采用长 5.0m 的 R25N 自进式中空注浆锚杆+钢带加固(图 5-32、图 5-33)。

2)衬砌背后空洞处理

衬砌背后脱空或不密实地段采用回填注浆处理,注浆一般采用直径 42mm 马牙扣形钢花管,注浆材料采用水泥砂浆,对 10cm 左右的空洞地段也可利用 R25N 自进式中空注浆锚杆来注浆回填,但要确保回填效果。应严格控制注浆压力,并进行注浆试验,在未进行注浆试验前,注浆压力可参照如下进行:初压为 0.1~0.2MPa,终压为 0.4~0.5MPa。在注浆过程中,也可根据实际情况适当调整注浆参数。回填注浆结合结构加固进行。

3)裂缝处理

采用贴嘴注环氧树脂方法进行裂缝嵌补,嵌补后沿裂缝走向在两侧各 20cm 范围内的基层表面涂布水泥基渗透结晶型防水涂料 2 次,用量不应小于 1.5kg/m^2,且涂抹厚度不应小于 2.0mm。

4)长期监测

对 K1274+545~K1274+570 段进行长期监测。

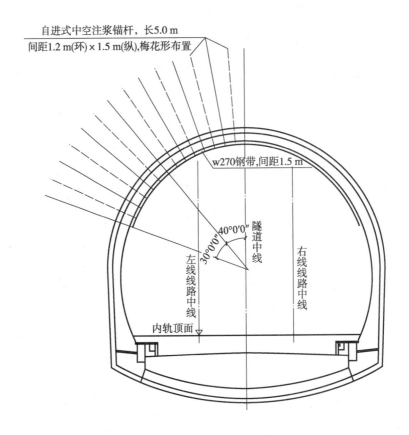

图 5-32 K1274+551~K1274+556 和 K1274+563~K1274+568 段衬砌加固图

二、某公路隧道全隧套衬整治

1. 隧道概况

某隧道为双车道公路隧道,隧道起讫里程为 K34+210~K34+795,全长 585m,净宽为 10.50m,净高为 5m,设计行车速度为 80km/h。隧道平面线形为 S 形,全线处于 +5%~-4% 超高平曲线上,进口为 +5% 超高,出口为 -4% 超高,超高变化较大。设计纵坡为 +2.8% 与 -0.3%。该隧道于 2000 年 8 月开工建设,2001 年 8 月建成通车,2002 年开始出现病害,并逐年发展。

除进出口 8m 采用明洞结构外,其余衬砌均采用复合式曲墙衬砌,拱墙 C20 混凝土,厚度 40~50cm。模筑混凝土每立方米中添加 25kg FS-KQ 型防水剂;施工缝采用 BW-96II 型遇水膨胀止水条,沉降缝采用 XZ-322-20 型中埋式橡胶止水带;隧道内沿岩面环向和路面每隔 5m 布设 φ50mm 软式透水管,将水引入路面两侧水沟,软管外裹 250g/m² 的无纺布和 0.2mm 厚的塑料布。洞内两侧设高式水沟。

2. 工程地质、水文地质条件

隧道 5 所经地层为志留系中统坟头群,多为弱风化泥岩或微风化泥岩,层理明显,风化严重,节理裂隙发育,裂隙较大,岩体较破碎,软弱夹层多,个别处有断层出没,岩石遇水软化成泥。隧道围岩类别为Ⅱ类占58%,Ⅲ类占42%。

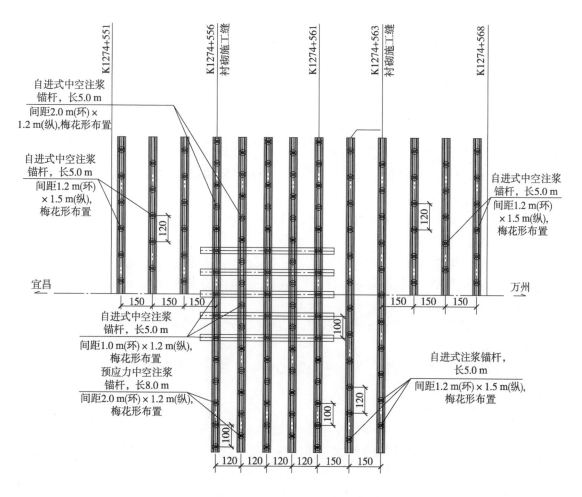

图5-33 K1274+551～K1274+568段钢带平面布置图

3. 病害情况

经雷达检测、混凝土强度检测和现场调查,隧道主要缺陷及病害如下。

(1)衬砌裂缝。隧道有各种斜向、环向、纵向裂缝89条,共计长度约510m,裂缝宽度最大达到2.0mm(位于K0+025右拱墙处),一般裂缝在0.2～1.5mm范围内。隧道进、出口处均存在较大、较长的斜向裂缝,并已形成多条交汇网状分布(图5-34)。

(2)渗漏水。隧道渗漏水主要有拱部渗水、滴水、漏水、边墙有渗水及淌水等,环向施工缝渗漏共45条,累计长度615m,衬砌裂缝60%存在渗漏水现象,部分裂缝及环向施工缝表面已有白色结晶状物质形成(图5-35)。K0+240～K0+310,K0+395～K0+405,K0+440～K0+450,K0+505～K0+515,K0+550～K0+560等地段路面出现冒水现象。

(3)二次衬砌混凝土强度不足。采用回弹仪对二次衬砌混凝土强度进行了回弹,回弹换算值均小于混凝土强度设计值。

(4)二次衬砌厚度不足。二次衬砌厚度存在不均匀现象,局部二次衬砌过薄,共检测

42点,合格32点,合格率为76.2%,衬砌厚度不足点处最小衬砌厚度值为设计厚度的68.8%。

图5-34 隧道衬砌裂缝

图5-35 隧道渗漏水

(5)二次衬砌混凝土局部存在不密实,二次衬砌与初期支护之间存在空隙情况。拱顶脱空测线长度134m,拱腰6m。

(6)衬砌背后围岩具有一定的膨胀性。对隧道所处的岩石及二次衬砌混凝土芯样进行了膨胀性测试,围岩膨胀性试验结果显示衬砌背后围岩的自由膨胀率均值为0.016%,二次衬砌混凝土的自由膨胀率均值为0.0016%。

(7)地下水对混凝土有微矿化水型弱腐蚀。据水样水质检验报告,地下水对混凝土有微矿化水型弱腐蚀。

采用BJSD-2C型激光隧道限界检测仪按每100m检测一处隧道断面限界,检测结果未发现隧道断面有衬砌侵限现象。

4. 病害原因

(1)地下水的作用。隧道穿越地段,围岩裂隙水丰富,地下水位较高,高差大,水压也大,衬砌与围岩间及复合衬砌各层间有存水空间,具有一定的静水压力,因此地下水对隧道衬砌有一定的危害;且据水样的水质分析报告,地下水对混凝土有微矿化水型弱腐蚀。

(2)混凝土施工、捣固不密实,造成衬砌背后存在空洞和混凝土不密实现象。

(3)隧道围岩为弱风化、强风化泥岩,泥岩具有遇水软化和膨胀的特点,二次衬砌承受后期继续增加的静水压力和膨胀围岩压力。上述3条是造成隧道衬砌裂缝的主要原因。

(4)原防排水设计标准低。原设计是在岩面与初期支护之间设置防水板及无纺布,且材料等级较低,尤其是防水板,仅为0.2mm厚的塑料布。由于开挖岩面不平顺,薄塑料布在初期支护钢架和网喷混凝土等外力的作用下易被刺破,防水效果很差。

(5)山体地表水排水系统不畅或有裂缝等渗水点,成为隧道渗漏水补充水源。

(6)原设计水沟沟底标高较低,而所设$\phi50mm$横向导水管的标高较高,导致隧底渗水及路面积水难以通过路面横向导水管向隧道两侧水沟排水。

5. 整治措施

1)修复

对既有隧道衬砌严重裂损、渗漏及衬砌背后空洞地段采取径向注浆和填充注浆,加固围岩、填充空洞、堵水,改善衬砌受力结构。

(1)注浆孔采用风钻钻孔,孔径45~50mm,注浆管采用$\phi42mm$(壁厚4mm)马牙扣形钢管,顶端削成双斜面楔形,以便浆液流出,钢管长度3.5m,间距2m×3m,梅花形布置。注浆材料采用水泥浆,水灰比(质量比)1:1。填注浆压力为0.2~1.0MPa。

(2)破除路面结构层后,如隧底有渗、冒水,也应对隧底进行注浆固结,方法同上。

2)改建

按行车速度60km/h的建筑限界标准进行改建,对全隧道设置35cm厚的钢筋混凝土套衬。

(1)建筑限界如图5-36所示。

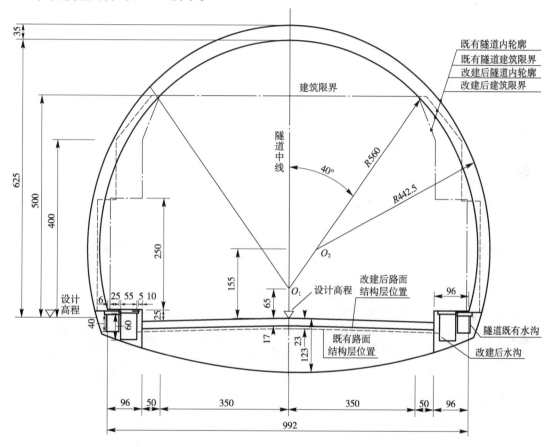

图5-36 建筑限界(尺寸单位:mm)

(2)全隧道模筑35cm厚钢筋混凝土套衬。

拆除既有水沟,在既有二次衬砌内表面模筑35cm厚钢筋混凝土套衬,考虑围岩的膨胀性和基岩裂隙水对混凝土的腐蚀性,新建套衬采用C35抗侵蚀防水钢筋混凝土衬砌,钢筋主筋为5Φ18mm。

(3)防排水设计。隧道防排水按照"防、排、堵、截结合,因地制宜,综合治理"的原则进行,隧道衬砌防排水措施主要为:

①隧道既有衬砌与新建套衬间铺设单面GPS-Z自黏型高分子防水板防水,防水卷材幅宽≥2m,厚度≥3mm。

②新建套衬环向施工缝设置外贴式橡胶止水带加P-201遇水膨胀止水胶双重防水;纵向

施工缝采用 P-201 遇水膨胀止水胶与刷涂混凝土界面剂双重防水。

③新建套衬防水卷材背后拱墙环向设置 φ50mm 打孔波纹管，纵向间距按 8m 一环计；在既有衬砌两侧边墙脚外侧设置 φ50mm 打孔波纹管，每 10m 一段。每段纵向盲沟中间设 φ50mm PVC 管泄水孔一处，接头处均通过三通或弯头连接；环向盲沟与纵向盲沟两端均直接与隧道新建水沟连通，便于排水管路的维护。

④既有水沟拆除后，找出隧道既有盲沟，并通过接头接长至新建水沟位置。

⑤新建套衬施工完成后，应进行套衬背后回填注浆。纵向注浆管设于拱顶套衬外缘、防水板内侧，纵向注浆管孔径 φ20mm，采用聚乙烯管。在防水板敷设完成后，采用胶粘于防水板内侧，结合施工缝布置，注浆管 6~10m 一段，两端分别与预设的 φ20mm 镀锌钢管注浆口连接。镀锌钢管注浆口应突出衬砌内缘 3~5cm，以便于连接。注浆材料采用 1:1 水泥浆，回填注浆压力采用 0.05~0.1MPa。

（4）基面渗漏水处理。铺设自粘型防水板之前，应先对既有衬砌表面（即基面）进行处理，确保基面不渗水。具体处理措施如下。

①对股水、射流水、大面积湿渍和渗漏水地段进行凿槽埋管引排。凿 S 楔形槽，埋设 φ100mm 半圆形 PVC 胶管进行引排至边墙排水沟。埋管后用立止水材料进行封堵处理，再刮涂优止水材料两层。

②对渗漏水裂缝、施工缝进行整治。对于一般施工缝及裂缝渗漏水地段，如出水缝内没有被其他物质所堵塞且裂缝宽度在 2mm 以内可采用直接打孔注射油溶性聚氨酯的方法进行处理，钻孔角度宜≤45°，钻孔深度≤结构厚度的 2/3，钻孔必须穿过缝，但不得将结构打穿，钻孔间距 20~30cm；如裂缝宽度在 2mm 以上，或缝中有充填物，用灌浆法很难达到效果的缝可采取开燕尾槽埋管注浆的方法进行处理，槽宽 4~6cm，深 5~6cm，埋管采用 φ14mm PVC 胶管，用立止水封缝后，注入油溶性聚氨酯。

渗漏水严重的施工缝和裂缝，采用沿缝凿楔形槽埋设 φ100mm 半圆形 PVC 管进行引排，埋管后用立止水材料进行封堵处理，最后刮涂优止水材料两层。

③处理单个漏水点。对滴水点、淌水点处采取凿洞，填充立止水进行处理，再外刮涂优止水材料两层。承压水应进行引排处理。

④对拱面大面积渗漏水应结合围岩固结注浆来整治。

3）重建

破除原有路面及水沟，重建并加深水沟，铺筑 C40 钢纤维混凝土路面，并增设横向导水管引排隧底渗水。

（1）改移既有水沟位置，水沟深由原 40cm 加深至 60cm，引排隧底渗、冒水；并在混凝土路面两侧靠近人行道位置沿隧道纵向设置 φ80mm 半圆形边沟，引排路面集水至洞外；横向每 5m 设置一处 φ50mm 泄水孔，引排路面集水至两侧水沟。

（2）在路面结构层以下将原 5m 一道 φ50mm 打孔波纹管改为 φ110mm 横向导水管，导水管外包土工布，土工布质量≥350g/m²。横向导水管连接至水沟，坡度 2%。

（3）为确保两侧水沟过水能力，需提高横向导水管埋深标高，降低路面结构层厚度，原路面结构层由 23cm 厚 C40 混凝土改为 17cm 厚 C40 钢纤维混凝土，钢纤维掺量体积率为 1%。

（4）按照洞内加深水沟标高，对洞外水沟同步加深或改建，确保隧道排水系统排水顺畅。

6. 施工注意事项

(1) 在路线运营状态下进行既有隧道病害整治施工,对运营干扰大,施工风险较高。施工期间封闭路线 6 个月,采用绕行线路。

(2) 洞内施工前,对照明电缆进行改移,待施工完成后恢复至原位置。

(3) 施工期间做好必要的监控量测工作,发现衬砌变形或其他不良情况要及时调整施工方案。

(4) 施工过程中应加强对混凝土原材料的各项检测工作,确保原材料的各项指标符合相关规范条文的要求,从源头上杜绝质量问题。

(5) 施工过程中应对水土保持与生态平衡、施工噪声污染、大气污染、水土流失等方面制订相关环保措施,做到文明施工、环保施工。

(6) 注浆施工应严格按照试验配比进行,充分掌握浆液的凝胶时间,并使用机械搅拌,保证注浆材料的可灌性。注浆施工后,必须布设注浆检查孔,检测注浆回填的注浆效果,未达到注浆要求的,应重新注浆。检查压浆可在第一次注浆后 5~7d 进行。

(7) 隧道防排水施工应引起足够重视,施工中应配备专业的队伍,对相关人员进行技术培训,确保防排水施工质量。

(8) 在铺设防水板之前,应对注浆钢管外漏部分进行切割,对既有二次衬砌的平整度及渗漏水情况进行检查,并采取埋管引排、局部注浆等措施进行处理,确保防水层的铺设满足要求。

(9) 在病害整治结束后,运用地质雷达等无损检测仪器对该隧道进行一次全面健康检查,并完成报告。对未达到验收标准的应进行整改,对遗漏病害应进行补充整治。

(10) 洞内进行设备安装时,应严格按照相关要求施工,并应做好防水措施,确保隧道结构安全。

(11) 考虑隧道病害的严重性及施工中的不可预见性等因素,隧道病害整治施工前应制订详细的施工组织方案,针对隧道所暴露的具体病害情况、相关检验检测报告成果资料及原施工竣工资料,提出合理可行的方案,规避施工风险。

(12) 本次设计对既有衬砌背后围岩及隧底的注浆固结数量是根据隧道原竣工图文件、检测的衬砌背后空洞情况及相关工程的类比确定的,为预设计,施工过程中应以实际发生数量为准。

隧道整治前和整治后照片如图 5-37、图 5-38 所示。

图 5-37 隧道整治前照片

图 5-38 隧道整治后照片

第六章 运营隧道水害与冻害整治

第一节 隧道水害整治原则

水害是运营隧道的主要病害之一,也是隧道整治的重点。运营隧道水害包括:隧道(拱墙)衬砌水害、隧道基底水害、高寒地区隧道冻害等。

(1)水害整治应遵循"堵排结合、因地制宜、刚柔相济、综合治理"的原则。对于变形缝渗漏治理,应考虑所用防水材料需要满足变形缝伸缩、沉降等性质,即需要有一定的弹性变形能力;对于施工缝,注意要拱堵墙排;对于宽度较大的裂缝,应注意所用材料需要有补强功能;对于大面积的渗漏水,除了要注重采取"拱堵墙排"措施外,还要在边墙底部增设泄水孔等排水设施。

(2)渗漏水治理时应掌握工程原防、排水系统的设计、施工及曾经的堵漏资料,还应向原施工单位详细了解渗漏水情况。

(3)治理施工时应按先顶(拱)、后墙、再底板的顺序进行,应尽量少破坏原有完好的防水排水系统。

(4)有降水和排水条件的隧道,治理前应做好降水和排水工作。

(5)治理过程中应选用无毒、低污染的材料。

(6)治理过程中的安全措施、劳动保护必须符合有关安全施工技术规定。

对于隧道水害可进行分类别治理,根据水害发生部位以及形式分为:隧道(拱墙)衬砌水害(包括点状、缝状、面状漏水等)、隧道基底水害和高寒地区隧道冻害等。隧道水害治理的具体措施就是以排为主,排、堵、截相结合,综合治理,使之既能自成体系,又能互相配合,形成一个完整的隧道治水体系(图6-1)。在治理过程中要不断改进施工工艺,提高治理效果。

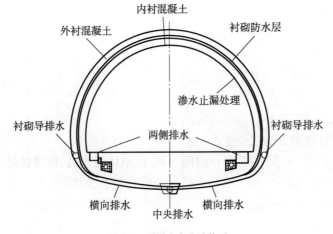

图6-1 隧道水害防治体系

第二节　隧道衬砌水害整治

隧道衬砌的水害现象一般表现为渗、滴、淌、涌四种。"渗"是指地下水从衬砌外向内润湿，使衬砌内出现面积大小不等的润湿，但水仍附着在衬砌的内表面；"滴"是指水滴间断地脱离衬砌落入隧底，有时连续出水，即滴水成线；"淌"是指漏水现象在边墙的反映，水连续顺着边墙内侧流淌而下；"涌"是指有一定压头的水外冒。对于运营期隧道衬砌水害渗漏形式可分为：点状漏水、线状漏水和面状漏水。

一、点状漏水的治理

点渗漏也可称为孔眼渗漏或集中渗漏。根据渗漏水压力的大小及混凝土结构的缺陷程度，对于处治点渗漏的措施，有表面封堵、浅孔注浆、埋管引排三种方法。表面封堵法适用于衬砌表面存在范围小且有渗漏痕迹或无渗漏痕迹的部位；浅孔注浆法适用于衬砌的表面渗漏轻微流淌或有湿渍的部位；埋管引排法适用于衬砌表面渗漏量较大且出水部位位于施工缝、变形缝或边墙表面上。

（一）表面封堵法

当隧道病害水压不大而混凝土结构密实性良好时，可采用表面封堵法。该方法首要任务是选择合适的直接堵漏材料。对表面封堵法所用材料的要求是：凝结速度快、高强微膨胀、抗渗性好、对基层黏结性好。主要施工工艺如下：

（1）以漏水点为圆心，根据渗水范围大小凿成直径 10~40mm、深 20~200mm 的孔，具体直径、深度应当视渗漏点大小而定，主要原则是露出新混凝土为止。

（2）用高压水冲洗已凿好的槽（洞），清除残渣及松动混凝土。

（3）用堵漏材料（速凝型）、双快水泥砂浆或其他快凝材料捻成与圆孔直径接近的锥形小团，待其初凝时迅速堵塞于孔内，并向孔壁四周挤压，使其与孔壁紧密结合，封住漏水。

（4）对孔洞周围 200mm 范围内的基层抹面，可用堵漏材料（速凝与缓凝配合使用），也可用水泥基渗透结晶型防水涂料或渗透型环氧树脂类防水涂料。

（5）对治理点进行 2~3d 养护处理。

（二）注浆堵漏法

注浆堵漏法适用于水压较大、孔洞较大且漏水量大的孔洞，也可用于密实性差、内部蜂窝孔隙较大混凝土的线渗漏和面渗漏处理。对于围岩破碎严重，造成隧道防排水压力很大，渗漏水十分严重的情况，也可采用向衬砌后的围岩或回填层注浆两种方式。注浆是隧道渗漏综合治理中最为常用和有效的方法之一。

对注浆材料的要求：可灌性好、凝结时间可调、固结体强度高、抗渗性好、黏结力强、耐久性好、价格便宜、无毒无污染。注浆法按工艺可分为单液注浆和双液注浆。单液注浆仅需一套压浆系统，通过压力泵加压后，把浆液直接压入漏水缝隙。双液注浆采用两个压力泵加压，使甲、乙溶液通过各自的管路进入混合器，混合均匀后再压入漏水裂缝中。单液注浆工艺简单，而双液注浆具有易于控制凝结时间的优点。

对于围岩或衬砌背后注浆,一般只采用以无机材料为主的浆液,如水泥浆、水泥-水玻璃浆等。衬砌背后空洞较大时,也可以用砂浆,渗漏严重的结构常用水泥-水玻璃浆液;对于衬砌混凝土内的孔隙和裂缝,一般使用有机材料进行注浆,常用的有络木素类、丙烯酰胺类、丙烯酸盐类、聚氨酯类、环氧树脂类、尿醛树脂类等,这是一种衬砌裂缝补强加固处理的方法(将化学浆液压入衬砌混凝土中,封堵裂缝、密实混凝土,达到治水目的)。

(三)埋管引排法

洞内凿槽排水方案如图6-2所示。引排的目的是给水留出路,使渗漏水集中于一点或数点,最后集中导水引排,形成有组织排水(图6-3)。在拱部、边墙施工缝渗漏及边墙、起拱线漏水较严重部位或地下水丰富地段,从渗水点向下沿衬砌表面凿沟槽,埋设导水管。施工顺序如下。

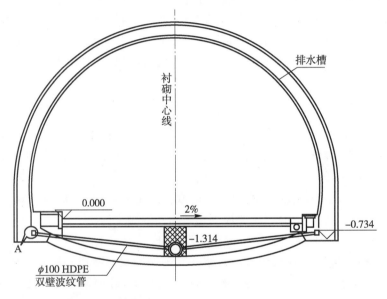

图6-2 洞内凿槽排水方案示意图

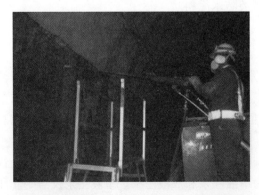

图6-3 打孔集中排水

(1)凿槽:沿渗漏水的方向在拱部及边墙衬砌上凿出(图6-4)深度为60mm、内大(60mm)外小(50mm)的倒梯形槽(图6-5),保证外敷防水层厚度20~30mm。

图6-4　开凿排水槽

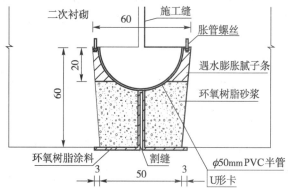

图6-5　衬砌凿槽埋管示意图(尺寸单位:mm)

(2)表面清洗:用钢丝刷沿缝槽将灰尘、浮渣及松散层彻底清除,用丙酮将其油垢擦洗干净、烘干,使其含水率不大于6%。

(3)埋管:在槽底埋设 $\phi 50\mathrm{mm}$ PVC 半管直至边墙底部(图6-6)。安装的顺序是先拱部后边墙。接茬部位是下节压上节(图6-7),接茬长度100~150mm,用 U 形卡和胀管螺丝固定 PVC 管,间距500mm。

图6-6　安装 PVC 管

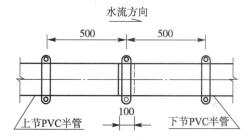

图6-7　PVC 半管接茬示意图(尺寸单位:mm)

(4)涂刷环氧树脂涂料:在 PVC 管外壁及槽的两侧薄而均匀地涂刷一层环氧树脂涂料,不得有漏涂和留坠现象。

(5)封填:涂完环氧树脂涂料后,自然固化12h,在 PVC 管两侧挤压一层遇水膨胀腻子条,然后用玻璃布或嵌刀将环氧树脂砂浆分层封堵,抹至与衬砌混凝土表面齐平。每层厚度不大于5mm,用勾缝条压平压实(图6-8)。

图6-8　凿槽封填完成

(6) 割缝:在施工缝处施作时,待环氧树脂砂浆自然固化24h后沿施工缝割缝。割缝要控制其深度,不要将 φ50mm PVC 半管与环氧树脂涂料割破。

(7) 表面涂刷:涂刷两遍环氧树脂涂料,封闭宽度应大于环氧树脂砂浆缝宽,且每边要超出 2~3mm。

(8) 养护:封堵后要保持干燥,用碘钨灯烘烤。

二、线状漏水的治理

线状漏水指的是三缝漏水(结构裂缝、施工缝和变形缝),主要的处理方法有导水法和止水法两种。

(一)导水法

导水法是把三缝(结构裂缝、施工缝和变形缝)的漏水,沿漏水地点连成线状,通过不闭塞的水路导入排水沟的方法。导水法有在衬砌表面装平行管的导水法(导水管法)和在漏水处凿U形沟槽后用半剖管材或合成橡胶等整形材料进行导水的方法(沟槽法)。采用导水法时,需加强对渗漏水水质、渗水量及结构安全进行监测。

1. 导水管法

导水管法适用于漏水量较大、漏水沿施工缝及开裂处呈直线状发生、净空断面有富余时,把衬砌表面发生的漏水用导水管引入排水沟,是线状漏水处理最常用的方法(图6-9~图6-11)。

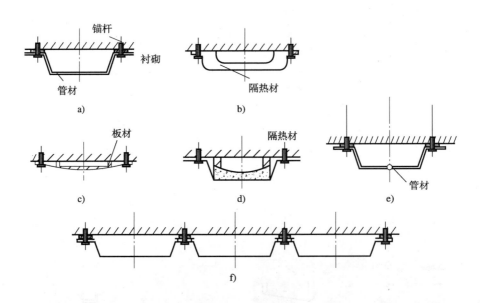

图6-9 导水管法示例

施工缝、裂缝严重渗漏处采取埋管排水措施,在地下水丰富地段沿起拱线处做引水孔。钻眼角度与水平向上约成45°,钻孔长2m,孔径50mm(图6-12)。引水管采用3cm的PVC管,管外以土工布包紧,外缠细铁丝固定。将引水管放入引水孔中,钻孔角度要确保45°左右,半圆形管要紧贴在槽中,出水口要进行防护以免被堵塞。

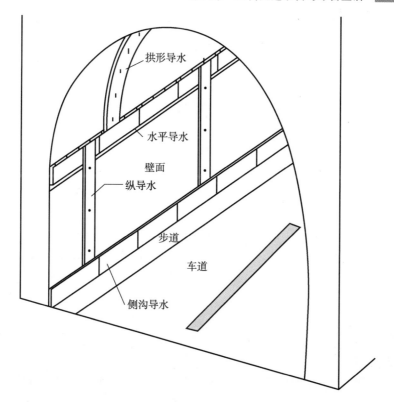

图 6-10 线状导水施工示意图

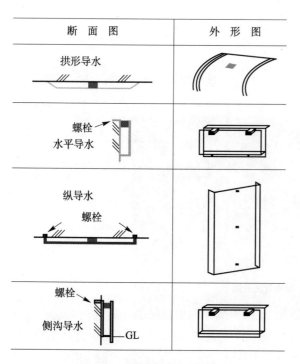

图 6-11 线状导水施工示意图

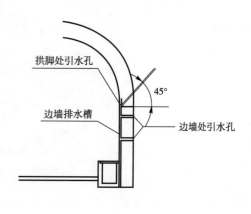

图 6-12 典型排水槽立面图

2. 沟槽法

沟槽法一般适用于漏水量比较多、漏水沿施工缝和开裂处呈线状发生时,特别适用于隧道净空无富余时。

1)沟槽法形式

在漏水处挖 U 形沟槽,而后用管材或合成橡胶等材料进行导水。即在衬砌上凿出一个 U 形槽,形成导水槽:

(1)埋半圆管,其四周用水泥或树脂等材料充填;

(2)插入整型材料(多为橡胶)并胶接;

(3)用非定型材料加以覆盖。沟槽法示例如图 6-13 所示。

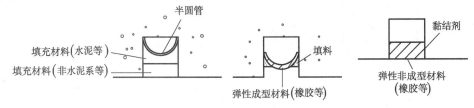

图 6-13　沟槽法示例

2)注意事项

(1)材料及质量。

①在采用非定型材料填充的方法中,要选用有速凝性、防水性、附着性、膨胀性及耐久性的充填材料;一般树脂类材料在有水分的地方附着性极差,需以无机质材料为主。

②采用整形材料时,要使用具有耐久性的材料。

③发生冻结时,要考虑采用隔热性材料。

(2)施工。

①衬砌上的沟槽要仔细施工,形成适宜的形状。

②既有衬砌的附着性对耐久性的影响很大,故要对接触面进行仔细地清扫;同时要仔细地填充覆盖材料(图 6-14)。

图 6-14　沟槽法施工

③采用整形材料时,要特别注意与衬砌的附着,不能因列车的振动和风压而脱离。

④将水排入隧道内原有的排水设施。

(二)止水法

实际工程中,需要根据裂缝形态采用不同的止水方法,结构裂缝、施工缝和变形缝采用的止水措施分述如下。

1. 结构裂缝

结构裂缝渗漏需先止水,再在基层表面设置刚性防水层。根据水压或渗水量采取如下措施进行止水。

1)水压或渗漏量大的裂缝

对水压或渗漏量大的裂缝,可采用钻孔注浆止水,根据结构有无补强要求分别采取不同的对策措施。

(1)对无补强要求的裂缝

注浆孔交叉布置在裂缝两侧,钻孔应斜穿裂缝,垂直深度为混凝土结构厚度 h 的 $1/3$ ~ $1/2$,钻孔与裂缝水平距离为 100 ~ 250mm,孔间距为 300 ~ 500mm,孔径不大于 20mm,斜孔倾角 θ 为 $45° ~ 60°$。当需要预先封缝时,封缝的宽度为 50mm(图 6-15)。

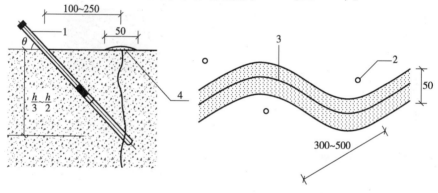

图 6-15 钻孔注浆布孔(尺寸单位:mm)
1-注浆嘴;2-钻孔;3-裂缝;4-封缝材料

(2)对有补强要求的裂缝

先钻斜孔并注入聚氨酯灌浆材料止水,钻孔垂直深度不小于结构厚度 h 的 $1/3$;再二次钻斜孔,注入可在潮湿环境下固化的环氧树脂灌浆材料或水泥基灌浆材料,钻孔垂直深度不小于结构厚度 h 的 $1/2$(图 6-16);注浆嘴深入钻孔的深度不大于钻孔长度的 $1/2$;对于厚度不足 200mm 的混凝土结构,垂直裂缝钻孔深度为结构厚度 h 的 $1/2$。

2)对水压与渗漏量小的裂缝

对水压与渗漏量小的裂缝,既可采取上述注浆止水方式,也可采用速凝型无机防水堵漏材料快速封堵止水。

当采用快速封堵时,应沿裂缝走向在基层表面切割出深度为 40 ~ 50mm、宽度为 40mm 的 U 形凹槽(图 6-17),然后在凹槽中嵌填速凝型无机防水堵漏材料止水,并预留深度不小于 20mm 的凹槽,再用含水泥基渗透结晶型防水材料的聚合物水泥防水砂浆找平(图 6-18)。

3)对于潮湿而无明水的裂缝

对于潮湿而无明水的裂缝,可采用贴嘴注浆的方式注入可在潮湿环境下固化的环氧树脂灌浆材料,要求如下:

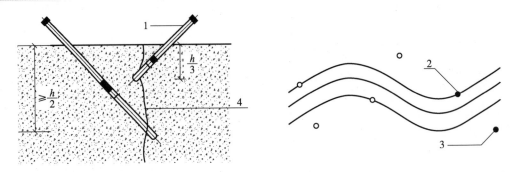

图 6-16　钻孔注浆止水及补强的布孔
1-注浆嘴;2-注浆止水钻孔;3-注浆补强钻孔;4-裂缝

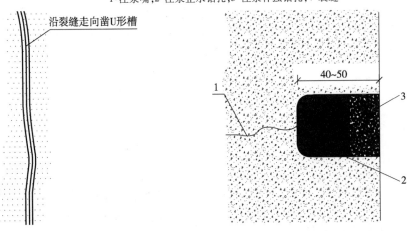

图 6-17　沿裂缝走向凿槽　　　　图 6-18　裂缝快速封堵止水(尺寸单位:mm)
　　　　　　　　　　　　　　　　1-裂缝;2-速凝型无机防水堵漏材料;3-聚合物水泥防水砂浆

(1)注浆嘴底座带有贯通的小孔。

(2)注浆嘴布置在裂缝较宽的位置及其交叉部位,间距为200～300mm,裂缝封闭宽度为50mm(图6-19)。

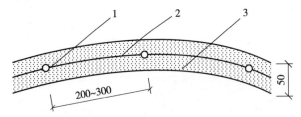

图 6-19　贴嘴注浆布孔(尺寸单位:mm)
1-注浆嘴;2-裂缝;3-封缝材料

裂缝止水完成后,再设置刚性防水层,沿裂缝走向在两侧各200mm范围内的基层表面先涂抹水泥基渗透结晶型防水涂料,再单层抹压聚合物水泥防水砂浆。对于裂缝分布较密的基层,宜进行大面积抹压聚合物水泥防水砂浆。

2.施工缝

施工缝渗漏需先止水,再设置刚性防水层。针对是否留有预埋注浆系统采用如下不同的注浆方式：

（1）预埋注浆系统完好的施工缝，先使用预埋注浆系统注入超细水泥或水溶性灌浆材料止水；

（2）钻孔注浆止水或嵌填速凝型无机防水堵漏材料快速封堵止水，参照结构裂缝治理措施。

施工缝止水完成后，再设置刚性防水层，参照结构裂缝治理措施。

3．变形缝

变形缝渗漏的治理需先注浆止水，并安装止水带，必要时可设置排水装置。

（1）对于中埋式止水带宽度已知且渗漏量大的变形缝，采取钻斜孔穿过结构至止水带迎水面、并注入油溶性聚氨酯灌浆材料止水措施，钻孔间距为500～1000mm（图6-20）；对于查清漏水点位置的，注浆范围为漏水部位左右两侧2m，对于未查清漏水点位置的，沿整条变形缝注浆止水。

（2）对于拱部查明渗漏点且渗漏量较小的变形缝，可在漏点附近的变形缝两侧混凝土中垂直钻孔至中埋式橡胶钢边止水带翼部，并注入聚氨酯灌浆材料止水，钻孔间距为500mm（图6-21）。

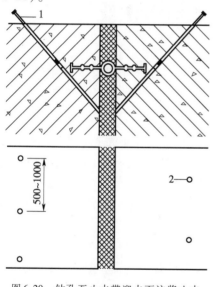

图6-20 钻孔至止水带迎水面注浆止水
（尺寸单位：mm）
1-注浆嘴；2-钻孔

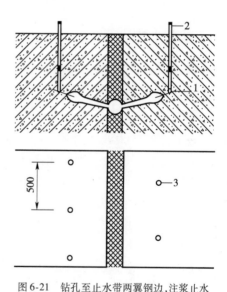

图6-21 钻孔至止水带两翼钢边，注浆止水
（尺寸单位：mm）
1-中埋式橡胶钢边止水带；2-注浆嘴；3-注浆孔

（3）因中埋式止水带局部损坏而发生渗漏的变形缝，可采用埋管（嘴）注浆止水，并符合下列规定：

①对于查清渗漏位置的变形缝，先在渗漏部位左右各不大于3m的变形缝中布置浆液阻断点；对于未查清渗漏位置的变形缝，浆液阻断点布置在仰拱与边墙相交处的变形缝中。

②埋设管（嘴）前应清理浆液阻断点之间变形缝内的填充物，形成深度不小于50mm的凹槽。

③注浆管（嘴）使用硬质金属或塑料管，并配置阀门。

④注浆管(嘴)位于变形缝中部并垂直于止水带中心孔,采用速凝型无机防水堵漏材料埋设注浆管(嘴)并封闭凹槽(图6-22)。

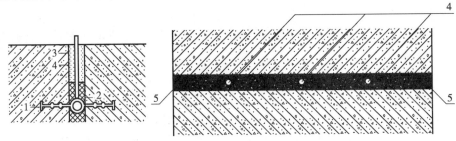

图6-22 变形缝埋管(嘴)注浆止水

1-中埋式橡胶止水带;2-填缝材料;3-速凝型无机防水堵漏材料;4-注浆管(嘴);5-浆液阻断点

⑤注浆管(嘴)间距为500～1000mm,具体根据水压、渗漏水量及灌浆材料的凝结时间确定。

⑥注浆材料使用聚氨酯灌浆材料,注浆压力不小于静水压力的2.0倍。

注浆止水后遗留的局部、微量渗漏水或受现场施工条件限制无法彻底止水的变形缝,可沿变形缝走向在拱部及两侧设置排水槽,具体措施参照导水法的沟槽排水措施。

三、面状漏水的治理

防止面状漏水的措施,按施工方法分为喷射法、涂层法、导水板法、导水薄膜法和注浆+涂膜法。

(一)喷射法和涂层法

喷射法和涂层法是用防水材料喷射或涂抹到衬砌内面上,形成面状防水层而止水的方法。一般来说,与其他面状漏水止水法相比,能形成无接缝的防水层,对衬砌的凹凸也易于适应。但是,保持防水层厚度均匀是很困难的,施工不良时剥离的危险性很大,尤其是在冻害发生处使用时要格外注意。喷射法和涂层法适用于大范围发生漏水,但漏水量小,止水无有害影响,或与其他有效整治漏水对策并用。

1.适用条件

(1)喷射法。漏水已达一定范围并防止因漏水使衬砌材料劣化,且净空有喷射厚度的富余时。

(2)涂层法。漏水的分布范围较窄并与开裂的补修并用时。

2.存在的问题

(1)喷射法。喷射法在地压、衬砌劣化对策中采用较多,是变异隧道最有效的整治措施之一。但是,过去作为防止漏水对策而实施的喷射砂浆措施,有一部分出现一些问题,例如:基底处理不好,促使衬砌表面风化(从既有衬砌与喷浆层间隙之间漏水)、施工时附着不够(钢筋、金属网设计不合适)。由此造成砂浆剥离的事例屡屡发生。所以采用喷射法时,充分考虑以上各点是很重要的。

(2)涂层法。涂层法是用薄的涂膜止水的方法。但对于凹凸较大的衬砌面,为了确实地发挥防水效果应确保必要的厚度,在经济上处于劣势。所以,涂层法一般用在漏水程度轻微、衬砌表面凹凸小的场合,且漏水范围比较小。

3. 注意事项

(1)喷射法。

①漏水量大时(图6-23)视情况应预先加以适当导水,然后再进行施工。

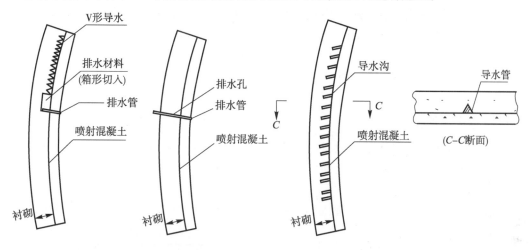

图6-23　喷射法施工导水图

②即使漏水量小,进行喷射止水后,改变水路将导致其他地方漏水。

③止水工作只能在漏水程度轻微时进行,原则上最好是先导水。

④为了与衬砌形成一体,要确实做好衬砌表面处理工作,并适当配置钢筋、金属网。

(2)涂层法。为了与衬砌形成一体,应做好衬砌表面处理工作,以防施工后剥离、掉落。

(二)导水板法

导水板法适用于漏水呈面状且水量较大、净空有富余时。导水板是由工厂预制的,把它张挂在衬砌表面,从导水板的背后进行面状导水。这种方法主要用于拱部漏水的治理。导水板可由经过防锈处理的钢板、波形板、FRP板、塑料板等制成,如图6-24所示。

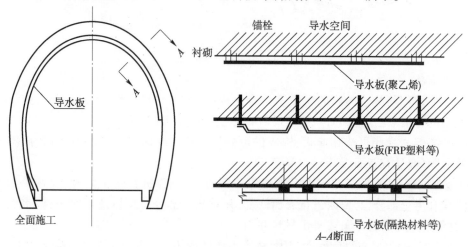

图6-24　导水板的设置

1.特点

该法因用预制构件张挂,故施作简单,防水效果也好,作为防护板可有效防止剥落。

2.注意事项

(1)材料及质量:材料应对漏水腐蚀有耐久性,也要有耐热性、耐油性。

(2)断面形状:视漏水量、漏水地点、净空富余、施工性等情况选定适宜的断面形状。

(3)施工前准备:在施工范围内有电缆等障碍时,要预先进行防护处理;要除去附着在衬砌表面上的尘埃和劣化部分,必要时要进行表面恢复以除去凹凸处。

(4)施工时:安装时要用钢筋牢固固定,不要造成施工后剥离和漏水;并向既有排水设施导水。

(三)导水薄膜法

导水薄膜法适用于漏水呈面状、漏水量比较少或与其他有效方法并用时。该法是把工厂制造的防水薄膜贴附在衬砌表面上,形成面状防水层,并从薄膜背后导水。

1.适用范围

在水害整治中,导水薄膜法单独使用的情况不多,多与内衬等措施共同采用(图6-25)。

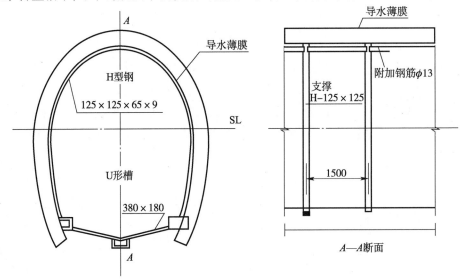

图6-25 导水薄膜应用示例

2.注意事项

(1)材料及质量:导水薄膜的材质多是合成树脂类,都有热塑性,可以加热熔接。在现阶段主要使用的有聚氟乙烯(PVC)、聚乙烯(PE)、乙烯树脂(EVA)等。

(2)分类:导水薄膜可按其形状、构成进行分类。用于补修时,一般采用有背面排水效果的波纹状薄膜,或是有背面缓冲材的薄膜。

(3)施工前准备:在施工范围内有电缆等障碍时,要预先进行防护处理;要除去附着在衬砌上的尘埃和劣化部分,必要时进行表面恢复,并对凸出部分要加以适当防护;漏水比淌水程度大时,视情况应与其他对策或排水材料并用。

(4)施工时:薄膜要与衬砌附着牢固,注意不要造成施工后漏水;薄膜的接合施工要安全、结实可靠;薄膜端都要处理,使排水通畅。

(四)注浆+涂膜法

对存在大面积渗漏的水害,可采用钻孔注浆并表面涂膜的措施进行处治。

1. 工艺要求

1)钻孔注浆止水

(1)在基层表面均匀布孔,钻孔间距不大于500mm(图6-26),钻孔深度不小于结构厚度的1/2,孔径不大于20mm,并采用聚氨酯或丙烯酸盐灌浆材料。

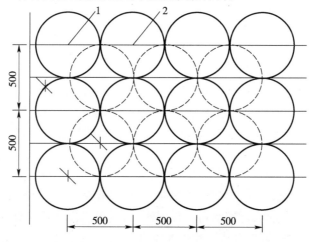

图6-26 注浆孔布置图(尺寸单位:mm)

(2)当工程周围土体疏松且地下水位较高时,可钻孔穿透结构至迎水面并注浆(图6-27),钻孔间距及注浆压力根据浆液及周围土体的性质确定,注浆材料采用水泥基、水泥—水玻璃或丙烯酸盐等灌浆材料。注浆时需采取有效措施防止浆液对周围建筑物及设施造成破坏。

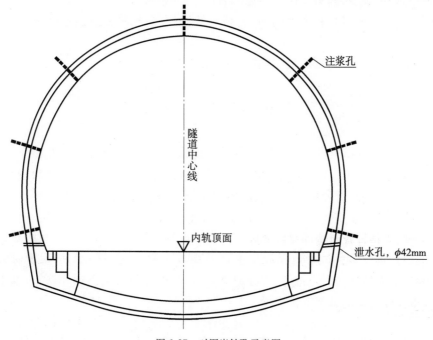

图6-27 对围岩钻孔示意图

2）快速封堵止水

大面积均匀抹压速凝型无机防水堵漏材料,厚度不小于5mm。对于抹压速凝型无机防水堵漏材料后出现的渗漏点,需再在渗漏点处进行钻孔注浆止水。

3）涂膜

先涂布水泥基渗透结晶型防水涂料或渗透型环氧树脂类防水涂料,再抹压聚合物水泥防水砂浆,必要时可在砂浆层中铺设耐碱纤维网格布。

4）对混凝土蜂窝麻面的特殊对策

(1) 止水前,先凿除混凝土中的酥松部分和杂质,再采用钻孔注浆或嵌填速凝型无机防水堵漏材料止水。

(2) 止水后,在渗漏部位及其周边200mm范围内涂布水泥基渗透结晶型防水涂料。

(3) 当渗漏部位混凝土质量差时,在止水后先清理渗漏部位及其周边外延1.0m范围内的基层,露出坚实的混凝土,再涂布水泥基渗透结晶型防水涂料,并浇筑补偿收缩混凝土。

(4) 当清理深度大于钢筋保护层厚度时,需在新浇混凝土中设置直径大于6mm的钢筋网。

2. 施作工序

(1) 在大面积渗漏水范围内选择渗漏水集中部位钻孔引水,使混凝土中的水从导管流出。钻孔深度200mm,埋设注浆嘴,注浆嘴可当作引水管,也可当作注浆管使用。采用快速堵漏材料固结和封堵注浆嘴根部,防止水从注浆嘴外流出。

(2) 大面积渗漏部位凿毛,要求混凝土表面形成粗糙面,不得破坏混凝土或大块凿除混凝土,不得裸露钢筋,凿面要冲洗净。

(3) 涂抹改性环氧树脂聚合物水泥胶泥和堵漏材料,涂抹厚度宜为3mm。

(4) 经过涂膜处理,渗漏水从注浆嘴流出后,方可注浆。

(5) 注浆应采用先小堵漏,由外向内,由高到低,将大面积的分散点渗漏水集中到几点渗漏水。

(6) 最后集中渗漏水点,采用封闭集中注浆,且注浆分次施作。

第三节 隧道冻害整治

隧道冻害主要指隧道拱部、边墙挂冰,轨道出现冰丘等,冻害存在主要是由于渗漏水和温度低的原因。隧道冻害不仅对铁路隧道行车界限构成威胁,而且围岩冻害还会使支护结构发生冻胀作用,影响结构的安全稳定性。实践表明,隧道的冻害治理主要是解决防排水和防冻胀问题。

隧道冻害的处治措施在寒区隧道防冻技术方面取得成功的较多,如:铺设隔热保温层、设置防寒门、隧道供暖、深埋渗水沟、保温出水口、防寒排(泄)水洞等。归纳起来,其方法主要有:保温法和供热法。

一、隧道保温法防冻

寒冷地区隧道保温防冻设计应本着科学、安全、经济、环保、节能的原则,灵活选择保温防冻措施,制订系统的保温防冻方案。

(一)衬砌保温层

1. 表面铺设保温层

在隧道衬砌表面铺设泡沫等保温隔热材料,使隧道衬砌温度不降至0℃以下。此法适用于冻结时间较短的季冻区隧道。具体如下:

(1)保温层的设计应考虑结构受力、保温、施工、防火等综合因素,具有相当的复杂性。衬砌保温层设置在二次衬砌表面,便于安装和维护,但可能受到火灾等的影响。

(2)用作保温层的材料主要为导热性差的多孔材料(如泡沫类)和材质本身热导率小的材料(如陶土类)。衬砌保温层的设计与施工,一般需要进行专项试验论证。试验的内容包括:材料的隔热效果、耐久性、承载能力(在衬砌与套拱间)、耐高温能力(防火特性)、设置厚度、长度以及施工工艺等。

2. 防冻隔温层

为确保衬砌背部和排水系统中的水不会冻结,应按照防水是基础、排水是核心、保温是关键的原则进行综合治理。在现有隧道衬砌表面铺设防排水板和透水管,洞内两侧排水沟采用防冻保温水沟,形成新的防冻排水系统;在防水板表面铺设防冻隔温层;重新立模浇筑混凝土施作套拱(图6-28)。

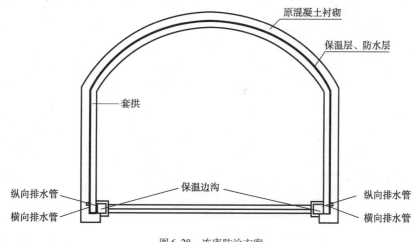

图6-28　冻害防治方案

(二)保温排水系统

1. 保温排水沟

为防止隧道排水沟冻结,将隧道两侧排水沟深埋或采取其他保温措施。此法在所有寒冷地区隧道中都较常用,需要在设计时预先考虑。

保温水沟一般采用侧沟式,其结构形式应配合各种隧道衬砌断面设计(图6-29)。水沟上部设双层盖板,在上下两层盖板之间充填保温材料,保温层厚度一般不小于30cm,下部为流水槽。过水断面需满足要求,沟底纵坡一般应与隧道纵坡相同,但不小于3‰。

保温材料一般采用矿渣、沥青玻璃棉、矿渣棉、泡沫塑料等,并设置防潮措施,以防保温材料受潮,影响保温性能。一般可采取的防潮措施如下:

(1)设置防潮层,将沥青玻璃棉等保温材料用沥青玻璃布包裹起来;

（2）将保温材料定期进行翻晒；

（3）渗漏水地段应将水沟盖板用水泥砂浆勾缝或沥青涂抹，以防漏水渗入保温材料。

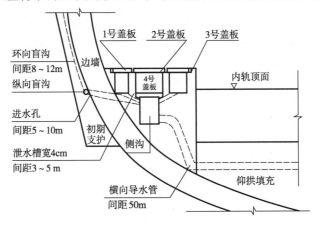

图 6-29　保温水沟示意图

2. 中心深埋水沟

中心深埋水沟断面形式（图 6-30～图 6-32）的选择，主要应根据地质条件确定，其断面尺寸可由流量确定，矩形断面不小于 $25cm \times 40cm$（高×宽），圆形断面内径不小于 $30cm$。

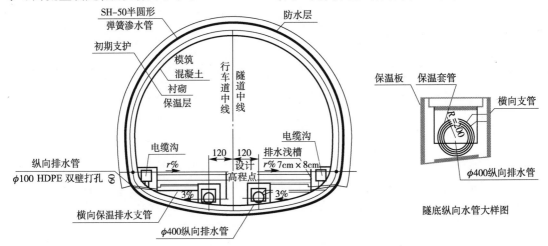

图 6-30　中心水沟保温结构（尺寸单位：mm）

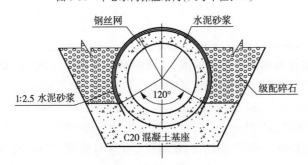

图 6-31　中心深埋水沟示意图

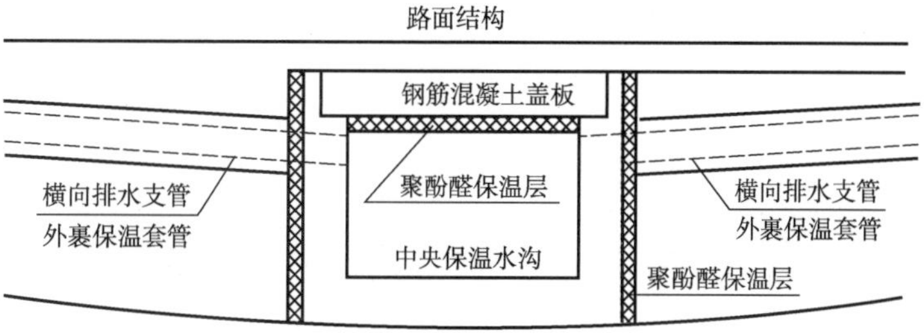

```
                      路面结构
         ┌──────────────────────────┐
         │    钢筋混凝土盖板          │
横向排水支管 │    聚酚醛保温层           │ 横向排水支管
外裹保温套管 │    中央保温水沟           │ 外裹保温套管
         │                          │ 聚酚醛保温层
         └──────────────────────────┘
```

图 6-32 中央保温水沟断面

深埋水沟的埋置应使其沟内的水流不冻结。影响深埋水沟冻结的因素较多,除了受当地气温、冻结深度的影响外,还与水量大小、水温、水沟坡度、隧道长度以及隧道走向与寒冷季节主导风向等因素有关。一般可参考下列经验数值选用:

(1)短于1km的隧道,水沟埋深宜按当地砂性土的最大冻结深度考虑。

(2)长于1km的隧道,低洞口段300~500m范围内,水沟埋置深度宜按当地砂性土的最大冻结深度考虑。其具体长度视隧道长度及隧道走向与寒冷季节主导风向的关系而定,隧道越长或冬季背风的洞口可短些;高洞口段和洞身段按当地黏性土最大冻结深度或略小于当地黏性土的冻结深度考虑。有条件时,应根据实测隧道内的气温及冻结深度确定。

3. 防寒泄水洞

1)防寒泄水洞的设计

为了解决隧道围岩低温和水形成冻融的难题,在隧道底部3.5~5m处修建防寒泄水洞,防寒泄水洞一般置于隧道底部,通过ϕ160mm PE竖向泄水管和ϕ100mm泄水孔与上层隧道排水系统相连接,形成上下连接的排水系统,通过该系统将衬砌背后围岩中的地下水汇集在泄水洞中,然后再排出隧道,其衬砌结构尺寸应根据地质条件和埋置深度,由计算或工程类比确定(图6-33)。

防寒泄水洞一般设铺底,当石质较好时可不设铺底。防寒泄水洞拱部及边墙应有足够的泄水孔,其间距不小于1m。防寒泄水洞的埋置深度,即隧道底至防寒泄水洞顶的高度,主要根据当地围岩最大冻结深度确定,一般应低于本地最大冻结深度;其次,应满足暗挖施工不致引起隧底坍塌的要求;此外,还应注意不要埋置过深,以免不必要地延长防寒泄水洞的长度而增加投资。

2)防寒泄水洞保温措施

防寒泄水洞在修筑完成后投入使用的过程中,如果不采取合理有效的保温措施,在温度较低时,会发生泄水洞内结冰现象,泄水洞将丧失排水功能。因此,需对其采取保温措施。

(1)泄水洞衬砌全长铺设保温隔热材料,温度较高季节时,保温层能阻止热量向泄水洞衬砌背后流动,防止泄水洞附近围岩发生热融现象而影响隧道稳定性;在极寒气候条件下,保温隔热层能阻止泄水洞衬砌和围岩热量的散失,既能减小出现冻胀破坏的概率,又能保持泄水洞内的温度,使洞内不出现冻结现象。

(2)在泄水洞进出口处设置防寒保温门,在冬季时可缓解冷空气长驱直入到泄水洞内部,形成冷能积累而造成冻胀破坏。

(3)泄水洞的出水口若被冻结住,则整个排水系统将受到影响。所以,将泄水洞出口设计成锥体式保温出水口,加大出水口流水面坡度(不小于8%),保持排水的流速以减少因温度下降而冻结的现象。

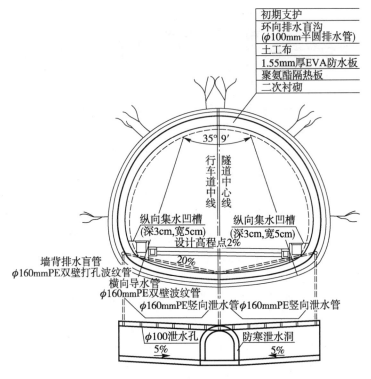

图 6-33　防寒泄水洞

4. 保温出水口

在隧道两端设计成迎风、向阳的出水口,表层涂黑或用保温材料覆盖,防止或减缓出水口的冻结,使隧道内液态水能及时排出。一般寒冷地区隧道均应按此要求设计出水口,并根据条件加强保温或提供供热系统。

在严寒地区的深埋水沟、防寒泄水洞、洞外暗沟均应设保温出水口。保温出水口的设置应注意以下几点:

(1)选择背风、朝阳、排水通畅的位置设置保温出水口。

(2)保温出水口有端墙式及掩埋保温圆包头式两种。出水口处地形较陡时,宜采用端墙式;地形平坦宜采用掩埋保温圆包头式。

(3)尽可能提高排水管的排水坡度。

(4)表面用沥青涂黑或采用稻草等覆盖。

(5)出水口管外侧铺设岩棉保温层,并应确保岩棉保温层不浸水。

(6)根据隧道的具体情况,必要时设计可通电加热的出水口。

二、隧道供热法防冻

在隧道保温措施仍不能满足隧道防冻要求时,应考虑采用供热方法使隧道避免受冻害影响。隧道供热有全面供热和局部供热两种。全面供热由于能耗大,需要专门的供热系统,局限性很大,其设计施工可参照暖通工程进行。局部供热主要针对衬砌和防水层进行局部加热,针对性强,能耗低,应优先采用。

(一)全面供热

全面供热防冻是指通过热水或蒸汽,向隧道内供热,使洞内衬砌温度不低于冻结温度。此方法早期应用于城市或靠近城市的短隧道,要求具有供热条件、隧道规模小。但此方法能耗大,目前极少采用。

(二)局部供热

1.电伴热系统

电伴热系统是以电力为能源,发热电缆为发热体,通过导热或者热辐射将热量传递到物体表面,在结冰或积雪情况下通过物体表面与冰雪之间的显热和潜热进行融冰化雪,或通过散热使隧道衬砌或防排水体系始终保持在正温状态,从而达到防治冻害的目的。

1)系统组成

伴热电缆由发热导线、绝缘体、金属屏蔽层、防水防腐护套等组成,部分电缆还有金属加强护套。

如图6-34所示,伴热电缆的电源母线为两根绝缘铜线,发热元件为合金发热丝,输出功率恒定,电热丝缠绕在绝缘层上,并间隔一定距离将电热丝与母线相连,形成连续并联电阻,母线接通电源后,并联电阻开始发热,加热带就会连续发热,电伴热带工作原理如图6-35所示。

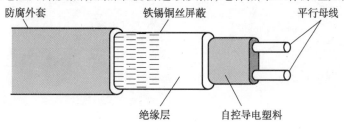

图6-34 伴热电缆组成结构

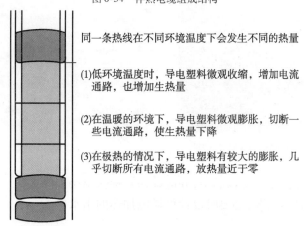

图6-35 电伴热工作原理

2)电伴热系统在隧道衬砌中的应用

在已运营铁路隧道渗漏水及冻害整治过程中,对于隧道洞口段冻害整治,可采用伴热电缆与保温层相结合的方式。隧道洞口段衬砌保温采用4cm聚氨酯泡沫板,外保护层为6mm玻璃纤维增强硅酸钙板,电热带铺装功率为$100W/m^2$。主要步骤如下:

(1)清污、打磨。清除隧道伴热电缆铺设范围内衬砌面上的浮尘、油污、尖锐凸起,错台较大处应进行打磨,需保证铺设面干净,圆顺。

(2)布置加热电缆。以每模衬砌为一个独立加热单元布设加热电缆,相邻两模衬砌采用一个控制子系统,各子系统并联形成总系统。

(3)埋设测温元件。按照一定间距钻孔布置测温元件,以便于调试系统和冬季测温,可根据测温结果增大或调小发热电缆功率。

(4)依次安装钢箱发射层、保温板。保温板的固定采用30mm×3mm的扁钢,环向500mm间距布置,再用M12×150膨胀螺栓按间距500mm分别固定。

(5)安装外保护层。外保护层采用2440mm×12mm×6mm玻璃纤维增强硅酸钙板,紧贴扁钢布设,扁钢固定采用ST8×19mm自攻螺钉,间距250mm,板与板之间留2mm伸缩缝。

(6)装饰、抹面处理。

图6-36列出了伴热电缆铺设过程中电缆铺设、保温板铺设、保温板固定及外层硅酸钙板铺设、硅酸钙板固定四个步骤的现场图片。从图片可以看出,采用伴热电缆供暖系统,安装过程比较简单,工序衔接顺畅,可模块化铺设,施工难度较低。

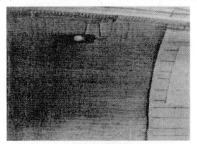
a) 伴热电缆铺设

b) 保温板铺设

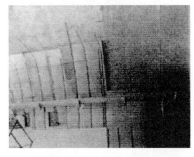
c) 保温板固定及外层硅酸钙板铺设

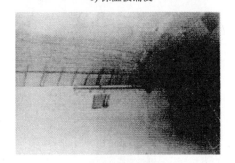
d) 硅酸钙板固定

图6-36 电伴热系统施工主要步骤

2.地源热泵供热法

1)地源热泵的概念、原理及其系统构成

地源热泵是一种利用浅层地热能源(也称地能,包括地下水、土壤或地表水等的能量)既可供热又可制冷的高效节能技术。其原理是分别在冬季将地层(水)中热量作为热泵供热的热源、夏季制冷的冷源,供给室内采暖和制冷。通常地源热泵消耗1kW·h的能量,可以得到4kW·h以上的热量或冷量。

其概念最早是1912年由瑞士的专家提出,上升到技术层面始于英、美,广泛应用于北欧等国家。其典型的特点是热源可选、自动运行、成本低廉、维护方便,使用寿命可达50年。目前在国内民居和工业厂房应用较多。

民用的地源热泵系统由室外系统(取热段)、室内系统(加热段)、机房系统(热泵和分集水管路)组成。其中室外系统主要由地埋管、地埋管填料组成。地埋管是室外地下换热器,就是让水通过地埋管在地下循环,在地层中进行热交换。地埋管填料是地埋管的辅助材料,是为了让地埋管能够更好地在地下达到换热的效果。室内系统中包含连接水管、电动二通阀门组件和风机盘管(空调)以及地暖。连接水管的主要作用是进行热水和冷水的输送。

2)地源热泵技术在隧道冻害防治中的应用

当确定隧道埋深足够大,隧道中部围岩接近恒温时,利用地源热泵系统从隧道中部的围岩中吸收地层热量,经过热泵系统升温处理后,向埋设于二次衬砌表面的隔热保温层之下的散热管供热,实现对寒区隧道冻害衬砌的加热(图6-37)。

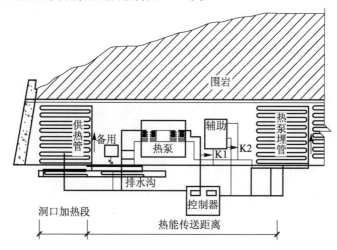

图6-37 寒区隧道地源热泵型防冻保暖工作原理示意图

日本Nanaori-Toge隧道长1045m,为了解决冬季隧道出口处路面结冰打滑引起的交通安全问题,探索了由Fukusima发明的水平U形管(HUT)地源热泵系统(图6-38)。在隧道中部500m范围内布置水平U形取热管,管径为40mm,材质为烯酸树脂,共20组,每组50m,折返管长100m,顺隧道轴向埋入隧道中部路面下1.2m处。在隧道出口处用管径为15mm的烯酸树脂管作为加热部分,加热长度70m,由20组ϕ15mm水平U形管组成,每组面积7m^2,总加热面积175m^2,垂直于隧道轴向、水平布置于防冻路面之下。

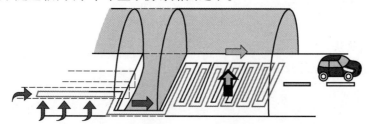

图6-38 地源热泵型加热防治日本的Nanaori-Toge隧道冻害示意

国内博牙高速公路林场隧道位于内蒙古牙克石市免渡河镇,为双洞分离式,全长2.525km,最大埋深为100m,经钻孔实测隧道中部围岩中的地温可以作为热源供应。根据实际情况确定隧道洞口需要供热段长度为75m,保温水沟的加热长度为100m,隧道供暖总热负荷为50kW。

如图6-39所示,取热段的热交换管路位于隧道中部,埋设于隧道初期支护和防水板之间,材料为聚乙烯塑料管(PE管);隧道洞口为加热段,材料同样为聚乙烯塑料管(PE管),埋设于二次衬砌表面与保温隔热层之间,隔热层厚度8cm。保温水沟内也布置了管路。为了防止管路冻结,采用了含防冻液的介质,介质通过水泵的驱动实现在系统内循环,吸收围岩中的地温能,经地源热泵对其提升后,输送到隧道洞口段对隧道衬砌及保温水沟进行供热。

取热管路以等环向间距与隧道轴线平行布置,每组总长度400m,纵向宽度10m,环向间距0.5m;加热管则以等间距0.5m呈环向布置,热交换管的进、出口设计温差为5℃。管的外径统一采用25mm,图6-40为热交换管布置的实际情况。

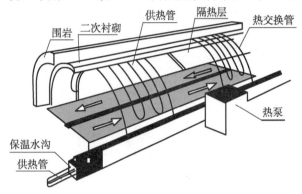
图6-39　林场隧道地源热泵供热系统示意图

图6-40　加热段(隧道洞口处)管路布置

寒区交通隧道衬砌背后的围岩含水率大于50%时,冻胀破坏作用明显增大;冻结深度越大则冻胀力明显增大,因此,在采用热管技术和地源热泵型加热系统时,可考虑向衬砌背后的围岩中进行帷幕堵水注浆。同时应加强对隧道排水系统的管理,冬季之前要做好检修并注意保暖防寒,外表加敷保温隔热层。

当保温隔热层厚度达到8cm时,可以保证层内外有10℃左右的温差。因此在采用热管技术和地源热泵技术时,可根据需要设置足够厚度的保温隔热层,提高隧道冻害防治效果。

第四节　隧道水害及冻害整治实例

一、隧道衬砌水害整治

1. 工程概况

某隧道位于宝中线神峪河至安口窑区间,1993年建成通车,全长2919m,宽轨枕碎石类道床,所穿围岩类型复杂,衬砌多样化。该隧道出现衬砌裂缝、拱顶掉块分层、衬砌背后空鼓、拱顶及侧墙严重漏水等病害(图6-41)。

2. 病害原因

经分析存在以下原因:

(1)衬砌的防排水系统失效;

(2)衬砌混凝土自身密实度不够,泌水管路较通畅;

（3）地下水对衬砌混凝土的化学腐蚀；

（4）施工原因造成的衬砌混凝土缺陷，如拌和不均、有杂物、骨料污染、接缝处理不当、施工方法不当和拆模过早而引起的开裂、衬砌裂损；

（5）2008年地震影响。

究其原因，治水尤为重要，如不进行及时整治，病害继续发展，将严重影响隧道结构安全，危及列车行车安全。

图6-41　隧道衬砌水害情况

3. 采用的措施

隧道渗漏水整治方案采取防、排、堵、截，因地制宜，综合治理的原则，针对渗漏点的不同类型和成因、渗水情况确定具体施工方法，主要分以下四类。

1）衬砌开槽引排法

单线隧道断面渗漏水非常严重以至涌喷的情况，在墙部优先考虑开槽引排法。

2）注化学浆液法

适用于衬砌有纵、横向裂纹导致的严重渗漏，但渗水量不至涌喷的点、线渗漏情况。

3）注TGRM浆液法

适用于衬砌拱部背后局部破碎或空洞导致的严重渗漏，拱部优先考虑。

4）速凝砂浆堵水、表面挂网及涂料加固法

适用于衬砌表面局部点、线、面的轻微渗漏。

二、基底水害整治

1. 工程概况

某隧道为双线隧道，下行段为重车线，上行段为轻车线，全长1475m，纵坡3‰。隧道所穿越的岩层基本可分为两类：进口545m段为元古界长城系大洪峪组白云岩，岩体为大块砌体结构；其余930m全系元古界长城系大洪峪组厚层石英砂岩，岩体亦呈大块状砌体结构。隧道先后穿过6条逆断层，大都在进口端615m范围内，呈叠瓦式分布。隧道通过剥蚀低山区，山坡较陡，植被稀疏，基岩大部分裸露。隧道范围内上部岩体漏斗发育，多处洼地，雨量充沛，汛期雨量集中。山上汇水面积大，天然形成的出口狭窄，致使积水淤积严重。除断层破碎带及对应于洞顶2条深沟附近有少量裂隙水外，其余地段仅有微量裂隙水。

目前隧道病害集中在距进口段330～650m范围内，过车时除翻冒、流淌白浆外，个别地段还出现道床快速下沉、道砟流失的现象，已对隧道结构和行车安全构成严重威胁。采取了一些临时处置措施，未能达到预想效果。隧道基底病害情况如图6-42所示。

图 6-42 基底下沉及翻浆冒泥情况

2. 基底病害量化检测

采用探地雷达和高密度电法结合的物探手段，辅以钻探手段对该隧道病害区段基底结构进行了检测。检测结果表明，病害区段底板材料为素混凝土，且厚度较小，破损较为严重；基岩与底板间存在一层厚度约为 5cm 的软弱夹层，且基底含水量较大，地下水位也较高。

3. 实施方案

将井点降水系统布置于下行线即重车线外侧，再在线路轨枕两端附近进行注浆加固。在 100m 的范围内设置 50 根井点降水管，即井点的间距为 2.0m，注浆管的间距设置为 1m，管径为 60mm，长度为 2m。井点降水系统及基底注浆如图 6-43～图 6-45 所示。

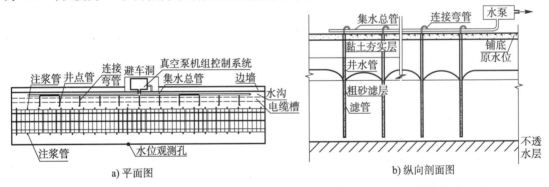

图 6-43 井点降水系统

a) 现场钻孔　　　　　　　　　　　　b) 集水总管

图 6-44 单侧井点降水现场施工图

三、冻害整治

1. 工程概况

某高速公路某隧道,位于内蒙古自治区牙克石市免渡河镇,东经 120°27′~120°29′,北纬 49°04′~49°05′,距免渡河镇东约 30km 处。该隧道设计为双洞分离式,左幅起点里程桩号 K225+955,终点里程桩号 K228+470,全长 2.515km;右幅起点里程桩号 K225+965,终点里程桩号 K228+490,全长 2.525km。隧道区位于欧亚大陆中纬度偏高地带,属于温带大陆性半干旱草原性气候。冬季寒冷漫长,夏季温凉短促;春季干燥风大,秋季气温骤降,霜冻早。历年最高气温 36.5℃(1969 年),最低气温 -46.7℃(1970 年)。多年平均风速 3.3m/s,平均最大风速 18.6m/s,历年最大风速 29m/s。多年平均无霜期 95d,最大冻结深度为 2.2m。

图 6-45 基底钻孔注浆

2. 工程措施

1）深埋中心排水沟

隧道深埋中心排水沟采用内径 50cm、壁厚 8cm 的钢筋混凝土圆管,排水沟顶端距隧道底板的距离为 3.0m。两侧边墙底部排水盲沟每 25m 设置一道横向排水管与深埋中心排水管相连,中心排水管中每隔 250m 左右设置一处中心水沟检查井,用于检查疏通中心排水管。钢筋混凝土管采用土工布包裹,中心水沟的沟槽设置形式采用梯形。

2）防寒泄水洞

隧道防寒泄水洞宽 2m,高 2.6m,泄水洞顶面距路面 5.5m。泄水洞正上方隧道底处设置纵向中心排水盲沟,两侧边墙底部排水盲沟每 25m 设置一道横向排水管与中心排水盲沟相连,中心排水盲沟每 10m 设置一处 φ10cm 的钻孔与防寒泄水洞相连。为保持钻孔的稳定性,在Ⅳ、Ⅴ级围岩段的钻孔内设置 φ10cm 花管。泄水洞每隔 50m 设置 1 处横向通道,并与隧道两侧纵向排水盲沟下钻 φ10cm 的圆孔相连,以保证隧道衬砌外的地下水得以顺利排出。

3）利用地温能的保温加热水沟

以隧道中部一定埋深、温度相对恒定的围岩作为热源,将地源热泵的热交换管(PE 管)布置于初期支护与防水板之间,利用管内的传热循环介质与围岩之间的温差,通过初期支护吸收围岩中的地温能,经热泵提升后,利用位于保温水沟内的供热管,实现对保温水沟的加热。利用地温能的隧道保温加热水沟工作原理如图 6-46 所示。

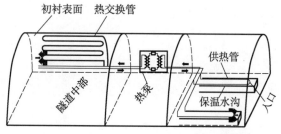

图 6-46 利用地温能的隧道保温加热水沟原理图

沿隧道左右两侧路面下方50cm设置保温加热水沟,水沟宽36cm、高35cm,水沟由内向外铺设1cm厚沥青涂层、2cm厚保温层和1cm厚沥青涂层。两侧边墙底部排水盲沟每25m设置一道横向排水管与保温加热水沟相连,每隔250m左右设置一处水沟检查井,用于检查疏通排水沟。隧道保温加热水沟如图6-47所示。

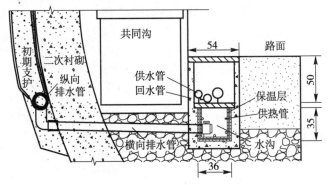

图6-47 隧道保温加热水沟断面(尺寸单位:cm)

第七章 运营隧道隧底缺陷与病害整治

运营隧道隧底问题多数为建设期间留下的隐患,其缺陷、病害主要表现为:底板无钢筋或钢筋间距过大;将仰拱做成底板;仰拱及仰拱填充厚度不足、矢跨比不满足设计要求;隧底留有虚渣、脱空、不密实;底板开裂、隆起;道床翻浆冒泥等。隧底缺陷及病害会引起道床下沉、开裂、翻浆冒泥等现象,严重时会导致线路几何状态难以保持,制约行车速度,极严重时还会造成行车在隧道内倾覆的危险。

第一节 整治原则、程序与措施

一、整治原则

整治措施应因地制宜、技术可行、经济合理、高效安全。着重体现在以下几个方面:
(1)确保在运营隧道中的施工安全和在整治隧道中的运营安全。
(2)要充分考虑运营隧道天窗时间、机电设施、限界、病害程度等限制因素,确保整治方案具有良好的操作性。
(3)要确保整治方案耐久性强,力争做到"一次整治,彻底根除"。
(4)兼顾工程投资和业主要求,可按"轻、重、缓、急"分段分次整治。
(5)可参照运营隧道缺陷及病害定级评价表(见表7-1),确定整治范围。
(6)对大规模整治或极严重工点病害的整治建议组织专家会诊。

运营隧道缺陷及病害定级评价表 表7-1

序号	分类	不予整治	日常维修	进行监测,视监测情况进行日常维修或大、中修	大修或立即整治
1	铁路隧道	C级	C级或B级	B级	A1或AA
2	公路隧道	1类	2类	3类	4类或5类

二、整治程序

一般按照先处理危及运营安全的极严重病害,后处理轻微病害的原则进行。

三、整治措施

1.底板未设钢筋或钢筋间距过大

钢筋间距过大的,经结构检算,满足有关规定的,可不处理;检算不满足有关规定的,根据底板混凝土实际强度、厚度综合分析,可采用锚杆补强;已运营隧道,经取芯验证,隧底围岩坚硬,整体性好,地下水不发育,隧底未见其他病害的,可暂不处理,列入运营管理部门长期监测对象。

2. 将仰拱做成底板

经取芯验证，隧底围岩坚硬，整体性好，地下水不发育，且相邻段设计为底板，本段为顺延段，可暂不处理，列入运营管理部门长期监测对象。

3. 仰拱及仰拱填充厚度不足、矢跨比不满足设计要求

经检测和验证，隧底无虚渣、脱空，仰拱填充层坚固密实、无裂损，道床干燥无水的，可暂不处理，列入运营管理部门长期监测对象。

4. 隧底留有虚渣、脱空、不密实

对隧底留有虚渣、脱空、不密实地段，一般采取隧底注浆锚固措施，其主要作用机理：①固结隧底虚渣及松散回填物，防止其遇水泥化；②填充隧底脱空及不密实地段；③排除隧底积水并封堵基岩裂隙水；④填充底板混凝土细小缝隙，提高底板承载能力；⑤注浆钢管存留隧底，对道床起到压缩、挤密、锚固作用。

1）施工要点

（1）采用风钻钻孔，孔径 65~70mm，钻孔后须清孔，并埋设注浆管。注浆管采用马牙扣形注浆钢管，直径为 60mm，壁厚 8mm，管长 150~250cm（可根据隧底基岩情况调整），钢管注浆段均匀布置直径 10mm 的出浆孔。注浆管纵向间距根据基底病害等级确定，极严重地段 0.8m，严重地段 1.2m，较严重及轻微地段 1.5m。埋管前在马牙扣处缠以粘有铅油的麻丝，用大锤将钢管打入孔内，使麻丝与孔壁挤压紧密。孔外段一般应有丝扣，打管时在有丝扣的一端须带压盖螺帽以保护丝扣。注浆结束后，割除外露部分，用 TGRM 水泥将孔口周围封闭，确保注浆钢管与隧底混凝土固结于一体，起到加固隧底的作用（图 7-1）。

（2）注浆材料采用加固型 TGRM 水泥基特种灌浆料（超细硫酸铝盐水泥），水灰比（质量比）为 (0.37~0.45):1。

（3）注浆由病害段两端向中间压注。

（4）注浆前应进行注浆试验，用秒表计下注入和流出时间，据此确定注浆量和注浆压力，检查管路设备运行情况。

（5）注浆压力：初压 0.1~0.3MPa，终压 0.4~0.5MPa。

（6）浆液凝胶时间：2~5min。

（7）注浆结束标准：注浆压力达到设计终压后稳定 10min，注浆孔不进浆或很少进浆，即可结束注浆。

（8）封孔作业：停泵后立即关闭孔口阀门，拆卸和清洗管路，待浆液凝固后割除外露注浆管，而后用塑胶泥封堵孔口。

2）施工注意事项

（1）注浆是一项连续作业，不得任意停泵，以防堵塞管路。

（2）注浆时应时刻注意注浆压力、储浆桶浆液下降和浆液跑浆情况。

（3）注浆期间，应有专人记录浆液消耗量、注浆起止时间及注浆压力等数据。

（4）注浆应在天窗时间结束前 30min 完成，并确保行车安全。

5. 底板（无砟道床）开裂、隆起

底板或无砟道床开裂、隆起，常见原因为地下水丰富、水压力大，需要采用减压措施，可根据病害严重程度采用从两侧边沟和中心水沟打直径 110mm 排水泄压孔，纵向间距 2.0~

5.0m,让地下水从隧道侧沟或中心水沟冒出(图7-2)。对隧底积水且存在虚渣、脱空地段,排水泄压后,再利用泄压孔注浆回填。对底板(无砟道床)裂缝采用嵌补措施,嵌缝材料根据缝宽选用,小于5mm的,可采用环氧树脂骑缝注浆封堵,大于5mm的,可采用凿缝后填充水泥系瞬间堵漏剂封堵。极严重的应更换底板。

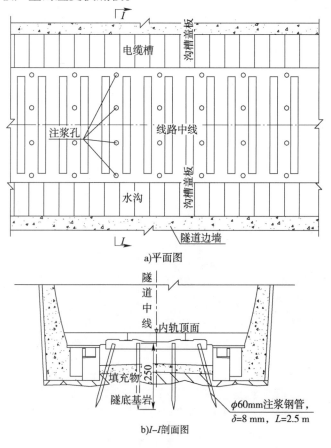

图7-1 注浆孔布置示意图

6. 道床翻浆冒泥

翻浆冒泥应在无损检测的基础上进行取芯验证,根据翻浆冒泥的病害程度、隧道状况及运营条件,结合运营管理部门的意见,选择隧底注浆加固、隧底增设锚固桩、施作钢筋混凝土底板、重做仰拱、加深水沟等适宜的整治措施。

1)隧底注浆加固

对隧底翻浆冒泥,尚不引起列车剧烈晃动的,可采用隧底注浆加固的方法,具体方法同前,可结合地质条件、严重程度,调整注浆钢管长度、间距等参数。

2)隧底注浆并增设锚固桩加固

对隧底翻浆冒泥或底板局部劣化,尚不引起列车剧烈晃动的,隧底增设钢筋混凝土锚固桩也是一种方法,通过锚固桩对道床起到压缩、挤密、锚固作用:①固结隧底虚渣及松散回填物,防止其遇水泥化;②填充隧底脱空及不密实地段;③排挤隧底积水并封堵基岩裂缝水;④填充底板混凝土细小缝隙,提高底板承载能力;⑤注浆钢管存留隧底。

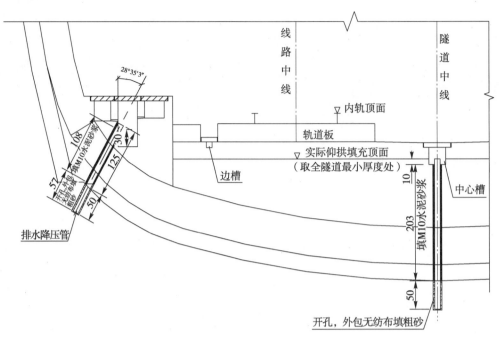

图 7-2 打排水孔泄压示意图

注浆加固方法中,锚固桩直径 15cm,间距 0.6~1.0m,梅花形布置;锚固桩深入基岩下不小于 0.25m,桩长不小于 0.5m,锚固桩配比:加固型特种灌浆料:水:砂:石子:黏霸SBR 混凝土外加剂 = 490:70:78:1078:96,初凝 12min 左右(可调),30min 抗压强度为 12.1MPa。桩内配置 3 根 $\phi 22mm$ HRB400 级钢筋,钢筋距道床面净保护层不小于 5cm(图 7-3)。

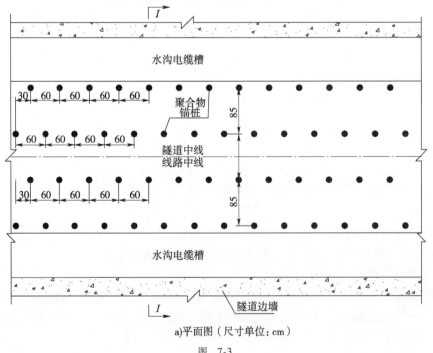

a)平面图(尺寸单位:cm)

图 7-3

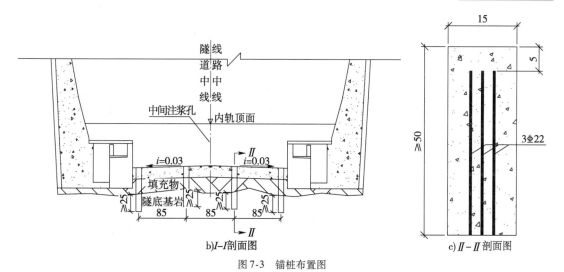

图 7-3 锚桩布置图

3）重铺钢筋混凝土底板

对素混凝土底板已严重破损,难以通过嵌缝修补或局部补强的,或引起行车晃动危及行车安全的,应采取拆除裂损底板,重铺 C35 钢筋混凝土底板措施。施工时尽量停运股道或利用二线隧道过渡,否则,应进行线路加固。线路加固以前可采用扣轨的方法,但随着运营密度的加大以及铁路运营部门加强运营安全的管控,现在已不准采用扣轨的方法进行线路加固了。成都铁路局在隧底整治时采用 4.76m 路基施工便梁,对线路进行临时加固,取得了较好效果。便梁基础采用 C35 钢筋混凝土支墩,单组便梁支墩尺寸:纵向×横向×高度为 750mm×400mm×300mm;两组便梁共用时,纵向×横向×高度为 1500mm×400mm×300mm。重铺底板采用 30cm 厚的 C35 钢筋混凝土底板(图 7-4、图 7-5)。

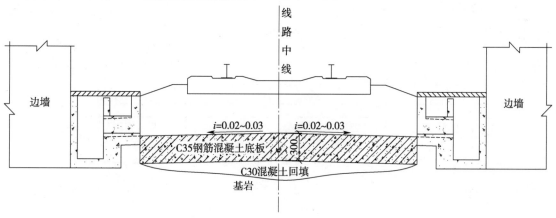

图 7-4 重做底板示意图

(1)4.76m 便梁施工工艺流程如下:

①确定钢筋混凝土支墩位置及支墩顶面标高,在曲线地段要考虑曲线超高。

②开挖支墩。在天窗点内凿除混凝土至设计混凝土支墩底面标高,先确认基底承载力要求(不小于 300MPa,对达不到承载力要求的,应超挖处理),再立模浇筑 C35 钢筋混凝土支墩。钢筋混凝土支墩作为底板的一部分,不予拆除。

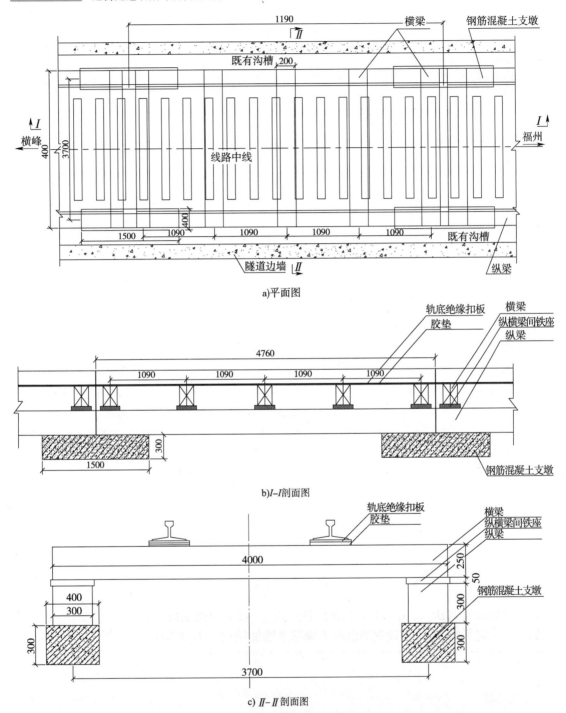

图7-5 4.76m路基加固图(尺寸单位:mm)

③支墩混凝土养护。支墩混凝土强度达到设计强度的80%后,方可开始扣梁作业。

④线路切边。利用慢行条件,沿水沟边切边至支墩混凝土顶面,凿除沿纵梁方向的既有混凝土至设计铺底混凝土底面标高。

⑤摆放纵梁。先复核支墩顶面标高,然后将两片纵梁就位。两纵梁中心距为3.7m,其对

角线差不得大于15mm。

⑥穿设横梁。利用天窗时间,跳槽开挖横梁位置的道砟及混凝土,抽拿混凝土枕,穿设横梁,上好螺栓及扣件,其中有一根钢轨下需要垫大块绝缘橡胶板,以防轨道电路短路。横梁中对中距离为1.09m,由纵梁两端向中心排列抽换,穿设横梁时要对准纵梁肋板,将铁座置于纵梁与横梁间,并将四孔对正,每隔一根横梁拉紧一根绝缘轨距拉杆。

⑦全面检查。便梁架设完毕后,将架设地段线路各种几何尺寸、便梁连接件、枕木垛、垫块等进行全面检查和整理,对不良处必须立即处理,保证整个框架的整体稳定性,并经常检查,确保列车安全运行。线路加固地段列车应限速至25km/h。

⑧隧底施工。采用机械(风镐)和人力开挖既有开裂底板和基岩,开挖至设计深度后,清除土石并清洗干净,对连接处所的既有混凝土面要凿毛并清洗干净,方可浇筑C35钢筋混凝土底板。混凝土养护达到设计强度的80%后方可回填道砟。

⑨拆除便梁。先拆横梁,穿入混凝土枕后再拆纵梁,回填道砟,对线路进行整理。进入下一循环。

(2)施工注意事项:

①曲线上使用时应在曲线上股纵梁加横撑,增加其横向阻力,以防胀轨。

②施工前应对施工段走行轨进行探伤检测,发现伤损钢轨和伤损夹板立即更换,对无缝线路地段,进行应力发散。

③便梁为钢制定型产品,施工采用铁路"建限-1"限界,相邻便梁的施工距离不得与列车轮对距离相等。

④支墩占用水沟对排水系统及水沟造成破坏的,采用潜水泵等措施重新连接排水系统,底板施工完成后要对水沟进行修复。

⑤施工前应遵照《铁路工务安全规则》《铁路技术管理规程》《改建既有线和增建第二线铁路工程施工技术暂行规定》等规定的要求,向相关部门上报施工组织设计方案及要点计划,经批准后方可进行施工。

4)密井暗沟法

对一些修建年限已久的老隧道,由于当时的运营密度小,设计标准低,Ⅲ、Ⅳ级围岩地段仍采用直墙底板、单侧沟结构。在地下水发育的软弱围岩地段,通过隧底注浆、更换底板等措施,难有成效。西安铁路局等单位对一些老隧道通过加深水沟,疏干隧底积水也获得了较好的效果,俗称"密井暗沟法"。由于水沟加深到隧底以下,在有仰拱地段,还要破坏仰拱结构,对结构受力有一定影响,通过增设钢筋混凝土横撑来增加结构受力整体性,克服仰拱破坏的不足。若先进行隧底注浆锚固后再进行密井暗沟,效果会更优(图7-6)。

(1)施工方法如下:

①分段跳槽拆除两侧既有沟槽,对两侧水沟进行全面加深,全面收集、疏干道床、隧底积水,有效防止基岩遇水软化。

②为保持隧底结构的稳定性及保留电缆槽的需要,两侧水沟每1.5m设一道C30钢筋混凝土横撑,横撑高度为40cm,横撑上方为电缆槽;对仰拱地段,采用植筋措施连接隧底与新建水沟,植入ϕ16mm钢筋,其植入隧底和仰拱深度不小于20cm,钢筋竖向间距40~50cm,沿隧道纵向间距120~150cm,植筋采用A级锚固胶。但植筋难度大。

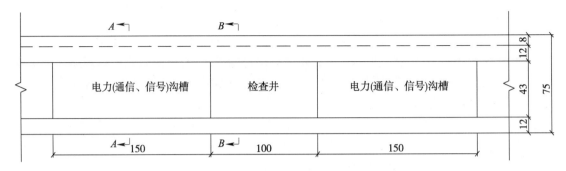

a) 密井暗沟平面图

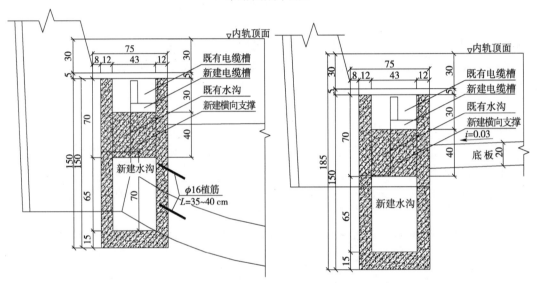

b) A-A 剖面图(有仰拱地段)　　　　　c) A-A 剖面图(底板地段)

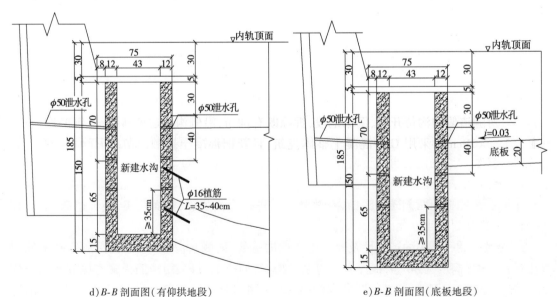

d) B-B 剖面图(有仰拱地段)　　　　　e) B-B 剖面图(底板地段)

图 7-6　密井暗沟图

③设置横撑后,明沟变成了暗沟,为方便检查、维修,暗沟每1.5m设一处检查井,其平面尺寸为100cm×43cm,检查井靠边墙及道床两侧增设φ50mm泄水管(PVC管,外包土工布),将衬砌背后、道床积水及隧底地下水引至检查井,沟底坡度顺线路坡度,对洞外水沟同步进行加深改造、顺接,确保水流畅通。

(2)施工注意事项:
①密井暗沟施工前应对隧道构筑物及管线进行调查,经主管部门同意后进行迁移。
②施工时,要对线路挡渣支护、开挖坑壁进行板壁支护。
③采用人工或机械跳槽开挖,遵循"短开挖、强支撑、早灌注"的原则;边墙底部禁止超挖,若超挖,须采用C30混凝土回填。每作业段开挖长度不得大于5m,段与段之间不得少于15m。
④水沟拆除期间,对两端水沟进行封堵,中间采用潜水泵连接排水系统,以防止水沟里的水浸漫道床。
⑤暗沟沟底坡度与线路坡度保持一致,洞外水沟与加深水沟保持顺接,确保水流畅通。
⑥既有水沟盖板要轻拿轻放,以免损坏,水沟完成后,恢复既有水沟盖板。
⑦沟槽后浇段与前浇段施工缝采用混凝土凿毛、刷涂混凝土界面剂进行处理,以免混凝土收缩形成裂缝。

7. 水沟破损整治

水沟破损,不能正常排水,也是影响隧底稳定的一个主要因素。隧底脱空,留有虚渣,这些松散体与基床混凝土不可能结合形成稳固的一体,在列车长期振动及地下水作用下,易造成底板破损、下沉、道床积水、沟槽破损、沟帮外倾、线路状态不稳等病害,水沟底板破损、沟帮开裂后,又加剧了地下水倒灌道床,对道床病害形成一个不良循环。因此整治隧底时,必须对破损水沟一并整治。整治程序如下:

(1)隧道侧沟病害整治施工前,应预先清理干净沟槽内虚渣、疏通侧沟各排水管路。
(2)侧墙泄水孔和道床流水槽堵塞的应予以清孔,数量不满足设计要求的,应增设泄水孔、流水槽。
(3)侧沟沟底达不到设计标高或沟底破损的地段,在凿除沟底混凝土至设计标高以下5cm处,铺φ12mm钢筋网(网格间距10cm×10cm),采用C35混凝土浇筑,且新浇混凝土与侧沟沟壁间涂刷混凝土界面剂。水沟沟底两侧采取凿毛后用M10水泥砂浆勾缝的方法处理。
(4)对隧道侧沟沟帮开裂、倒塌地段,拆除既有沟帮,沿侧沟周边铺φ12mm钢筋网(网格间距10cm×10cm),采用C35混凝土整体浇筑,且新旧混凝土接触面凿毛后涂刷混凝土界面剂。
(5)重新施作水沟外鼓变形及水沟沟底冒泥地段时,应对基础承载力按不小于200kPa进行检查,达不到要求的采用C20混凝土进行换填。

第二节 隧道基底水害整治

在运营期隧道病害中,基底水害危害较大。当排水系统不完善或堵塞时,会造成隧道内大量积水,影响铁路或公路的正常运营。其治理主要靠引流和降低水位法来解决(图7-7~图7-9)。

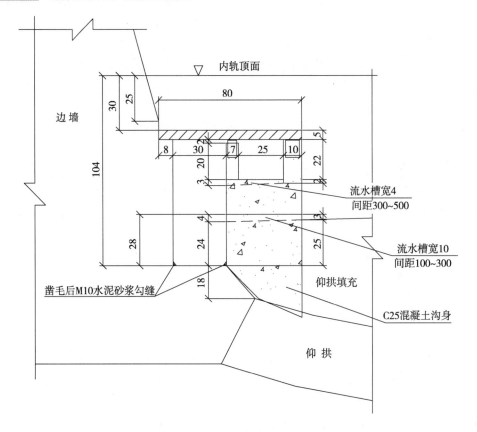

图 7-7 有仰拱地段沟槽整治示意图(尺寸单位:cm)

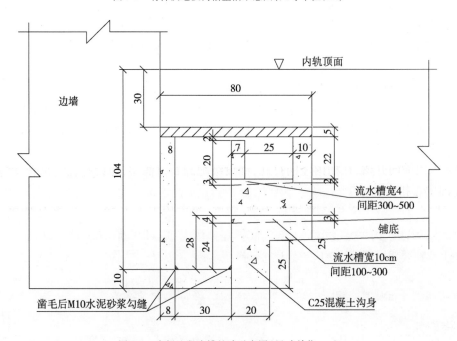

图 7-8 底板地段沟槽整治示意图(尺寸单位:cm)

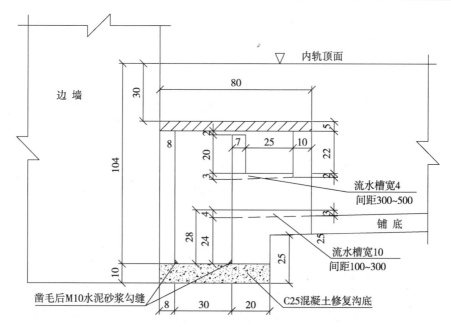

图 7-9 沟底破损整治示意图(尺寸单位:cm)

一、引流

1. 适用范围

对于从墙脚向上的大面积渗水,可能由于衬砌后面防水板被破坏,而底板泄水管堵塞,致使水位上升形成,可以采用水沟内打孔降低水位、施作防水层和引流结合进行处理。

2. 施作工序

(1)首先在渗水、冒水地段的侧沟、中心水沟向下打透水孔,透水孔间距根据渗、冒水量采用 1~3m,孔径采用 30~50mm。透水孔须打到混凝土与基岩接触面,使混凝土与基岩面之间形成透水通道,达到降低水压的目的。

(2)在渗水区域的底部紧贴底板表面打一排泄水孔,泄水孔孔径一般在 30~50mm,排距 40~50cm,在泄水孔的下部底板上凿直径约 10cm、深约 10cm 的集水坑,使二次衬砌后的地下水得以排至集水坑。

(3)漏水段横向开槽,在槽内竖向打孔,铺设级配碎石过滤层,埋设打孔波纹管,将衬砌背后积水引向中心排水沟。

(4)根据水量在隧道底板上凿横向沟槽,宽度、深度均不小于 30cm,沟槽内埋 PVC 排水管,将墙底泄水孔的水引至隧道排水沟中。

(5)对集水坑和横向沟槽采用比设计高一个等级标号的混凝土填充,并振捣密实。

(6)原渗水墙面采用高压注浆 + 涂刷特种防水浆料对隧道裂隙进行封闭,阻断漏水,保证积水不再从混凝土间隙中渗出。

二、降低水位法

降低水位法是把隧道基底水害段附近的地下水位降低,防止漏水和土砂流入的方法。该法适用于漏水范围广、漏水量大、地下水位高,列车运行和漏水使土砂流失及隧道结构产生问题时。

1. 排水孔

1)适用范围

漏水大、水位高的地段,可在边墙下部设排水孔,用过滤材料和排水管导水,以降低地下水位而防止漏水。

2)注意事项

(1)在排水孔处需设过滤材料,无过滤材料时反而会促使土砂向隧道内流入;

(2)过滤材料堵塞后,地下水位会恢复,需进行定期检查,必要时应更换。

2. 降低排水沟

1)适用范围

地下水位比底板、仰拱高,在列车运行的反复作用下会使土砂流入,可降低既有排水沟(密井暗管)。暗管排水可降低基底地下水水位,改善全隧道的疏导排水系统,从而消除因地下水而引起的基底水害。

基本做法是将两侧既有水沟加深至基底底部以下,布设排水暗管,间隔一定距离设置检查井。密井暗管设计如图7-10所示。

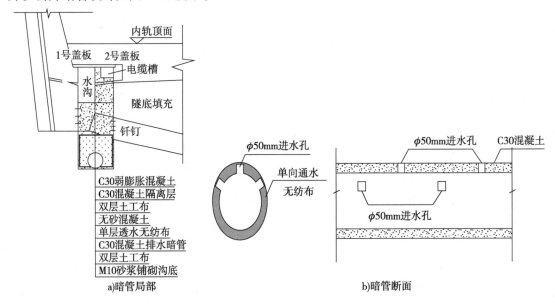

图7-10 密井暗管降水

2)注意事项

(1)降低排水沟时,要在充分调查地下水位、漏水量、流入土砂量、既有排水沟的状况等基础上,决定位置、构造、断面尺寸等。

(2)为降低排水沟,破坏了隧道结构的整体性,进而影响对侧压的抵抗能力,必要时需用型钢等事先补强。此外,也要研究施工时的列车防护对策。

(3)在密井采用暗管法施工时,必须对隧道边墙脚进行锁脚处理,防止上部衬砌结构整体沉降。

3. 排水钻孔

1）纵向排水钻孔

排水钻孔是利用钻孔排出地下水、降低水位的方法。结合地下水的流入路径和隧道周边的地形条件,为降低隧道周边的地下水位可采用纵向、水平排水钻孔。其优点是可排出自然流入的地下水。排水钻孔越靠近边墙底脚,排水效果越好。但在边墙下方施工,可能会导致下沉而产生不良影响,故需离开隧道一定距离(图7-11)。离开的距离,要根据钻孔长度、地质条件等控制的施工精度确定。

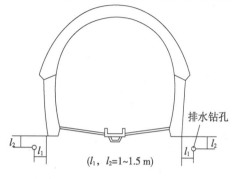

图7-11　排水钻孔

2）横向水平集水管

水平集水管是利用人工强化非均质各向异性含水介质的水力传导性,增强排水量,降低地下水位的重要措施。具体做法是在离正洞较短距离的平导中,向正洞方向,按一定间距施作一定数量的水平集水管至隧道道床之下(图7-12),这相当于在隧道与平导的局部含水介质中增设了若干人工导水裂隙,从而增强了排水效果,有利于降低道床附近围岩中的地下水位,从根本上消除隧道翻浆冒泥的危害。

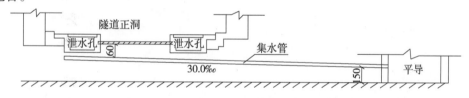

图7-12　水平集水管布置示意图(尺寸单位:cm)

4. 井点降水

1）轻型井点降水

轻型井点降水是一种人工降低地下水的方法,是将井点管插入基底含水层内,各井点管上部与总管连接,通过总管利用抽水设备将地下水从井点管内不断抽出,从而降低基底地下水位,保持基底干燥,井点降水设计如图7-13所示。

轻型井点降水适用于降水区域面积不大,降低水位深度较小的场合。该方法降水深度一般在3~6m之间,若要求降水深度大于6m,理论上可以采用多级井点系统,但隧道内部一般没有足够的空间,不常使用该形式。

2）喷射井点降水

喷射井点降水系统适用的地层与轻型井点降水相近,渗透系数为0.1~50m/d之间,该法的特点在于能在井点底部产生250mm高水银柱的真空度,降低的水位深度较轻型井点降水有较大提高,通常在8~20m之间。

但该法的缺点也很多:①抽水系统和喷射井管较为复杂;②运行故障率较高;③能量损耗很大;④所需费用较高。

3）管井井点降水

管井井点降水适用于地下水丰富且渗透性较强的地层,以及轻型井点降水较难解决的情况,该法通常用于潜水层的降水。每口管井出水流量可达到 50~100m³/h,土的渗透系数在 20~200m/d 之间。

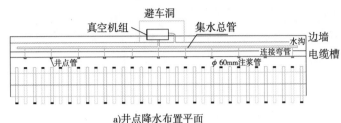

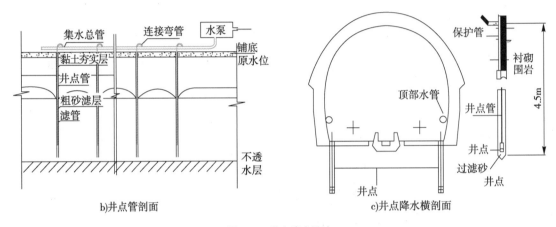

图 7-13 井点降水设计

4)深井井点降水

深井井点降水的特点是排水量大、降水深度大、降水范围大等。对于大渗透系数的地层(如砂砾层),且透水层较厚的情况,一般的轻型井点和喷射井点等方法难以达到降水效果,而采用深井井点降水则能有效降低这类地层的水位。

5)电渗井点降水

对于黏土、亚黏土、淤泥和淤泥质黏土等渗透性较差的细颗粒土,宜采用电渗井点降水法进行降水。电渗井点降水需要与轻型井点降水或喷射井点降水结合使用,其降低水位深度决定于轻型井点降水或喷射井点降水的降水深度。

第三节 隧底缺陷与病害整治实例

一、某单线铁路隧道隧底病害整治

1.隧道概况

隧道全长1771m,为单线电化隧道,隧道内设人字坡。隧道于1993年10月开工,1997年12月竣工。隧道建筑限界采用"隧限-2A"(单线电化,GB 146.2—1983)。隧道内采用普通钢筋混凝土轨枕,碎石道床,隧道内设有大避车洞、小避车洞、余长电缆腔等附属设施。隧道内采用双侧高式水沟,双侧电缆槽,通信信号电缆槽设于线路下行方向的左侧,电力电缆槽设于线路下行方向的右侧。隧道衬砌支护参数见表7-2。

隧道衬砌支护参数 表7-2

围岩类别	初期支护									二次衬砌厚度（cm）	
	喷射混凝土厚度（cm）		锚杆			φ6mm钢筋网		钢架		拱、墙	仰拱/底板
	拱、墙	仰拱	位置	长度（m）	间距（m×m）	部位	间距（cm×cm）	部位	间距		
Ⅱ	12	—	拱部	3.0	环×纵 1.0×1.0	拱部	20×20	—	—	50～75	40/
Ⅲ	8	—	拱部	2.5	环×纵 1.2×1.0	拱部	25×25	—	—	45～65	35/
Ⅲ(直)	8	—	拱部	2.5	环×纵 1.2×1.0	拱部	25×25	—	—	50～75（拱），75（直墙）	/20
Ⅳ	5	—	—	—	—	—	—	—	—	40（直墙）	/20

隧道初期支护喷混凝土、二次衬砌拱墙模筑混凝土为200号混凝土，仰拱、沟槽身为150号混凝土，隧底填充100号混凝土。隧道内设置环状排防型PE盲沟，计87处，对称设置于衬砌与围岩（或喷混凝土）之间，间隔20m。Ⅱ、Ⅲ类（现Ⅴ、Ⅳ级）围岩采用上导坑先拱后墙法施工，Ⅳ类（现Ⅲ级）围岩采用全断面法施工。

2．工程地质、水文地质条件

隧道穿过低矮丘陵，隧道进出口线路与等高线近于正交，进口段自然坡度20°～30°，植被较发育，长有松树、杂草、竹子，出口段自然坡度30°～40°，植被较发育，隧道最大埋深约300m。进口段表层为砂黏土，黄土硬塑，厚2～3m，下伏粉砂岩及煤层互层，其中极严重风化层厚约4m，粉砂岩及煤层互层厚约12m，下为粉砂岩，严重风化层。洞身粉砂岩间煤层和石英砂岩，巨厚层状，严重风化，节理发育，出口段表层为粉黏土，厚0～1m，下伏石英砂岩，风化严重，且地下水发育。

3．病害情况

2013年11月经检测单位采用地质雷达对清风岭隧道隧底进行了一次无损检测，共发现52处病害，总长446.8m，占隧底测线总长的12.6%，其中底板裂损8处，共170.8m；基底不密实、充水44处，总长276m。隧底主要病害集中在隧道洞身标650～860段。

人工调查发现侧沟堵塞排水不畅等病害。特别在隧道洞身标600～1100段，两侧水沟排水设施损坏，堵塞严重，排水不畅。

4．病害原因

隧底不密实，留有虚渣，充水，这些松散体与基床混凝土不可结合形成稳固的一体，在列车长期振动及地下水作用下，易造成底板破损、下沉、道床积水、沟槽破损、沟帮外倾、水沟底板破损、沟帮开裂后，又加剧了地下水倒灌道床，对道床病害形成一个不良循环。

5. 整治措施

650~695、755~870 两段无损检测显示有开裂现象，但通过挖探取芯，芯样显示隧底存在虚渣，但底板结构较为完整。采用隧底注浆加固方案，在注浆过程中继续加强对隧底的观察与钻孔分析，如开裂情况严重，应采用更换底板方案。对底板开裂地段应先进行裂缝注浆嵌补，再基底注浆。注浆材料采用加固型 TGRM 水泥基特种灌浆料，注浆钢管采用马牙扣形注浆钢花管，直径 60mm，壁厚 8mm，管长 250cm，注浆钢管环向按每排 4 根布置，纵向间距 1.2m。注浆压力 0.1~0.5MPa，注浆结束后割除钢管露头部分，并将钢管固结于隧底。

对整个侧沟进行一次清理，疏通边墙泄水孔，对因线路加固施作支墩损坏水沟地段、水沟外鼓变形地段，重新施作水沟。

二、某单线隧道隧底翻修及病害整治

1. 隧道概况

隧道全长 3979m，单线，除进口一段位于 700m 半径的缓和曲线和 1000m 半径的曲线上外，其余均在直线上。全隧道采用钢筋混凝土支撑块式整体道床，混凝土道床直接铺设在隧底碎石填料上，隧道排水采用人字坡单边侧沟方式。隧道于 1972 年竣工。

隧道采用整体式衬砌，衬砌厚度 30~80cm，隧道无仰拱衬砌地段底板厚度 45cm，部分地段采用有仰拱衬砌，仰拱厚度 35cm。隧道净宽 4.9~5.6m，基床为 300 号混凝土。

2. 工程地质、水文地质条件

隧道穿越地段的岩层主要是云母石英片岩，并有变闪长岩顺层侵入，片理、节理均较发育，在隧道修建施工过程中发生多起大塌方事件，属不良地质条件；地表山峦起伏，植被茂盛，洼地多，蓄水面积大，地下水有稳定的补水来源，水质对普通的硅酸盐水泥混凝土具有溶出型侵蚀（在渗漏缝表面可见到起白斑、长白毛现象）。

3. 主要病害

2006 年 1 月 20 日，工务部门进行添乘检查时，发现 K150+750~K151+900 及 K154+300 共 7 处存在晃车现象。随后经相关人员实地检查、检测，发现该 7 处晃车地段存在整体道床开裂及下沉、支撑垫块上下颤动、整体道床与人行道铺面之间有明显相对位移，位移量在 10mm 以上、支撑垫块下沉（下沉量达 20~30mm）、支撑垫块横向位移（2~5mm）等病害，造成线路高低及方向不良（图 7-14~图 7-17）。具体里程为 K150+750~K150+785、K151+50~K151+70、K151+250~K151+276、K151+412~K151+436、K151+842~K151+862、K151+880~K151+900、K154+310~K154+336 共计 7 处（161m）。

4. 历史整修

1982 年曾进行过综合大修，主要是对整体道床部分地段进行压浆，漏水整治及道床翻修。但由于未能对地下水进行根治及隧道本身的地质不良，致使隧道病害逐步积累。

2004 年 12 月，对隧道病害进行治理，主要有：整体道床基础压浆加固 806m；整体道床翻修四处 44m；治理拱顶及边墙渗漏水 15 处等。

5. 病害原因

（1）原设计整体道床抗冲击能力差，加之近年来列车速度、运量不断增加，造成基底强度不能满足要求，列车荷载冲击作用导致基底破损。基床混凝土与基岩交接处存在局部应力集中,使基底产生裂缝,在列车荷载的反复作用下,裂缝扩大,并在列车通过时裂缝反复张合与水形成"抽吸",使得病害进一步发展。

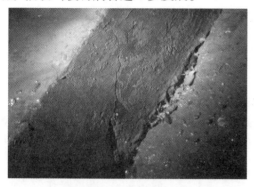

图7-14 隧道整体道床下沉破裂

图7-15 隧道道床开裂、翻浆冒泥

图7-16 隧道整体道床裂损

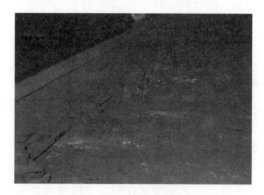

图7-17 隧道内扣件锈蚀严重

(2)整体道床与基岩之间铺有一层施工废渣,经过近30年的列车碾压和地下水侵蚀,铺垫层的施工废渣一部分变为泥浆随地下水流入侧沟,出现程度不一的孔隙,当孔隙扩大到难以承受列车碾压、冲击时,整体道床就会破裂、下沉,而且是突变的破裂、下沉。

(3)地下水的作用。隧道穿越地段处,围岩裂隙水丰富,隧道内渗入水较多,出口段为单侧反向排水沟,排水不畅,加上地下水渗入道床基底,岩层长期泡水软化,泥化严重。再者列车长期往返碾压,形成泥浆和空隙,导致道床开裂,而中心排水沟流水继续补入,粉化泥渣随排水流走,最后发展成程度不同的"吊空"现象。

6. 整治措施

1)隧道整体道床裂隙、下沉、虚渣或夹层充水病害的整治

(1)隧道整体道床裂隙、下沉、虚渣或夹层充水病害极严重地段(安全等级AA)进行线路加固、翻修整体道床。

(2)隧道整体道床裂隙、下沉、虚渣或夹层充水病害严重地段(安全等级A1),如果裂损长度≥20m,病害发展较快,存在危及行车安全的可能时,应进行线路加固、翻修整体道床。

(3)隧道整体道床裂隙、下沉、虚渣或夹层充水病害严重地段(安全等级A1),如果裂损长度<20m,采取道床基底挤密灌浆处理。

(4)隧道整体道床裂隙、下沉、虚渣或夹层充水病害较严重地段(安全等级B),采取道床

基底挤密灌浆处理。

(5)隧道整体道床裂隙、下沉、虚渣或夹层充水病害轻微地段(安全等级 C),对行车安全无影响,不予整治。

压浆采用"基底灌浆法",使用 TGRM 加固型灌注料进行灌浆,确保整体道床与基岩之间的缝隙被填充密实,达到抑制基床下沉的目的。

单纯整体道床采用压浆加固施工地段的整治可安排在施工天窗内进行,不影响列车正常通行。整体道床压浆采用 TGRM 加固型和超细型防水型灌注料。

(1)布孔:布孔的原则是先疏后密,中间插孔。在每一整治段的中心水沟中央每隔 1.5m 交错布置垂直孔和倾斜角为 30°的孔,孔深以穿透混凝土道床至基岩为限,以保证道床中间和靠边沟侧"吊空"部分能达到浆液。

(2)冲孔:用风压机冲孔,将孔内沉渣淤泥彻底清理干净。通过冲孔,可了解孔位之间的连接关系,从而确定哪些作为压浆孔,哪些作为通气孔。

(3)灌浆:先将 TGRM 灌浆料按设计 $W/C=0.4$ 的水灰比通过高速搅拌机(转速 1200r/min,搅拌 3min)制浆,将制好的浆放入储浆桶后,通过灌浆机由管线送浆液至工作面进行压浆,灌浆压力应为 0.4~0.6MPa(孔口压力)。灌浆工作面应在"天窗"结束前 30min 停止,以保证其强度。

对道床破损严重,翻浆冒泥等地段进行彻底翻修,该段施工需对原整体道床架空,架空期间昼夜慢行 35km/h。其施工采用中心支墩短抬轨梁翻修整体道床的方法。中心支墩应落在基岩上。灌注整体道床采用 C30 钢筋混凝土。

(1)首先施工隧道侧沟及中心支墩,待达到设计强度后,再在中心支墩处两侧整体道床上用人工凿出抬轨梁槽。在中心支墩顶面及两端抬轨梁支承位置铺设铁垫板及防滑胶垫,利用"天窗"时间设好施工防护,分别将抬轨梁串入基本轨下,放进抬轨梁槽内,两端分别支承在侧沟上的铁垫板上和中心支墩上。

(2)拧紧抬轨梁组合螺栓,并设好轨距拉杆,调整好轨距、水平、方向、前后高低,应符合整体道床线路几何尺寸的要求。在两抬轨梁接头处及基本轨扣件的下部应使用绝缘胶垫,以防自动闭塞区段改变信号,然后用轨距拉杆及杂木楔固定好抬轨梁,轨距拉杆要加密,间距不大于 1.1m,增加施工地段轨排的整体刚度,达到放行列车条件后方能按照 35km/h 的速度慢行通过施工地段,确保行车安全。

(3)在施工地段范围内用人工凿除破损的整体道床,其深度达到基岩,并不得超过中心支墩底。在隧道内不得进行爆破作业,防止影响隧道稳定。凿除范围符合要求后,将基坑坑底清理干净,将超挖部分用 C15 混凝土回填找平,然后按设计要求布置钢筋,绑扎牢固。

(4)开挖时应尽量不损坏原来的支承垫块,在灌注 C30 混凝土之前应将支承垫块及胶垫用扣件悬挂在基本轨上,支承垫块位置应符合原设计,并拧紧螺栓。保持钢轨轨距、方向,水平应比前后高出 2~4mm,此举是为了预留混凝土的收缩及下沉量。然后灌注 C30 混凝土整体道床,用机械捣固密实。待混凝土初凝后,松开支承垫块上的螺栓,取出胶垫,以保证列车通过时不至于震动到支承垫块,从而影响到未凝固的混凝土,同时防止支承垫块下沉、位移。这是保证施工质量的关键工序,施工时要严格要求,不得简化施工程序。

(5)当施工完成,混凝土强度达到设计要求后,利用天窗或列车间隔时间,设好防护,分别将抬轨梁两侧的木板凿除,取出木楔,拆开扣件,分别抬出抬轨梁,恢复支承垫块上的胶垫及扣件,调整好轨距、水平、方向和前后高低,达到放行列车条件后,才能放行列车。

(6)当抬轨梁拆除后,将抬轨梁槽内凿毛并冲洗干净,回填 C30 混凝土,机械捣固密实并抹面。待养护到期后方可取消慢行。

2)支承垫块结构失效的整治

整体道床整体弹性不足,致使支承垫块损坏和弹条折断较多,甚至于每季度都需更换上千套弹条扣件或数十块垫块。因此,建议对该隧道的支承垫块进行全面改造更换,将现在纯硬性的混凝土支撑垫块更换为具有弹性的套靴式混凝土支撑垫块,改善其受力和行车条件,减少列车对支承垫块和整体道床的冲击,延长其使用寿命。

需更换失效支承垫块 328 块,施工安排在"天窗"点内进行。

(1)先在整治地段安设轨距拉杆,以保证轨距。

(2)架空需更换的支撑垫块,并将其挖出。支撑垫块隔三整一。在其两侧打入硬质楔形木块,为防止木楔在过车时松动,木楔下要加垫防滑胶垫。将其架空,卸下连接零件及大胶垫。按支撑块底面积确定凿除混凝土的范围,其中线应尽量垂直于线路中心线,但不得影响两侧支撑块的稳定。按照凿除的范围,用风枪将支撑块挖出。凿除混凝土的深度范围为:支撑块厚度+200mm(新浇注混凝土最小厚度),+14mm(高弹胶垫厚度)。平面范围为支撑块的底面尺寸。

(3)清理干净基坑内虚渣,换上新支撑块,并上齐 14mm 高弹胶垫及连接零件。调整好轨距、方向、水平、高低等线路几何尺寸,并经施工员、施工负责人及主管技术人员检查确认合格后方可浇注混凝土并用机械(震动棒)捣固密实。为加快混凝土的凝固,应在搅拌时掺入适量高效早强减水剂,掺入的比例为水泥用量(质量)的 1.7%,用水量为设计用水量的 80%,这样最少可以缩短 50% 的工期。

(4)再次打紧楔形木块,松开连接零件,取出轨下大胶垫,使新支撑块悬空,防止支撑块过早受力。使其在不受力的条件下养护 10d 后,方可拆除硬木楔,再上齐大胶垫及连接零件。调整好轨距、水平、方向及高低,车间主任确认达到线路维修标准后方准放行列车。

(5)工程完工时,做到工完料尽,并清理干净现场,保证施工地段整洁美观。

(6)工区必须经常检查施工地段线路情况,发现问题及时处理。确保线路安全畅通。

三、某铁路隧道采用 4.76m 便梁进行线路加固、更换道床

1. 隧道概况

隧道位于某线马嘎至葡萄菁区间,中心里程 K2259+526,该隧道全长 292m,于 1965 年 9 月建成,隧道内线路坡度 10.6‰,曲线半径 452m,排水采用中心明沟排水方式,线路左右两侧铺有 C10 混凝土人行道、整体式道床。

2. 工程地质、水文地质条件

该隧道穿过上石灰纪马平灰岩,坚硬厚层,层理不明显,无地下水,雨季有临时性裂隙水。

3. 病害情况

隧道整体道床最先为短枕式,通车后,随着通过吨位的增加和列车提速,短木枕式已不能保持轨道几何尺寸及行车安全。在 20 世纪 70 年代将短木枕更换为钢筋混凝土支撑块式,由于

在不间断列车情况下施工精确度及紧固质量难以达到设计要求。几十年来不断的改造,终未能满足列车提速要求,并成为工务一大隐患。

4. 整治措施

将整个隧道的整体道床改为碎石道床:利用4.76m路基便梁进行线路加固,拆除隧道内整体道床,浇注厚度为25cm的C30钢筋混凝土底板;铺设Ⅱ级碎石石碴道床;隧道内混凝土枕按Ⅲ型枕1680根/km标准铺设;新建盖板沟、电缆槽。该工程开工日期:2007年10月18日;竣工日期:2008年1月8日。

1) 施工准备

(1) 材料准备。根据工程数量及施工进度要求,施工现场应配备足够的便梁材料,每组便梁材料的配备数量见表7-3。

每组便梁材料的配备数量　　　　表7-3

项目名称	件号	单位	数量	其中备用
纵梁	N1	根	2	
横梁	N2	根	5	
钢轨弹条扣件	LSL-03-01	套	24	4
螺栓螺母	M18(ϕ22mm)×170mm	套	48	8
铁座	LSL-01-03	件	12	2
支座(墩)	800mm×800mm×150mm	件	5	1
轨底绝缘扣板	300mm×150mm	件	12	2
Ⅲ型弹条专用扳手		个	2	

注:表中纵梁尺寸4760mm×300mm×300mm,质量539kg;横梁尺寸4000mm×200mm×250mm,质量304kg。鱼腹式便梁横梁长3800mm,高150mm,本表不予详细介绍。

(2) 探伤工作。对施工地段的钢轨先进行探伤检查,发现伤损钢轨、鱼尾板应立即更换。对轨枕失效、扣件不足的情况应与工务段相关人员共同确认,工程完工时按大修标准恢复。使用前的便梁应进行探伤检查。

(3) 线路调查。认真调查线路情况,包括轨缝、接头错差、轨面标高、线路中线、轨型、轨枕配置根数、线路坡度、曲线半径、超高、隧道限界等,完善施工安全措施。施工前一天,检查一遍扣梁段扣件螺栓,保证封锁扣梁时顺利拆卸。

(4) 其他准备工作。划好枕木间隔线,各种机具设备转运到位并试运转,布好风管路、水管路、动力线路及隧道内的照明设施。按规定与设备管理单位签订施工安全协议并召开施工协调会,如有电缆、光缆影响施工作业时,应通知相关人员配合并进行保护。设好施工警示标志,材料分类堆码并挂牌,做好材料消耗记录。技术人员施工放线前做好施工技术交底,对作业人员进行安全技术培训,经考试合格后方可持证上岗。

2) 便梁施工

(1) 便梁的适用范围及工作条件。

①架设便梁要求线路钢轨不低于43kg/m的新轨标准;施工地段行车最高限速分别为35km/h(曲线)、45km/h(直线),地基承载力不足时应限速25km/h;遇特种荷载运输,应停止

架空线路施工。

②允许架设的最小曲线半径为180m,若曲线半径小于600m时,必须加强纵梁的横向支撑,增加其横向阻力。

③便梁施工采用铁路"建限-1"限界;相邻便梁的施工距离不得与列车轮对距离相等。

④单个支座(墩)反力计算值为322.7kN(中-活载作用下),实际支座反力按"便梁使用说明书"进行折减,支座(墩)底板面扩散后的压强必须小于路基地基承载力。

⑤便梁施工时钢轨轨温要求:轨温高于锁定轨温10℃时,不准施工,应保证施工地段轨温与锁定轨温差值控制在木枕±5℃,混凝土枕±10℃。

(2)便梁施工工艺流程。

①施工扣梁支墩。

a. 先确定支墩位置。支墩纵向中心距根据具体情况,宜采用4.76~5.36m。因每个马口为2组4.76m便梁连续作业,故支墩采用两组纵梁共用,横向中心距3.7m,支墩尺寸不小于1.0~1.6m(长)×0.4m(宽)×0.3m(厚)。

b. 开挖支墩。在慢行条件下凿除既有整体道床混凝土至设计混凝土支墩底面标高处,先确认基面符合扣梁承载力要求后($\geqslant 3.2 kg/cm^2$),再立模浇注标号不小于C20的支墩混凝土,并严格控制支墩顶面标高及超高值。支墩顶面标高的控制方法为:先确认线路的水平符合要求后,在左右股轨面横向放置一根3.7~4.1m的绝缘直杆,支墩顶面距该直杆底面的高差为791mm(即纵梁高300mm,纵横梁间铁座厚50mm,横梁高250mm,P60轨高176mm,轨底绝缘扣板厚5mm,胶垫厚10mm,合计791mm),详见图7-18支墩高差示意图。

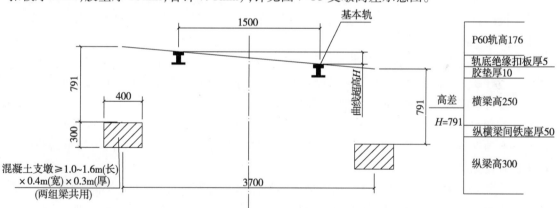

图7-18 支墩高差示意图(尺寸单位:mm)

注:扣梁支墩顶面应按曲线超高设置相应的倾斜度。

图7-18中高差未含800mm×800mm×150mm支座厚,如需设支座时,该高差值应加上支座厚。支墩混凝土需与后续施工的铺底混凝土连为整体,拆除便梁时该支墩不予拆除。支墩采用分马口跳槽开挖。

对不良地质地段,支墩基础应视具体情况作相应处理,可超挖后置换基础,再找平。如遇地下水应做好相应的夯实及排水处理。

c. 支墩混凝土养护。待支墩混凝土初凝后,立即恢复道床,确保线路安全,并派专人进行线路巡养,然后重复上述工序开挖下组支墩。支墩混凝土需加强养护(可按要求加入早强剂),待其强度达设计强度的75%后,方可开始扣梁作业。

②架设便梁。

a. 便梁转运到位。利用列车间隔时间将路基梁转运到各施工马口堆放整齐,且不得侵限。

b. 线路切边。利用慢行条件,对整体道床进行切边。沿枕木头位置切边至支墩混凝土顶面,凿除沿纵梁方向的既有混凝土至设计铺底混凝土底面标高。

c. 摆放纵梁。摆放纵梁时应先复核支墩顶面标高,然后将两片纵梁就位。用方尺(配弦线)将两纵梁的端头调正,再调整纵梁距线路中线的距离,确保两纵梁的中心距为3.7m。两片纵梁调整后其对角线差不得大于15mm。线路切边及摆放纵梁宜在扣梁施工的前一天进行,遇曲线地段,还应在上下股用杉杆对称支撑基本轨,以确保线路方向。

d. 穿设横梁。在封锁扣梁前做好所有准备工作,利用封锁时间,采用爆破方式逐孔拆除横梁位置的既有整体道床混凝土。宜采用静态爆破或膨胀炸药,在充分保证接触网及行车安全的前提下经上级批准方可使用民爆器材。拆除混凝土后及时穿设横梁并安装好连接零件,逐个上好轨距拉杆。待上一根横梁穿设好以后,方可开始拆除下一根横梁位置处的既有混凝土,施工过程中应及时用枕木头、薄木板、碰头楔等对薄弱处的基本轨底进行支垫,随时检查线路几何尺寸并确保其符合规范要求。便梁整体架设完毕经施工负责人检查确认线路达放行列车条件后,方可开通线路。

e. 凿除既有整体道床混凝土。凿除原整体道床混凝土至设计铺底底面标高,清理基面杂质。确认基面符合要求后,按设计要求做好横向排水坡。

f. 布设钢筋网。按设计要求布设20cm×20cm间距的钢筋网,钢筋网采用绑扎的形式,其搭接长度应符合规范要求。钢筋网下面用与铺底混凝土同等标号的砂浆垫块支垫,以保证混凝土净保护层厚度。

g. 浇注铺底混凝土。铺底混凝土可掺入3%~5%的早强剂,宜采用插入式振动器振捣。严格按设计要求控制铺底混凝土顶面标高,保证道床厚度且做好混凝土顶面的排水坡,并按设计要求设置沉降缝。铺底混凝土应按规定加强养护。

h. 相邻组便梁切边。待g.项工作完成48h后,可进行相邻组路基梁切边,同第a.项,然后按a.~f.项循环作业。前一组路基梁横梁拆除后,方可用于下一组横梁的穿设,两组路基梁的横梁循环使用。

i. 拆除横梁、拆梁段补碴。待铺底混凝土达设计强度的75%后,先准备好拆除横梁所必需的石碴及机具,再利用封锁时间,逐根拆除横梁,穿入枕木锁定,及时回填石碴并加强捣固,严格按《铁路工务安全规则》放行列车条件开通线路。

j. 拆除纵梁、恢复道床。利用列车间隔时间拆除纵梁,及时回填石碴恢复道床,整理线路。拆下的纵梁可进入下一循环工序,按工序b.进行。

3)便梁施工注意事项

(1)严格控制切边及开挖长度,必须保证两作业马口间距在24m以上。

(2)扣梁前各项准备工作均不得过头,横梁应尽量避开钢轨接头。不能避免时,钢轨接头应冻结或加密横梁设置。扣梁时各种应急机具(切割机、拉轨器、鼓包鱼尾板、钻孔机等)必须齐全有效。

(3)早强剂必须有产品合格证,且按规定送检测定混凝土的早期强度,据此推算铺底混凝土的施工周期，编制合理的施工计划。

（4）部分次要工序可根据实际情况不利用封锁时间，在列车间隔时间进行。要求施工负责人加强与防护员的联系，掌握好列车的运行情况，合理安排作业项目和施工方式，且准备足够数量的劳动力。

（5）扣梁施工期间，应派专人负责检查线路几何尺寸及施工地段前后50m范围内的线路状况，检查扣梁螺栓有无松动，支墩是否下沉、倾斜、压劈，轨距、水平、高低是否超限。发现问题及时处理，确保行车安全。交接班时，必须联合对线路进行一次全面检查。

（6）民爆器材的购买、运输、使用、保管必须按照国家相关法律法规严格执行。

（7）扣梁过程中，应派专人做好轨温记录。绝缘拉杆使用前应派专人检查其绝缘性能，防止在施工过程中联电。

（8）当地基承载力不能满足要求或遇水地基承载力下降时，必须采取临时降低运行速度、增加支座受力面积、地基置换等措施，直到以满足该线路运行列车最大动荷载要求为止。

（9）每天召开退班会，总结当天工作，本着"当天问题当天解决，当天隐患当天处理，隐患不过夜"的原则，及时发现和解决问题，并根据当天现场施工情况，合理安排第二天的工作。

第八章　运营隧道整治施工管理与施工组织

第一节　高速公路隧道整治施工管理

一、基本要求

1. 基本原则

（1）安全至上原则：落实施工作业安全管理职责，完善施工作业安全管理措施，确保高速公路交通安全和施工作业人员及设施设备安全。

（2）畅通主导原则：在高速公路上进行施工作业应最大限度减小对车辆通行的影响，保障高速公路良好通行条件，维护高速公路良好通行秩序。

（3）优质高效原则：积极探索应用新技术、新工艺、新材料、新设备，加快施工作业进度，提高施工质量。

2. 交通组织方式

（1）占道施工：不改变交通流方向，占用车道进行施工作业的交通组织方式。

（2）单幅双通：改变交通流方向，对半幅车道进行封闭施工，使车辆集中到另外半幅车道进行双向通行的交通组织方式。

（3）间断放行：改变交通流方向，占用车道进行施工，对左线和右线车辆实行间断管制，按时有序实施放行的交通组织方式。

（4）断道施工：占用半幅车道进行施工，中断交通流，需对车辆进行分流的交通组织方式。

3. 施工作业控制区

为施工作业所设置的交通管理区域，分为警告、上游过渡、缓冲、工作、下游过渡和终止六个区域。

（1）警告区：从作业控制区起点设置施工标志到上游过渡区之间的路段，用于警告车辆驾驶员已经进入施工作业路段，按交通标志调整行车状态。

（2）警告区最小长度：保证驶入警告区的车辆减速至工作区规定的限速所需要的警告区路段的最短长度。

（3）上游过渡区：保证车辆平稳地从封闭车道的上游横向过渡到缓冲区旁边非封闭车道的路段。

（4）缓冲区：上游过渡区和工作区之间的路段。

（5）工作区：施工作业的操作区域。

（6）下游过渡区：保证车辆平稳地从工作区旁边的车道横向过渡到正常车道的路段。

（7）终止区：设置于工作区下游调整车辆行车状态的路段。

4. 施工单位职责

(1) 加强施工作业人力、财力、物力投入,满足施工作业有序开展和工期控制要求。

(2) 设置施工安全生产管理机构并配备专职安全生产管理人员。

(3) 负责向施工作业人员和安全管理人员进行施工安全作业规程及安全教育的培训。

(4) 按照相关规范要求编制施工组织方案和交通组织方案,并严格按经审查同意的施工组织方案、交通组织方案以及相关安全生产规定进行施工作业。

(5) 按照高速公路执法机构和经营管理单位要求设置施工标志设施。

(6) 负责施工现场交通标志的维护及现场施工管理工作。

二、施工组织方案

1. 施工许可

(1) 凡高速公路隧道整治施工均应办理施工作业许可。

(2) 申请要件包括施工申请文件、单位证明材料、施工组织方案、交通组织方案、突发事件应急预案。

(3) 施工作业许可手续的办理,不同地方要求不同,应向建设单位单位详细询问办理程序。

2. 施工组织方案

申请单位应组织制订详细、科学的施工组织方案,方案应包含以下内容:

(1) 工程概况(包括工程的基本情况、施工单位名称、项目名称、施工时间、施工地点)。

(2) 主要工程项目的施工方案要点、方法与技术措施。

(3) 工期保证体系及保证措施。

(4) 工程质量保证管理体系及保证措施。

(5) 安全生产管理体系及保证措施。

(6) 文明施工、环境保护保证体系及保证措施。

(7) 项目风险预测与防范,事故应急预案。

(8) 项目管理人员名单及联系方式(项目业主、监理和施工单位相关责任人等)。

(9) 防止车辆冲入施工作业区造成人员伤亡的作业区安全隔离设施、防撞设施等。

三、交通组织管理

1. 一般规定

(1) 申请单位应当在明确施工方案的情况下编制交通组织方案。编制交通组织方案应遵循"畅通主导、安全至上、服务为本、创新引领"的方针,尽量避免占用或者减少占用通行车道,保障良好的通行条件。

(2) 隧道施工交通管制长度超过 3km 的,应进行交通安全评估,并采取相应的保障措施。

(3) 施工作业对高速公路正常通行造成较大影响的,应当结合施工路段的地理条件,采取设置辅道的方式进行交通组织。确无条件设置辅道的,应制订交通分流方案。

(4) 原则上不宜在法定节假日期间、恶劣气候条件下进行施工作业。

(5) 交通组织方案应根据施工作业流程、工艺以及对高速公路占用、利用等情况分类编写。

(6) 交通组织方案应根据施工作业流程分阶段确定。

(7)利用中央分隔带实施交通转换的,转换道开口宽度应在40m以上,转换道路面满足安全通行要求。

(8)开设中央分隔带交通转换口,应尽量缩短交通管制路段长度,并与施工区域保持足够的安全距离。

(9)开设中央分隔带交通转换口,应考虑高速公路养护工程和交通应急处置的需要,按照永(久)临(时)结合的方式妥善处理;临时性开口应在施工结束后及时恢复。

(10)根据施工作业现场实际情况,制订完善的应急处置方案,就近布设应急救援力量,预留应急救援通道,及时实施应急处置行为。

(11)设置辅道进行交通组织时,辅道路面、交通安全设施等应符合《公路工程技术标准》相关要求。

2. 编制交通组织方案

申请单位应组织制订详细、科学的施工交通组织方案,方案应包含以下内容:

(1)交通组织概况(包括工程名称、工程内容、工程地点、交通组织管理的要求、交通管制方式、交通组织管理机构、人员及交通安全设施设备等的投入)。

(2)施工路段封闭区域、封闭形式及封闭时间。

(3)施工路段道路安全畅通的保证措施(作业区隔离安全保障设施、施工车辆行驶、道路设施的保护、施工物品堆放及施工作业人员进出、施工作业人员道路交通安全及其施工安全培训等保障车辆、人员安全的措施)。

(4)施工对高速公路通行影响及安全影响评估分析。

(5)施工路段高速公路的区域环境介绍(周边立交区位关系、桥隧结构物基本情况、高速公路车流量及车型分类情况等)。

(6)交通组织形式的必要性和科学性。

(7)交通组织现场平面图及分流线路图(标志摆放、设施布局、人员布设等保障车辆通行的措施)。

(8)应急处置方案:包括施工作业人员伤亡的救助保障措施;过往车辆损坏及人员伤亡的救助保障措施;交通堵塞的应急通行措施;应急措施的人员和设施保障及运行机制。

(9)现场管理交通组织人员名单及联系方式(执法大队、路巡救援、项目业主、监理和施工单位相关责任人等)。

四、施工现场管理

1. 交通标志和安全设施

1)施工区标志

(1)施工告示牌:施工告示牌为蓝底白字。告示牌设在缓冲区,以告示施工详细信息、施工车辆专用出入口、交通管制等信息。

(2)施工预告牌:根据现场情况,在作业区前可设置2km、1km、300m预告标志,在作业区前设立道路施工标志以提示行驶车辆注意。

2)警告标志

设置时应考虑道路的限速、运行速度等实际情况,并作适当调整,但不得小于安全停车视距。

（1）窄路标志：用于警告车辆驾驶人员注意前方行车道或路面狭窄情况，遇有来车应予减速避让。设在双车道路面宽度缩减为6m以下的路段起点前方。

（2）车道数变少标志：用于提醒车辆驾驶人员注意前方车道数变少，应谨慎驾驶。设在车道数变少的前方路段。

（3）双向交通：用于提醒车辆驾驶人员注意会车，设在由双向分离行驶，因某种原因出现临时性或者永久性的不分离双向行驶的路段，或由单向行驶进入双向行驶的路段前方适当位置。

（4）减速慢行、强制减速：用于提醒车辆驾驶人员减速慢行，设置于隧道施工区域前100m和300m处。

（5）"间断放行、注意停车"标志：用于间断放行控制区。

3）禁令标志

（1）限速：表示该标志至前方解除限速标志或另一块不同限速值的限速标志的路段内，机动车行驶的行驶速度（km/h）不能超过标志中所示数值。

（2）解除限速：表示限制速度路段结束。设在限制车辆速度路段的终点，解除标志必须和限速标志配合使用。

（3）禁止超车：表示该标志至前方解除禁止标志的路段内，不准机动车超车。设在禁止超车路段的起点。

（4）限高、限宽：表示禁止装载高度、宽度超过标志所示数值的车辆通行。设在最大容许高度、宽度受到限制的地方，设置此标志的路段，在进入此路前的路口适当位置要设置适当的指路标志进行提示，使装载高度、宽度超过标志所示数值的车辆提前绕道行驶。具体数值可根据现场实际情况而定。

在最大容许高度和宽度受限制的地方，如果易发生车辆碰撞事故，且碰撞可能导致结构安全时，除了设置限制高度和宽度的禁令之外，在标志处还应设置里程标记和其他防护措施。

（5）禁止驶入标志：用于禁止一切车辆驶入，设置在禁止驶入路段的进口明显之处。

施工区标志、警告标志、禁令标志等材料宜选用板面平整、不易变形的材质，如铝板、玻璃钢等。反光膜等级原则上要求不低于一级标准。

2. 交通安全设施

（1）锥形交通路标：锥形交通路标采用方锥式，锥间用绿、白相间反光材料粘贴，制作材料可采用塑料或橡胶材料，底部具有一定摩阻性能，用于夜间和雾季作业时应有频闪灯。反光膜等级应为一级、白色亮度因素≥0.27，绿色亮度因素为0.03~0.10。

（2）嵌入式诱导棒：诱导棒规定为嵌入式，高≥60cm，嵌入路面≥10cm，直径8~15cm，采用绿、白相间反光材料粘贴，制作材料可采用塑料或橡胶材料。反光膜等级应为一级、白色亮度因素≥0.27，绿色亮度因素为0.03~0.10。

（3）减速设施：设置于需要减速慢行的路段和容易引发事故的路段。橡胶减速丘长度为路宽，高度为30~60mm，宽度为30~40cm，宜由橡胶制成，颜色为黄黑相间，外表应有增大附着力的条纹，正对车辆行驶方向应有便于夜间识别的逆反射材料。若通过螺栓与地面连接，则螺栓孔应为沉孔。

（4）导向牌：黄底黑色图案，黑色边框。当某个车道封闭时，指示车辆改变行驶方向。电子屏导向牌为黄色图案。

(5)防撞设施:防撞墙、防撞桶等材质、形状及其尺寸等应符合《公路养护安全作业规程》(JTG H30—2015)规定。

(6)限高限宽架:支架宜采用活动钢管,两侧宽度及顶面高度应比规定的限宽限高值多15cm。

(7)围挡设施:围挡应沿施工区域规范成线连续布设,高度不低于2.2m,宜采用彩钢板材质,外表贴反光膜,且保持坚固、稳定、整洁、美观。

(8)移动式标志车:"移动式作业车"为可移动、有安全防护设施装置的作业设备,如道路清扫车、水车、除雪车等。其整体车身颜色应采用橘红色,移动式作业车应配置扩音设备,车顶应配备黄色警报器(作业时警报器高度不低于2.5m),尾部应配备可变标志牌(作业时标志高度不低于2m)等。

(9)频闪灯:夜间或雾季施工,在交通标志和上游过渡区锥形交通路标上应设置频闪灯。频闪灯应醒目,可采用电源频闪灯。

3.交通安全设施的设置要求

(1)交通安全设施的色彩、尺寸、材质、摆放地点等必须满足要求。

(2)布设施工作业控制区时,应顺着交通流方向设置安全设施。作业完成后,应逆着交通流方向拆除安全设施,恢复正常交通。

(3)夜间或雾季施工,在交通标志和上游过渡区锥形筒上应设置醒目的频闪设施。

(4)若在夜间或雾季实施交通转换,还应在交通转换点处安设照明灯,引导车辆顺利通过转换区域。

(5)锥形筒设置除上游过渡区延伸段按20m间距布置外,其余按斜线段不超过3m、直线段不超过2个/15m的标准布设。

(6)标志牌主要设置于施工作业控制区域。标志牌设置高度要求其下沿离地面高度应不低于50cm,并起到良好的视线诱导作用。警告区标志牌位置应以不阻碍行车安全、保证车辆顺畅为原则。

(7)同一区域超过12h或长下坡、弯道区域占用行车道的施工作业,必须增设强制减速、防撞等安全防护设施。

(8)作业工期超过10d以上的,均应在作业控制区的缓冲区适当位置增设施工告示,自觉接受社会监督。

(9)实施大流量路段或工期在10d以上的半幅双通、间断放行等交通管制时,必须在上游过渡区以前增设可适时传输的摄像设备,用于监控路面车流动态。

(10)隧道实施单道双通时间超过72h,应采用嵌入式隔离柱进行车道分隔,并按不低于1道/km的频率增设减速装置。

(11)施工作业现场有较大危险源或重要设施设备(如检测设备等)时,应设置明显的安全警示标志。

4.施工作业控制区布置

1)施工作业控制区组成

施工作业控制区一般由警告区、上游过渡区、缓冲区、工作区、下游过渡区、终止区组成。

占用超车道的施工作业控制区需在上游过渡区前段增设过渡区延长段,其中:警告区长度(S)≥1600m,上游过渡区延长段长度≥200m,上游过渡区(L_s)长度≥200m,缓冲区长度(H)≥50m,工作区(G)长度视情况而定,下游过渡区≥(L_x)30m,终止(Z)区≥30m。

2)施工作业控制区布设标准

施工作业控制区应结合作业内容和要求、路段特点、时间和周期、交通流状况、交通管制方式等因素布设。

5. 施工现场管理

1)现场人员管理

现场人员按照工作职责分为施工作业人员、标志及交通维护人员、管理人员三类。现场人员应遵守下列规定:

(1)接受专门的工前安全教育和作业规程培训,并按规定办理保险。

(2)严格按规定着装。

(3)严禁搭乘货车车厢进出施工现场。

(4)严禁随意横穿高速公路、在作业区外活动或将任何机具和物料置于作业控制区外。

(5)禁止在施工作业区域内休息、娱乐、嬉闹、打架斗殴,严禁饮酒后上岗。

(6)不得有违反高速公路安全管理的其他行为。

2)作业设备管理

(1)施工作业车辆标识和颜色应满足《公路养护安全作业规程》(JTG H30—2015)的规定要求,并保持警示装置完好。

(2)施工车辆及设备操作人员必须持证上岗。

(3)施工车辆及设备严禁被违法操作穿越中央分隔带、掉头和逆向行驶。

(4)施工车辆及设备应从"施工车辆入口"进出施工区域,并主动避让正常行驶的车辆。

(5)施工车辆及设备应按规定停放在施工作业区域或安全区域内,不得在施工作业区域外随意停放。

(6)施工车辆及设备在施工区域内时速不得超过30km/h,倒车时必须开启车窗并关闭车内音响。

(7)施工车辆必须规范装载,确保装载物不会掉落、遗撒或飘散污染路面和环境。

(8)施工车辆及设备停放必须设置规范的警示标志,夜间停放应配置频闪装置。

3)安全及交通维护管理

(1)作业单位必须按照规定要求完成作业申报并经许可后,才能上路作业。

(2)路面施工需要进行交通分流、管制等措施时,必须事前与辖区执法部门协调,在执法部门监督、指导下完成。

(3)作业单位必须严格按经审查同意的施工组织方案、交通组织方案及相关安全生产规定进行施工作业。

(4)在完成作业控制区布置后,相关单位应对控制区安全控制措施进行评估。对同一作业区域改变交通流方向持续时间超过10d的,安全评估应由高速公路执法机构、高速公路经营管理单位和施工作业单位共同开展,并出具书面评估意见。

(5)不准擅自变更作业控制区域或扩大作业范围。

(6)夜间施工作业时或夜间不能撤出施工现场时,必须在工作区和交通转换点设置照明灯,其照明必须满足施工作业和车辆转换要求,并覆盖整个工作区域。

(7)在交通管制期间,施工单位必须按规定配备昼夜专职安全管理人员和现场标志(交通)维护人员。

现场标志维护人员配置标准:占道施工不少于 2 人/km;半幅双向施工不少于 2 人/km,且上游过渡区应设置专人负责。间断放行人员配备应依据现场实际情况设置并不低于半幅双向通行配备标准。

相关工作要求:

①标志(交通)维护人员应严格按规定着装并配备相关器械,确保24h有人在岗的状态。

②负责对施工现场的交通标志、标牌等设施进行规范、维护、清洁,对破损的标志应及时更换,原则上锥形筒更换频率应低于7d,雨天更换频率应根据标志效果确定,以确保标志完整、齐全、有效。

③对施工现场进行巡查,车流量高峰时段不低于 2 次/h,车流量低峰时段不低于 1 次/h。

④向施工现场安全负责人和执法机构报告路段突发事件,并配合执法机构维持突发事件现场的交通秩序。

(8)施工单位安全负责人应加强现场安全检查,发现隐患,及时整改。

(9)施工作业控制区 500m 范围内禁止设置施工作业人员居住、休息场所。

4)文明施工管理

(1)各区域内的现场材料、物品和机具应做到堆放有序,防抛撒、防扬尘等措施到位。在施工作业点应当采取隔离措施,防止飞溅、洒落物件干扰行车。易燃、易爆物品应分类单独存放,并随时清理。

(2)作业时间较长的施工作业(单道双通、间断放行等),应在施工作业区域两端设置管理帐篷。

(3)在同一施工区域作业时间超过 30d,应实行围挡封闭施工。

(4)施工作业现场材料、垃圾、油污等必须及时清运,不得超过 12h,做到工完、料净、场地清。

5)施工现场应急处置

(1)施工作业单位应设置现场应急抢险保通队伍,并配备必要的抢险工具,在施工区域出现交通事故、车辆堵塞时配合高速公路执法机构或业主单位实施事故清理、交通管制和车辆疏导等工作。

(2)施工现场出现车辆抛锚、车辆倾覆、交通事故、交通堵塞等紧急情况时,施工作业单位应及时组织人员维护现场交通秩序,实施交通标志调整、临时指挥和疏导工作。若现场不能处置,应立即通知营运管理单位或高速公路执法机构人员到场处置。

(3)对大流量路段车辆运行高峰期的施工作业,高速公路执法机构应及时到施工现场会同经营管理单位、施工作业单位维护正常通行秩序。

(4)实施交通分流和管制的项目施工,原则上必须在施工区域内保留临时应急通道,或做好保证施工现场通畅的临时性应急措施准备(如临时斜坡垫等),供车流高峰期以及发生堵塞或重大交通事故时社会车辆应急通行,确保高速公路的安全、畅通。

(5)涉及长下坡、弯道、匝道等较多的施工路段,必要时可采取间断交替放行、借道或改道的交通管制方式,并在各道口设置人员进行交通引导。

(6)施工现场严格实行紧急情况报告制度,出现重大险情或事故,应按有关规定程序及时上报。

6)交通组织图示

隧道外侧封闭时的施工作业如图 8-1 所示,隧道内侧封闭时的施工作业如图 8-2 所示,双洞单向交通单洞全车道封闭施工作业如图 8-3 所示。

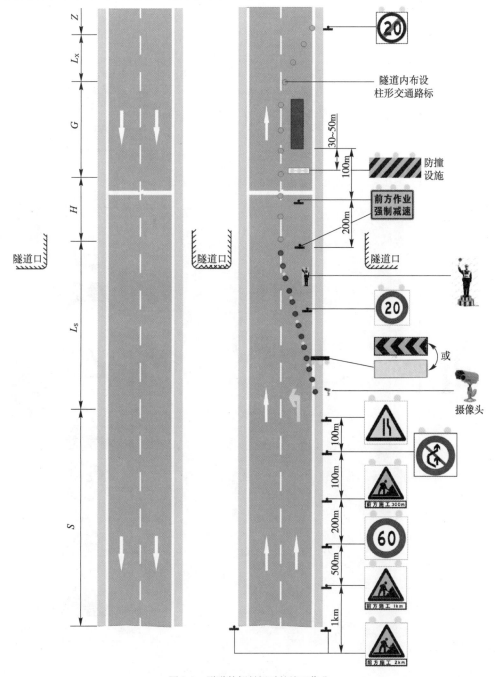

图 8-1　隧道外侧封闭时的施工作业

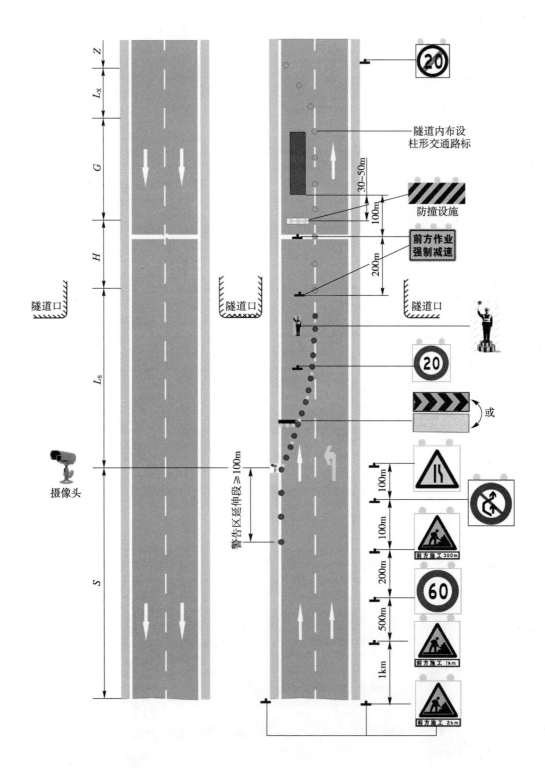

图 8-2 隧道内侧封闭时的施工作业

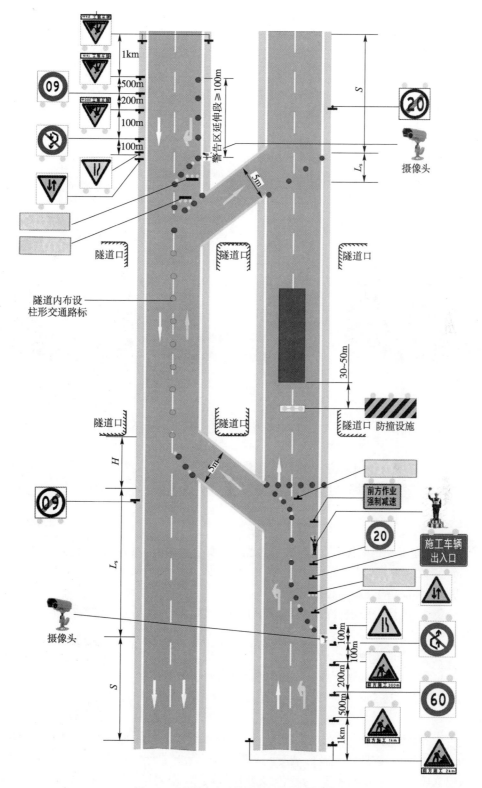

图 8-3 双洞单向交通单洞全车道封闭施工作业

7)现场人员着装规范图例

(1)施工作业人员着装:带有反光标志的橘红色工作套装(图8-4)。

(2)交通及标志维护人员着装:穿着安装有LED警示灯的绿色反光背心,佩戴红色安全帽、安全袖标、持荧光棒或小红旗。夜间施工须开启绿色背心上的LED警示灯和荧光棒(图8-5)。

(3)管理人员着装:着绿色反光背心(图8-6)。

图8-4 施工作业人员　　　图8-5 交通及标志维护人员　　　图8-6 管理人员

第二节 运营铁路隧道施工安全管理

运营铁路施工安全管理需遵守中国铁路总公司颁布的《营业线铁路安全施工管理规定》(280号)以及各铁路局、铁路公司制订的相应细则。

一、基本原则

(1)营业线施工要把确保安全放在首位,坚持"安全第一,预防为主,综合治理"的方针。

(2)按照"逐级负责,分工负责,岗位负责"的要求,对影响行车和施工安全的每个环节,都必须强化管理,确保行车、人身和施工安全。

①逐级负责:就是按照项目部(决策管理层)、工区(管理执行层)、作业队(执行层)三级管理模式逐级负责。

②分工负责:就是按照生产、安全、技术、物资供应、资金保障等管理系统进行分工负责。

③岗位负责:就是认真履行管理岗位与生产岗位的岗位职责。

(3)营业线隧道施工必须按照规定的施工项目与施工等级组织实施,明确管理责任、落实监控制度。

施工等级:高速铁路施工分Ⅰ、Ⅱ、Ⅲ级管理,按照影响程度及施工项目划分;普速铁路施工分Ⅰ、Ⅱ、Ⅲ级管理,按照线别及影响时间划分;邻近营业线天窗施工分A、B、C、D类管理。

必须建立施工等级的概念,因为它涉及管理权限、管理要求、施工时间、审批流程等诸多事项。

二、基本概念

1. 铁路营业线施工

动用或占用运营线路从而影响营业线设备稳定、使用和行车安全的各种施工作业。

2. 铁路营业线分类

高速铁路:设计速度 200km/h 以上的新建铁路。

普速铁路:普速铁路分为繁忙干线、干线和其他线路。

3. 天窗

天窗是指列车运行图中不铺画列车运行线或调整、抽减列车运行线为施工和维修作业预留的时间。按用途分为施工天窗和维修天窗。

各条线路天窗时间和位置在编制列车运行图时确定,因施工、维修需要临时调整高速铁路、繁忙干线和影响跨局运输的干线天窗时,必须报中国铁路总公司运输局批准。

4. 营业线施工项目

营业线施工项目共 16 项,涉及隧道施工的项目有 4 项:

(1)在规定的安全区域内实施爆破作业,在线路隐蔽工程上作业,影响路基稳定的各种施工。

(2)线路大中修,路基、桥隧涵大修及大型养路机械施工。

(3)高速铁路线路、路基、桥隧涵病害整治,更换轨枕及道岔主要部件等施工。

(4)其他影响营业线设备稳定、使用和行车安全的施工。

5. 高速铁路施工等级

Ⅰ级施工:超出图定天窗时间且需要调整图定跨局旅客列车开行的大型施工。

Ⅱ级施工:不需要调整图定跨局旅客列车开行(含确认列车)的大型施工。

Ⅲ级施工:除Ⅰ级、Ⅱ级施工以外的各类施工。隧道整治一般属于Ⅲ级施工。

6. 普速铁路施工等级

Ⅰ级施工:繁忙干线施工封锁中断行车 5h 及以上,干线施工封锁中断行车 6h 及以上。

Ⅱ级施工:繁忙干线施工封锁中断行车 3h 及以上,干线施工线封锁中断行车 4h 及以上。

Ⅲ级施工:除Ⅰ级、Ⅱ级施工以外的各类施工。隧道整治一般属于Ⅲ级施工。

7. 施工例会

营业线施工必须在施工前召开施工例会。

Ⅰ级施工例会:由施工协调小组负责召集,路局分管运输副局长主持。

Ⅱ级施工例会:由施工协调小组负责召集,施工协调小组主任主持。

Ⅲ级施工例会:可由车务段(直属站)召集并主持。

8. 营业线施工登销记

(1)高速铁路施工登记:在调度所登记的施工作业,驻调度所防护员于开始前 60min,在调度所调度台"行车设备施工登记簿"内登记,列车调度员负责签认;在车站登记的施工作业,驻站防护员于开始前 60min,在车站"行车设备施工登记簿"内登记,车站值班员负责签认。

(2)普速铁路施工登记:由施工负责人于施工开始前 40min 在车站"行车设备施工登记簿"(运统 46)内登记,通过车站值班员向路局列车调度员申请施工。

(3)施工销记：施工作业完成后，经施工、设备管理单位检查达到放行列车条件，应及时向车站值班员办理销记手续。销记时由施工单位负责人（驻站、驻调度所防护员）组织施工及配合单位分别进行销记签名，车站值班员（或列车调度员）核对签认无误后，按规定开通线路。

9.施工限速

施工单位应根据铁道部和铁路局规定的限速标准，准确设置限速标志。

施工影响需限制列车运行速度时，施工单位应于每日8:00前向所在工务段调度报告次日限速地点、起止时间和限制速度，速度160km/h（不含）以上区段还应注明施工地段邻线是否限速。

三、施工管理的责任划分

1.路局施工领导小组

路局设立施工领导小组，按照管理权限、施工等级负责施工管理和施工安全工作。路局施工领导小组下设施工领导小组办公室，负责对全局营业线施工方案的审定，施工管理的监督、检查和指导工作。

2.路局施工协调小组

职责：一是负责审定相应施工等级的施工方案、施工过渡方案、施工安全组织措施等；二是负责组织相关部门和单位协调并解决营业线施工、运输、安全等问题；三是负责施工现场的组织协调工作；四是负责组织召开施工例会和总结会。

Ⅰ级施工协调小组：由分管运输副局长、有关分管副局长（总工程师）担任施工协调小组正、副组长，成员由行车组织、设备管理、建设、设计、施工、监理、安监、公安、施工办等有关部门和单位负责人组成。

Ⅱ级施工协调小组：由施工办主任担任施工协调小组组长，有关主管处、室负责人担任施工协调小组副组长，成员由行车组织、设备管理、建设、设计、施工、监理、安监等有关部门和单位主管人员组成。

Ⅲ级施工协调小组：由车务段或直属站分管副段长（副站长）担任施工协调小组组长，设备管理单位分管副段长担任施工协调小组副组长，建设项目由建设项目管理机构分管负责人担任施工协调小组副组长，成员由行车组织、设备管理、建设、施工、监理等有关单位成员组成。Ⅲ级施工方案由路局主管业务处、室把关，有关业务处、室共同审定。

3.建设单位施工管理责任

(1)铁路公司成立营业线施工管理领导小组，公司总经理任施工领导小组组长，副总经理任副组长，成员为工程部、安质部、四电与物资设备部、计财部及指挥部。

职责：负责对营业线Ⅰ级施工方案、施工计划、施工安全组织措施的预审；负责组织有关部门和单位协调解决营业线施工管理相关事宜；负责施工现场组织协调、监督检查、问题处理等相关工作。

(2)指挥部成立营业线施工管理小组：指挥长任施工管理小组组长，副指挥长任副组长，成员为各专业负责人。

职责：负责对营业线Ⅱ、Ⅲ级施工方案、施工计划、施工安全组织措施或安全协议的预审；负责组织有关单位协调解决营业线施工管理相关事宜；负责施工现场组织协调、监督检查、问题处理等相关工作。

4. 设计单位施工管理责任

设计单位在设计文件中,必须明确施工期间营业线的行车安全条件,施工影响范围内各种行车设备的状况,对所涉及的行车设备的防护措施,以及为确保行车安全必须采取的施工工艺和指导性施工安全方案等。

5. 监理单位施工管理责任

监理单位要认真履行监理合同,按旁站监理的原则监督施工单位按设计标准和有关规范、规定施工,及时防范施工中的安全隐患,彻底消除因施工质量不良给行车安全留下的隐患。

静态管理重点:①施工方案及相关手续;②安全培训;③人员资质。

动态管理重点(现场旁站检查、旁站重点):①驻站及现场防护员是否配备到位并持证上岗;②作业时间、作业内容、施工范围、施工方案是否按照铁路局批准的施工计划执行;③各项施工安全措施执行落实情况。

6. 施工单位施工安全管理责任

(1)建立健全施工安全保证体系:一是制订营业线施工安全管理、考核办法,明确管理要求,落实管理责任;二是配备营业线施工安全管理人员,履行施工安全管理和日常检查的职责;三是对参加营业线施工人员进行施工安全教育培训。

(2)明确施工负责人:Ⅰ级施工由标段负责人担当,Ⅱ级施工由标段副职担当,Ⅲ级施工由分项目负责人担当。施工负责人对施工项目的安全工作全面负责。项目经理、副经理,安全、技术、质量等主要负责人必须经铁路局主管业务处室进行营业线施工安全培训,不允许未经培训或培训不合格的人员担任上述职务。

(3)主要作业人员培训:安全员、防护员、爆破员、带班人员、工班长必须经过铁路局主管业务处组织培训并持证上岗。未经培训或培训不合格人员担任上述工作,要追究施工单位领导的责任。

(4)施工单位在施工前,提前向设备管理和使用单位进行技术交底,特别是影响行车安全的工程和隐蔽工程。

(5)严禁超范围作业。

(6)施工完成后,必须达到放行列车条件并经设备管理单位确认后,方可申请开通线路。

(7)施工单位应对营业线既有设备、设施采取可靠措施进行防护,防止施工中造成破坏。

(8)因施工造成既有设备发生损坏时,施工单位应及时组织抢修,尽快恢复正常使用。

(9)工程车、轨道车、施工机械等自轮运转特种设备上线运行必须符合铁路行业有关规定。

四、营业线施工安全管理的相关手续

1. 施工方案

(1)施工方案涵盖内容:施工项目及负责人、作业内容、地点和时间、影响及限速范围、设备变化、施工方式及流程、施工过渡方案、施工组织、施工安全和质量保障措施、施工防护办法、列车运行条件、验收安排、施工安全协议书等。同时还应提供施工图纸及审查意见等相关资料。

(2)施工方案报审程序:施工方案由施工单位制订,经相关设备管理单位会签后,按照施工等级管理权限报指挥部或公司进行预审,最后报铁路局主管业务处室。

(3)施工方案最终审定:施工方案由铁路局主管业务处负责组织审查,初步确定施工等级。Ⅰ、Ⅱ级施工分别报Ⅰ、Ⅱ级施工协调小组审定,Ⅲ级施工由主管业务处(室)把关、有关业务处(室)共同审定。

(4)危险性较大工程:对拆除及爆破等超过一定规模的危险性较大工程项目,施工单位要按规定编制施工专项方案,并组织专家组进行论证;对特殊设计,应有设计单位出具验算结果。施工专项方案未经专家组论证认定可行,不得进行施工方案审查。

2.施工安全协议

(1)施工安全协议报审程序:施工方案审核通过后,施工单位与设备管理单位和行车组织单位按施工项目分别签订施工安全协议,按照施工等级管理权限报指挥部或公司审核同意,最后报路局主管业务处审查批准,并加盖本部门公章。

(2)施工安全协议基本内容。基本内容应包括:

①工程概况(施工项目、作业内容、地点和时间、影响范围)。

②施工责任地段和期限。

③双方所遵循的技术标准、规程和规范。

④安全防护内容、措施及专业结合部的安全分工(根据施工地点、专业实际情况,由双方制定具体条款)。

⑤双方安全责任、权利和义务(包括共同安全职责和双方各自安全职责)。

⑥违约责任和经济赔偿办法(包括发生铁路交通责任事故时双方所承担的法律责任)。

⑦安全监督检查和基建、更新改造项目配合费用。

⑧法律法规规定的其他内容。

3.施工计划

(1)营业线施工计划编制与报审。施工计划由施工单位负责编制,按照施工等级管理权限报指挥部或公司预审同意,并经施工配合单位、设备管理单位及行车单位依次会签后,于每月5日前将会签完的次月施工计划上报局主管处室审查。

(2)月度施工计划的收摘。各单位收到月度施工计划(含电子版)后,须立即组织有关技术管理人员,对与本单位有关的施工计划电子版内容进行核对,确认无误后摘录下发至有关处所,发现问题及时局向主管处室和运输处反馈,并提出修改意见。

4.防护员培训

铁路局安全监察室负责培训防护员。

5.施工机械、车辆准入手续

凡施工机械、车辆进入站内或铁路线路安全保护区内施工作业,施工单位必须与行车和设备管理单位签订《施工安全协议》,并经车务段或安监室批准。

五、营业线施工安全管理的相关规定

1.制订风险控制措施,落实风险管理责任

营业线施工必须纳入施工、监理、设计、建设单位安全风险管理,加强风险研判与控制,针对不同的风险阶段、风险项目、风险工点、风险因素、风险等级,制订风险控制措施,落实风险管理责任。

2. 施工负责人职责

(1)负责施工现场的组织指挥工作。

(2)负责检查施工前和开通前的各项准备工作,确认放行列车条件等。

(3)负责检查落实施工例会确定的各项事宜。

(4)负责协调解决施工中发生的问题。

(5)负责确保施工任务在规定的时间内完成。

(6)负责总结分析施工组织、进度和安全等情况。

3. 施工现场监管监控

施工、监理、建设单位必须派驻得力干部现场跟班监控,明确监控部位、监控重点、监控要求,并形成监控记录。专业监理工程师必须进行全过程旁站。

4. 施工现场作业防护

(1)施工单位要在车站(调度所)设驻站(调度所)防护员,施工地点设现场防护员,驻站(调度所)防护员和现场防护员应由经过考试合格的人员担当。驻站(调度所)及现场防护员不得临时调换,并按有关要求做好防护工作。

(2)作业过程中,驻站(调度所)防护员与现场防护员必须保持通信畅通并定时联系,确认通信良好,掌握施工现场和列车运行情况,做好本线及邻线通过列车时的安全防护。发现异常及联控通信中断,作业负责人应立即命令所有作业人员下道,并及时通知车站值班员(列车调度员)和施工负责人。

(3)铁路局各设备主管部门应制订驻站(调度所)、现场防护员及施工负责人之间的联控办法,明确通信设备管理要求,对联控时机、联控内容、联控对象、联控标准用语及复诵确认等环节进行规范。

(4)现场防护员在开始作业前必须佩戴齐全防护用具,在指定位置安设固定或指定的防护标志和防护设施。现场防护员应根据施工作业现场地形条件、列车运行特点、施工人员和机具布置等情况确定站位和移动路径,并做好自身防护。

5. 既有设备、设施核查与防护

(1)设计单位在设计文件中,必须明确施工影响范围内各种行车设备的状况、防护措施,以及为确保行车安全必须采取的施工工艺和指导性施工安全方案。

(2)设备管理单位应积极协助设计和施工单位核查既有设备情况,提供地下管、线、光电缆等隐蔽设施的准确位置。无法提供准确位置时,由设计单位会同施工、设备管理单位共同探查、核实,划定防护范围。并在签订安全协议时,明确各方安全责任。

(3)施工单位对既有设施应采取可靠的防护措施,防止施工中造成损坏。

(4)施工单位和设备管理单位要经常监视既有设备,发现异常必须立即停工处理,确认对既有设备无影响后,方可继续施工。因施工造成的损坏,施工单位应负主要责任。

(5)因施工造成既有设备发生损坏时,施工单位应立即报告设备单位的现场防护员,并及时组织抢修,设备管理单位应积极配合,尽快恢复正常使用。

6. 施工过程管理

施工单位要严格执行铁路安全生产各项规章制度,按照"不侵入、不破坏"的安全管理要求,针对以下问题制订安全制度,坚决杜绝下列问题发生:①施工前超范围准备;②施工中挖断光电缆;③爆破损坏行车设备;④作业车辆溜逸;⑤轨道车辆违章行驶;⑥施工后线路未达到放行列车条件违章放行列车;⑦开通后整修线路不及时;⑧机械和料具侵限;⑨使用封连线和违章使用手摇把。

7. 施工区域及施工机械、施工路料管理

(1)站内施工区域必须与行车线路、旅客站台及通道进行物理隔离,作业人员、机具、材料禁止进入防护区域。

(2)施工便道必须与营业线和固定设备留有一定的安全防护距离,邻近时必须对接触网立柱、供电线杆等固定设备,并进行牢固的围挡防护。

(3)施工机械、施工路料原则上不得在防护网内存放,施工结束后现场必须做到工完、场清、料净。

(4)严禁施工单位经未封锁的线路跨线搬运笨重路料和设备,两线间不准存放任何工具和材料。

(5)使用机械、机动车辆在站内作业时,必须按指定路径行驶,在指定范围内作业。施工时必须在既有线侧留出足够安全距离,靠近正线、到发线作业,安全距离必须保证5m以上,设置安全警示绳。机械、车辆等在站内静态停留时,必须停在指定地点,留人看守。

(6)施工单位必须严格实行各类机械施工作业一机一人全程跟护制度。凡从停留地驶向施工地,或者在施工区域往返运行,必须经设备管理单位同意,由施工单位的防护人员随车监护。施工作业时,驾驶室要配备能听清防护员指令的对讲机。驻站防护员要及时向现场防护员通报两线(一侧时为邻线)列车运行情况;现场防护员接到来车通知后,必须立即通知司机停止作业;机动车辆必须停在安全可靠地点;起重机、挖掘机司机接到通知后,必须及时将吊臂(挖掘臂)转向至与邻线平行方向;现场防护人员、监控人员要检查确认,严防侵限。

(7)施工机械在站台作业时,必须留出足够保证旅客安全乘降的通道,在距站台边缘2m处设立警示绳,在作业范围设立围挡和标有"此处施工,注意通行"的警示牌,必须有专职防护员防护,机械设备、车辆作业不能侵限。当日施工结束,移动式机械、车辆不得在站台停留。施工车辆在站台走行必须按车站指定路线行驶,速度不得超过10km/h。

8. 营业线施工安全专项检查

(1)检查施工安全管理。包括施工方案、安全措施、安全协议、施工计划、施工签认、人员培训、持证上岗、应急预案、大型设备准入等管理要求是否按规定执行落实。

(2)检查"不侵入、不破坏"安全防控措施是否落实。重点包括线路监测、线路物理隔离,既有设备安全防护,跨越部位封闭防护,人员、机具、设备材料侵限等问题。

(3)检查施工作业监控是否到位。包括现场防护员、驻站防护员、监控干部、旁站监理等是否按规定落实。

第三节　运营铁路隧道整治施工组织

一、运营隧道施工组织的特点

(1)对隧道缺陷或病害整治一般利用天窗进行整治,普速铁路施工天窗时间每天不超过

3h,高速铁路夜间安排综合天窗,时间为 5~6h。

(2)危及行车安全的隧道病害,封锁整治时,需 24h 连续作业,投入的人员、机械设备较大,以便尽早开通线路,减少对铁路运营的影响。

(3)隧道整治一般按照综合整治方法,对一个区间隧道的所有缺陷及病害进行流水作业整治。

(4)整治涉及的单位和部门较多,需建设单位或工务部门牵头组织与协调。

(5)整治的质量和安全要求高,每个天窗点施工结束后均需达到铁路线路开通条件要求。

(6)整治施工主要有建设或工务、设计、施工和监理等整治责任单位,施工配合的主要部门和单位有调度、车务、工务、供电等。

二、施工组织设计编制原则

(1)施工组织:统筹安排施工,做到均衡生产,采用先进的组织管理技术,提高施工机械化程度,降低成本,提高劳动生产率,减轻劳动强度。

(2)管理人员和施工队伍:组织精干、高效的项目管理机构,选派具有运营铁路隧道施工经验的管理人员和工程技术人员组成强有力的项目领导班子。调集具有隧道病害工程施工经验的专业化施工队伍参加施工。

(3)机械设备配套:采用先进的机械设备,组成配套合理、高效的机械化作业线,充分发挥设备的生产能力。

(4)施工工艺:针对运营线路特点和病害类型,编制针对性的施工工艺,并严格按照各分项工程施工工艺、施工方法进行施工。

(5)在安全保证措施方面,建立安全岗位责任制,切实落实施工"三检制(施工前、施工中和施工后均要进行安全检查)",严控所有施工项目在施工天窗点内施工,严禁施工延点,确保施工人员及行车安全。

三、整治方案的主要内容

1. 整治原则

(1)隧道缺陷和病害整治应结合衬砌裂损、厚度不足、脱空、剥离、渗漏水等统筹考虑,按照综合治理、不留后患的原则进行。

(2)整治方案力求简单、有效,最大限度地减少对铁路运输生产的影响。

(3)整治后满足隧道结构安全及使用功能。

2. 封锁天窗

(1)向路局提报施工天窗计划,每天施工天窗 3h,电气化隧道接触网停电。

(2)隧道所有施工作业项目,全部安排在施工天窗内施工,严禁施工天窗点外作业。

3. 施工作业方法

(1)隧道施工作业由轨道车为作业提供作业平台,全部作业项目均在作业台车上完成。

(2)轨道车作业台车由 2 台主机连挂 3 个平板车组成,作业台车为平板车上搭设脚手架、铺设工作平台构成,施工机具设备、材料均放置在轨道车平板上。

(3)施工作业严格按照区间封锁后台车进入,区间封锁结束做到工完、料清、人撤离、台车返回车站。

(4)作业点距离隧道口较近时,可采用现场搭设脚手架方式整治。

4.整治措施

(1)结构加固:对隧道衬砌空响、空洞、二次衬砌厚度不足、衬砌裂损等缺陷或病害,衬砌安全等级达到A1级、AA级的,根据缺陷或病害的部位、范围、严重程度进行综合整治,主要措施有:

①采用凿出、植筋、锚固、钢筋混凝土嵌补修复。

②采用W钢带、R25N自进式中空注浆锚杆结合喷混凝土进行加固修复。

③采用锚喷网进行结构加固。

④对隧道裂缝进行锚杆加固。

(2)衬砌背后空洞处理:对衬砌背后脱空或不密实地段采用回填注浆处理。

(3)裂缝处理:对衬砌裂缝采用贴嘴注环氧树脂方法进行裂缝嵌补。

(4)渗漏水处理:按照以排为主,排堵结合的原则进行引排和注浆治理。

四、整治进度安排

采用施工天窗施工需精确计算施工时间,按照施工天窗时间为180min,每天施工准备工作(包括从车站至施工现场、电力地线接挂、台架起升、接触网、漏缆等保护)30min,结束前30min开始撤场清理工作(包括接触网、通信漏缆保护拆除、接地线接地拆移、施工现场清理、人员撤场等工作),每个天窗点实际施工时间120min。

单个天窗点施工作业循环时间分析见表8-1。

单个天窗点施工作业循环时间分析　　　　表8-1

作业工作	施工准备	施工作业	撤场准备
作业内容	人员、施工台架运输、升高、机具准备、设备保护	按照施工作业计划进行每日的施工任务	拆除设备保护、人员、施工台架撤场
作业时间	30min	2h	30min
累计循环时间	30min	2.5h	3h

1.开槽引水施工

拱部开槽引到边墙底,开槽深度10cm,开口宽度采用切割机切割并剔除成内宽外窄倒梯形结构,外口宽10cm,开口完成后进行打设引水孔,每边4个引水孔,安装引水管,并埋设半圆形塑胶管,涂堵漏剂及防水涂层,最后抹砂浆。

开槽引水施工作业循环时间分析见表8-2。

每处开槽引水施工作业循环时间分析　　　　表8-2

作业名称	开槽	打设引水孔	安装引水管	埋半圆形塑胶管	涂堵漏剂及防水涂层	抹砂浆
作业时间(h)	3.5	0.5	0.5	1.5	5	2
累计循环时间(h)	3.5	5.5	6.0	7.5	12.5	14.5

注:考虑到由于一个施工缝单边位置作业面较小,无法进行搭接施工,半边施工缝开槽引水循环时间共计14.5h,一天作业时间为2h,一组作业人员施工一处施工缝的开槽引水工作需8个天窗点。

2. 自进式锚杆施工

锚杆施工在引孔完成后进行,采用液压凿岩机械(配备锚杆与钎尾套)钻孔,至设计深度;锚杆安装完成后进行注浆作业,并进行锚杆锚固。锚杆施工作业循环时间分析见表8-3。

锚杆施工作业循环时间分析(单根)　　　　　表8-3

作业名称	钻孔(及锚杆安装)	注浆锚固
作业时间	15min	0.5h
累计循环时间	15min	0.75h

注:单根锚杆循环时间共计0.75h,一个天窗点实际有效作业时间为2h,每个点一组作业人员可施工2.6根锚杆。

3. 喷锚施工

喷锚施工包含混凝土凿毛、挂网、喷射混凝土等作业。作业循环时间分析见表8-4。

锚喷施工作业循环时间分析($1m^2$)　　　　　表8-4

作业名称	混凝土凿毛	挂网	喷射混凝土	防水处理
作业时间	30min	15min	30min	15min
累计循环时间	30min	45min	75min	1.5h

注:一组作业人员2名,每小时可凿毛混凝土约$0.5m^2$,每凿毛处可安排8名作业人员,累计循环时间2.5h,一个天窗点实际有效作业时间为2h,每个点一组作业人员可施工$0.8m^2$。每平方米喷射混凝土施工约需1.25个天窗点。

4. 钢带施工

钢带施工包含钢带安装、上螺母、刷防锈漆、刷面漆及接地处理施工等作业。如一处工作量为W270钢带,共7根,3.2m/根;270平钢带,共6根,3.8m/根。作业循环时间分析见表8-5。

钢带施工作业循环时间分析　　　　　表8-5

作业名称	平带安装	连接与紧固	刷防锈漆	刷面漆	接地处理
作业时间(h)	1.0	0.3	0.2	0.2	1
累计循环时间(h)	1.0	1.3	1.5	1.7	2.7
作业名称	W270安装	连接与紧固	刷防锈漆	刷面漆	接地处理
作业时间(h)	2.0	0.3	0.2	0.2	1
累计循环时间(h)	2.0	2.3	2.5	2.7	3.7

注:每组钢带按先装平钢带、再装W钢带施工,平钢带循环时间共计2.7h,W钢带共需3.7h,一天作业时间为2h,每组钢带需3.2个天窗点。

5. 裂缝处理施工

裂缝处理施工包含清理混凝土表面、封胶带、打孔、环氧树脂注浆、水泥基渗透结晶型防水涂料涂刷、水泥砂浆抹面等作业。作业循环时间分析见表8-6。

裂缝处理施工作业循环时间分析　　　　　表8-6

作业名称	混凝土表面清理	封胶带	打孔、安装注浆嘴	环氧树脂注浆	清理及封堵注浆孔	刷水泥基渗透结晶型涂料
作业时间(h)	0.2	0.1	1	1.7	0.3	0.2
累计循环时间(h)	0.2	0.3	1.3	3.0	3.3	3.5

注:1条裂缝平均长度5m,每条裂缝处理循环时间共计3.5h,考虑作业时间的搭接施工,一天作业时间为2h,每条裂缝需1.75个天窗点。

6. 不密实区域水泥砂浆注浆施工

每处不密实区域施工至少3个注浆孔,不密实区域水泥注浆施工包含钻注浆孔、预埋注浆管、注浆、封堵注浆管等作业。作业循环时间分析见表8-7。

单个注浆孔水泥注浆施工作业循环时间分析(不密实区域)　　　　表8-7

作业名称	打注浆孔	预埋注浆管	注浆	封堵注浆管
作业时间(h)	0.2	0.3	1	0.5
累计循环时间(h)	0.2	0.5	1.5	2

注:每个不密实区域施工需1个施工天窗点。

7. 混凝土嵌补施工

混凝土嵌补施工分6项作业内容,包含凿除混凝土、防水板补焊、植筋、立模板、浇筑混凝土、补充注浆等作业。作业循环时间分析见表8-8。

空洞灌混凝土施工作业循环时间分析(左右分块)　　　　表8-8

作业名称	凿除混凝土	防水板补焊	植筋	立模	浇筑混凝土	补充注浆
作业时间(h)	5	2	3	3	3	2
累计循环时间(h)	5	7	10	13	16	18

注:空洞分块施工循环时间共计18h,一天作业时间为2h,一组作业人员施一循环空洞施工工作需9个施工天窗点。

五、整治人力投入

劳动力需由熟练技术工人组成,根据不同项目实行专业化施工,充分发挥专业优势和机械作用。人数根据缺陷整治工程的实物工程数量和进度安排以及配备的机械设备,结合工程专业特点和现代科学管理理论进行配置。技术工种、特殊工种持证上岗,其他工种按比例配备足够的熟练工。如一处综合隧道衬砌整治人员配置见表8-9。

一处综合隧道衬砌整治施工队伍配置及施工任务划分　　　　表8-9

序号	名称	人数	施工任务
1	项目部人员	8	全面负责组织实施、调度指挥、施工管理、进度控制、安全管理、对外协调等组织指挥工作
2	开槽引水工班	4	负责开槽引水施工,包括开槽、打设引水孔、安装引水管、埋半圆形塑胶管、涂堵漏剂及防水涂层、抹砂浆工作
3	喷射混凝土工班	8	负责混凝土凿毛、钢筋网挂设、喷射混凝土施工
4	自进式锚杆工班	9	负责锚杆施工任务,包括打眼(及锚杆安装)、注浆锚固工作
5	钢带安装工班	4	负责钢带安装施工任务,包括安装、连接与紧固、刷防锈漆、刷面漆、接地处理工作
6	裂缝处理工班	3	负责裂缝处理任务,包括混凝土表面清理、封胶带、环氧树脂注浆、涂刷水泥基渗透结晶型、水泥砂浆抹面工作
7	不密实区域注浆工班	4	负责施工中不密实区域注浆任务,包括打注浆孔、预埋注浆管、注浆、封堵注浆管工作
8	混凝土嵌补施工工班	10	负责空洞施工任务,包括凿除混凝土、立模、浇筑混凝土工作
9	综合工班	15	负责材料运输、拌混凝土、拌砂浆等所有零星任务
10	防护工班	7	负责所有安全防护任务

注:表中劳动力人数根据施工模式与病害状况调整。

六、整治设备投入

(1) 施工天窗模式:隧道内衬砌加固和注浆施工主要施工机械设备见表8-10。

主要施工机械设备 表8-10

序号	设备名称	规格型号	单位	数量	备注
一、锚喷设备					
1	液压钻机或风钻	YYTZ-28 或 YT28	台	若干	需备用
2	取芯钻		台	若干	需备用
3	手拉葫芦		台	1	
4	电焊机	500A	台	2	
5	切割机		台	4	1台备用
6	电锤		台	若干	
7	手电钻		台	若干	
8	磁力钻机		台	1	钢带钻孔用
9	射钉枪		台	若干	1台备用
10	手提式切割机		台	若干	1台备用
11	混凝土喷射机		台	2	1台备用
12	内燃空压机		台	1	
二、运输设备					
1	轨道车		台	2	
2	轨道平板车		台	3	
三、注浆设备					
1	水泥浆注浆机		台	2	1台备用
2	变频水泵		台	3	1台备用
3	普通水泵		台	2	
4	砂浆注浆泵		台	2	1台备用
5	化学浆注浆泵		台	3	1台备用
6	搅拌桶		个	3	
7	水箱		个	2	
8	砂浆搅拌机		台	2	1台备用
四、供电设备					
1	备用照明手电筒		把	若干	
2	大功率照明灯		台	9	3台备用
3	电缆		m	若干	
4	内燃发电机	100kV·A	台	1~3	作业平台
5	内燃发电机	10kV·A	台	2~4	1台备用
五、拱架、钢带加工设备					
1	冷弯机		台	1	

（2）封锁施工模式：隧道内增加钢筋混凝土衬砌的主要机械设备见表8-11。

主要机械设备　　　　　　　　　　　　　　　表8-11

序号	名称	规格	单位	数量	用途
1	柴油发电机	300kW	台	4	施工用电
2	脚手架台架	自制	台	1	提供施工平台
3	风动凿岩机	YT29	台	30	钻孔
5	移动式空压机	20m³	台	8	送高压风
6	往复式注浆泵	ZG6310	辆	2	泵送浆液
7	叶片式搅拌机	JZ350	辆	1	制浆
8	止浆塞	机械膨胀式：耐压3MPa	个	6	
		水力膨胀式：耐压6MPa	个	6	
9	搅拌机		台	4	
10	储浆桶	800L	个	6	
11	手提式风镐	G3-7	台	30	
12	湿喷机		台	2	
13	交流电焊机	BX-500	台	4	
14	混凝土搅拌机	HZS90	台	1	
15	手提式切割机	1.65kW	台	25	
16	混凝土输送泵	楚天HBT60	台	1	
17	锚杆钻机	支腿式	台	30	
18	挖掘机	EC360BLC	台	1	
19	装载机	ZL30E	台	1	
20	吊车	NK-800	台	3	

七、整治施工安全防护方案

为保证运营铁路隧道整治施工安全，成立安全防护小组。施工负责人任施工安全防护组组长，施工中统一服从工务部门防护员的指挥。按规定设置施工防护，配备必要的通信联系器材。现场人员要做到"四到位"，即：人员到位、职务到位、责任到位、业务水平到位。

（1）对运营铁路施工作业人员要进行系统的行车知识和规章制度教育，制订和落实各岗位人员的安全生产责任制，做到分工明确，各行其职、各负其责。工班长、领工员、现场指挥和施工防护等关键岗位的人员，必须经考核合格后，方准上岗任职。严禁民工单独作业。

（2）施工防护、线路作业及所有在铁路路肩及以内作业的人员，一律穿黄色防护服。施工负责人、防护员，必须携带列车无线调度电话等通信设备。随时收听列车运行情况，发生异常情况时可直接通报车站值班员或列车司机。

（3）在车站行车室设驻站联络员，施工地点设现场防护员。驻站联络员与车站值班员办理施工封锁手续，使用通信设备向现场防护员传达调度命令，通报列车运行情况。施工现场负责人使用通信设备,下达设置或撤除防护、开始或停止施工作业、下道避车等命令。

(4)驻站联络员要随时与现场防护员保持联系,如联系中断,现场防护员应立即通知施工负责人停止作业,必要时将线路恢复到准许放行列车的状态。施工期间设专人加强对施工区段内既有线路的巡视检查,及时排除施工问题。下班前和轮班交接时,都要对现场进行检查清理,并认真做好记录。

(5)认真进行事故预想预测,针对可能发生的问题制订抢险、抢修、报警预案,做好思想、组织和人力、物力准备。遇有不测,积极果断采取措施,最大限度地减少影响和损失。发生事故和问题要立即上报,严禁拖延隐瞒。

(6)封锁线路要点施工安全步骤。

①封锁线路要点施工要严格履行计划、报批、登记、销记程序。项目负责人要亲自组织指挥。

②向车站派驻联络员,给予施工天窗前,项目负责人要亲自检查准备工作完成情况,接到列车调度员发出的施工命令后,办妥登记手续,确认封锁起止时间,供电防护员做好停电验电和接地防护后,进行停车防护,方可下达施工命令,严禁点前拆卸、动用既有设施。

③施工中,项目负责人要及时掌握各工序作业进展情况,调整人员,调配机具材料,快速解决问题,严格控制工序作业时间,确保点内或提前完成作业任务。

④作业任务完成后,项目负责人要对施工现场进行全面检查,确认符合开通条件后,方可通知驻地联络员办理开通销记手续,开通线路。

⑤线路开通后,项目负责人应对最先通过的三趟列车实施监护,确认可靠后,方准离开施工现场。

(7)限速、慢行施工安全事项。

①限速、慢行施工应严格履行计划、报批程序。根据铁路局批准的慢行区段、时间、时速组织施工。

②慢行施工应按规定设好限速标志,配备测速仪,对行车速度实施监控并做好记录。遇有超速现象立即向有关运营部门通报。

③慢行施工要组织专门的力量,加强对线路的检查养护,并应专人负责、昼夜不停、轮班作业。

④遇有线路状态不良,不能确保慢行安全时,应及时拦停列车,进行紧急处置,不得盲目或冒险放行列车,并应认真做好记录,双方签认。

(8)线路发生危及行车安全故障时的防护办法。

①立即使用无线调度电话等通信设备通知车站或运行列车,并在故障地点设置停车信号,如瞭望困难,遇降雾、暴风雨(雪)、扬沙等恶劣天气或夜间,还应点燃火炬。设有固定信号机时,应先使其显示停车信号。

②当一端先来车时,应先向该端,再向另一端放置响墩,然后返回故障地点。

③如不知道来车方向,应在故障地点注意倾听和瞭望,发现来车时,应急速奔向列车,用手信号旗(灯)或徒手显示停车信号,并将响墩放置在能赶到的地点,使列车在故障地点前停车。如瞭望困难,遇降雾、暴风雨(雪)、扬沙等恶劣天气或夜间,发现来车后,奔向列车前,应在故障地点点燃第二支火炬。

八、质量控制

1. 临时钢拱架施工质量控制措施

(1)钢架质量:钢架按设计要求加工成型,并妥善保管,防止钢架变形及锈蚀。钢拱架尺寸应根据现场实际量测尺寸制作,钢拱架与衬砌之间预留5~10cm空隙,中间要用板铺砌填塞,孔隙用木楔楔紧。

(2)钢拱架材料采用工字钢。钢拱架由A单元一件,B单元、C单元各两件组成,各单元通过连接构件(钢板、螺栓)连接。接头处焊缝厚度$h_f=10mm$。钢拱架之间采用纵向连接钢筋连接,环向间距一般为1m。

(3)钢拱架采用砂浆锚杆作为定位系筋,安装时将钢拱架双面焊接固定于锚杆尾部,钢拱架架立在水沟底,不得立于水沟盖板上,若架立时对水沟沟槽和电缆槽造成破坏的应采用C25混凝土予以修复。

(4)钢拱架间距一般1m/榀,在衬砌薄弱或衬砌开裂极严重地段,钢拱架之间的间距可采用0.5~0.8m。钢架在临时支护完成后即可拆除,交替使用。

(5)临时钢拱架采用钢筋与既有接地端子连接接地。

(6)拆除。钢拱架拆除作业应设专人指挥,当有多人同时操作时,应明确分工、统一行动,且应具有足够的操作面。

拆除顺序为从上到下,先切割A单元与定位系钢筋的焊缝,松解连接螺栓,拆卸A单元;之后依次拆除B、C单元钢架。

拆卸时严禁将各构配件抛掷至地面,将各构件拆解后利用人工或卷扬机输送到作业平台上。

2. 嵌补混凝土施工质量控制措施

(1)在两榀临时拱架中间沿衬砌环向凿梯形槽时,严禁同一加固段落中相邻的两个槽同时开凿。

(2)在混凝土达到一定强度后才允许开凿相邻的槽。

(3)钢拱架在加工厂根据现场实际量测尺寸加工,经检查合格后方可运至安装现场。按设计间距和测量的点位架立及安装。拱架连接处经螺栓拼接,所有焊缝都应焊接饱满,不得有虚焊、砂眼。按设计将钢拱架与$\phi22mm$定位系筋及纵向连接筋(环向间距1.0m)焊接,确保安装质量。

3. 裂缝处理施工质量控制措施

(1)裂缝周围必须清除所有灰尘、油垢和松动的杂物,清洗干净。

(2)使用灌浆树脂的环境温度为5~32℃。

(3)灌浆树脂AB组分的配比必须严格按照规定进行操作。

(4)远离明火,储存温度不得高于40℃。

4. 中空锚杆施工质量控制措施

(1)将液压凿岩机进行调试,确保工作正常。

(2)根据设计确定锚杆钻进的角度和方向、长度,浆液的配合比(如掺水玻璃、速凝剂),钻头的形式(十字钻头或一字钻头)。

(3)锚杆安装时将锚杆外露10cm,便于安装碗形垫板和球形螺母以增大锚杆抗拔力和黏结力,以使锚杆更好地发挥锚固作用,但外露长度切不可过长或过短。

(4)注浆程度根据注浆饱满且压力达到设计值,注意注浆质量。一般情况下浆液扩散半径为0.6~0.7m,注浆压力可控制在1.0MPa。

(5)安装止浆塞时,应将其安装在锚孔内离孔口25cm处,特殊情况如注浆压力较大或围岩破碎,也可用锚固剂封孔。

5. 钢带施工质量控制措施

(1)钢带加固前先对裂缝、脱落掉块处进行处理。

(2)钢带采用镀锌钢带,热镀锌应符合《公路波形梁钢护栏》(JT/T 281—2007)规定,镀锌层平均厚度不应小于0.061mm。施工完成后,对孔口部位的螺栓及锚杆头采用环氧富锌防锈漆,防锈漆含锌量不小于65%,防锈漆干膜厚度≥250μm;调色环氧磁漆为面漆时,干膜厚度≥150μm。

(3)钢带布置区域有渗漏水的,应先进行整治,确保钢带区域不渗水。

(4)钢带与接触网带电体安全距离不少于500mm。

(5)施工期间注意对镀锌钢带的保护,不得损坏镀锌层。运营期间,工务部门应加强巡检,定期对钢带、锚杆头、螺栓进行除锈处理。

6. 湿喷混凝土施工质量控制措施

(1)混合料应随拌随喷。

(2)喷射作业应分段、分片、分层,由下而上,依次进行。

(3)喷混凝土作业前,使岩面保持一定湿度。

(4)速凝剂掺量准确,添加要均匀,不得随意增加或减少。

(5)喷混凝土分2~4次喷射,拱部一次喷射厚度5~6cm,边墙一次喷射厚度7~10cm,分层喷射的间隔时间一般为15~20min。

(6)严格控制拌合物水灰比,经常检查速凝剂注入环的工作情况,发现问题及时处理。

7. 排水槽施工质量控制措施

(1)排水槽一般应设在环向施工缝处,现场结合实际漏水情况可予以调整。

(2)引排水流统一通过引排管进入隧道内侧沟,排出洞外。

(3)排水槽应凿成楔形,同时应严格控制好宽度和深度,确保排水作用和封闭层的厚度。

(4)安排水槽时应注意与衬砌开凿面的空间,槽中间不得过于用力压,但两侧必须密贴。

(5)排水槽应设至排水沟,不得只做到水沟盖板。

第四节 运营铁路隧道整治施工组织实例

一、编制依据

(1)某隧道整治设计图。

(2)《铁路营业线施工安全管理办法》(铁运〔2012〕280号)、《局营业线施工安全管理实施细则》(铁运〔2012〕18号)。

(3)相关技术规范。

二、工程概况

某铁路A站至B站区间长35km,共有隧道15座,其中单线隧道2座,双线隧道13座。6座隧道13处缺陷需整治长74.5m(表8-12)。

整治工程数量表　　　　表8-12

序号	行别	隧道名称	隧道长度(m)	整治数量(处)	缺陷长度(m)	回填注浆(处/m)	5m中空注浆锚杆(根)	8m预应力锚杆(根)	钢带(处/m)	混凝土嵌补(处/m)
1	上行	1号隧道	5098	4	26	4/26	51	51		2/98.6
2	双线	2号隧道	937	1	4	1/4				
3	双线	3号隧道	273	3	12.5	3/12.5				
4	双线	4号隧道	2812	2	5	2/5				
5	双线	5号隧道	1320	2	25.5	1/21.5	20		1/20	
6	双线	6号隧道	1409	1	1.5	1/1.5	13	13	1/55.4	

三、整治措施

(1)对衬砌开裂、掉块等病害地段凿除重做,并采取锚杆、钢带支护为主,进行结构补强。

(2)根据衬砌背后空洞大小,采取模筑、喷浆、灌浆、注浆等回填措施进行整治。

(3)对二次衬砌厚度不足并无其他叠加缺陷地段按照缺陷等级,采用监测、锚杆、钢带等措施区别对待。

(4)对凿除、植筋、钢筋混凝土嵌补地段,采用湿喷或模筑工艺。

四、施工组织

1. 总体施工安排

计划施工时长12d,其中单线隧道计划工期4d,双线隧道计划工期8d、12个作业点。各隧道缺陷整治施工计划见表8-13。

隧道缺陷整治施工计划表　　　　表8-13

隧道名称	整治数量(处)	缺陷长度(m)	计划工期(d)	垂直天窗(个)
1号	4	26	4	—
2号	1	4	—	1
3号	3	12.5	—	3
4号	2	5	—	1
5号	2	25.5	—	7
6号	1	1.5	—	12

施工内容:9月12日9时00分至9月18日9时00分,封锁A至B上行线K1291+380～K1322+010段线路,进行隧道衬整治施工(非垂直点内不含双线隧道)。点毕开通以上封锁线路。

影响范围:封锁期间,供电139、141单元(A站至B站上行K1291+363.6～K1322+110.3)

接触网同步停电。点毕恢复上述接触网供电。

2. 施工单位负责内容

施工单位负责整治方案的编制、施工要点计划的提报、安全协议签订、施工作业指导书的编制及现场施工组织管理。

3. 施工配合单位及配合作业内容

配合单位：工务段、供电段、通信段、电务段、车务段。

配合作业内容：施工范围内工务设备、供电备线、通信设备、电务设备安全防护工作，接触网停电、作业区段接解挂地线作业，施工要点的登销记、施工车辆请求进出站。

工务驻站防护委托工务段、供电驻站防护委托供电段，施工单位负责登记、销记施工要点。

4. 整治工作程序

整治工作程序：前期准备工作→编制施工方案→方案上报审核、批准→签订相关安全协议→封锁要点计划上报、批复→供电单元改造→进场整治施工(材料、设备进场→既有设备防护→缺陷验证→各工作面平行、流水作业)→验收退场。

整治工程验收：各工点整治完成后，由路局组织设备管理单位、施工单位对工程质量进行检查验收，并对验收结果进行签认。工点验收按照"先完工、先验收、先退场"的原则进行，待全部工点验收完成，施工单位退场后，封锁点毕前组织对全区间线路进行验收，利用工务轨道车对线路安全状态进行确认。

5. 施工资源配备

(1)施工单位按照总体施工安排，结合隧道缺陷情况，配置、配足各项施工资源，人员、机械及材料按一定富余考虑，确保各工作面连续、正常施工作业。

(2)采用成熟的施工技术、先进良好、功能齐全的设备。本次缺陷整治主要采用具备走行、升降及各工序施工能力的多功能作业平台，以确保施工安全、施工质量、施工工期。

主要施工资源(人员、设备、材料)配备见表8-14～表8-16。

主要施工人员表　　　　表8-14

序号	名　　称	人数	施工任务
1	管理人员	24	全面负责本工程的组织实施、调度指挥、施工管理、进度控制、工程创优、安全管理、对外协调等组织指挥工作
2	喷射混凝土工班	0	负责混凝土凿毛、钢筋网挂设、喷射混凝土施工
3	自进式锚杆工班	16	负责本工程锚杆施工任务，包括打眼(及锚杆安装)、注浆锚固工作
4	钢带安装工班	16	负责本工程钢带安装施工任务，包括安装、连接与紧固、刷防锈漆、刷面漆、接地处理工作
5	裂缝处理工班	8	负责本工程裂缝处理任务，包括混凝土表面清理、封胶带、环氧树脂注浆、涂刷水泥基渗透结晶型、水泥砂浆抹面工作
6	不密实区域注浆工班	8	负责本工程施工中不密实区域注浆任务，包括打注浆孔、预埋注浆管、注浆、封堵注浆管工作
7	混凝土嵌补施工工班	6	负责本工程空洞施工任务，包括凿除混凝土、立模、浇筑混凝土工作
8	综合工班	24	负责本工程材料运输、拌混凝土、泵送混凝土、拌砂浆等所有辅助任务
9	防护工班	16	负责本工程所有安全防护任务
	合计	118	

主要施工设备表 表8-15

序号	设备名称	规格型号	单位	数量	机况	备注
一、锚喷设备							
1	液压凿岩机	YYTZ-28	台	6	优	3台备用
2	取芯钻		台	4	优	2台备用
3	手拉葫芦		台	5	优	1台备用
4	电焊机	500A	台	2	优	
5	切割机		台	3	优	1台备用
6	电锤		台	4	优	
7	手电钻		台	4	优	
8	磁力钻机		台	2	优	钢带钻孔用
9	射钉枪		台	4	优	1台备用
10	手提式切割机		台	3	优	1台备用
11	混凝土多功能泵		台	2	优	1台备用
二、作业平台						
1	A型轨道作业平台		台	2	优	
三、注浆设备						
1	水泥浆注浆机		台	5	优	1台备用
2	变频水泵	120	台	3	优	1台备用
3	普通水泵		台	2	优	
4	砂浆注浆泵		台	4	优	1台备用
5	化学浆注浆泵		台	5	优	1台备用
6	搅拌桶		个	4		
7	水箱		个	4		
8	砂浆搅拌机		台	4	优	1台备用
9	混凝土搅拌机		台	2		
四、供电、照明设备						
1	大功率照明灯		台	8	优	
2	电缆		m	120	优	
3	内燃发电机	100kV·A	台	2	优	作业平台
4	内燃发电机	10kV·A	台	4	优	1台备用
五、拱架、钢带加工设备						
1	冷弯机		台	1	优	

主要材料计划表 表8-16

序号	项目名称	单位	数量	备注
1	250钢带	m	0	
2	W270钢带	m	174	

续上表

序号	项 目 名 称	单位	数量	备注
3	R25N 自进式注浆锚杆,$L=3.5$m	根/m	0	
4	R25N 自进式注浆锚杆,$L=5.0$m	根/m	84/420	
5	预应力锚杆 $T=60$kN,$L=8.0$m	根/m	64/512	
6	防水涂料	kg	100	
7	水泥	t	50	
8	碎石 0~20mm	m³	0	
9	河砂、中粗砂	m³	20	

五、施工组织方案

1. 施工平台运输方案

(1)隧道作业平台上道方案:封锁要点前一天,隧道维修平台在中继站(K1304+480)组装完成;封锁点开始后,供电139单元、141单元停电,隧道维修平台上道,做好临时车挡。

(2)隧道维修作业平台就位,做好防溜车措施后,展开施工。

(3)线路封锁解除,隧道维修作业平台自中继站(K1304+480)下道。

(4)通信指挥、运输调度及车辆调配方案:通讯指挥系统采用2台无线射频基站配备6台对讲机进行联络;无线射频基站布置在隧道施工区域两端,每台维修平台配备一台对讲机。

2. 各阶段详细施工安排

根据整治方案工序内容、施工重难点和主要工程量,计划分区域、分阶段安排施工。

第一阶段:主要工作内容有机械设备进场、缺陷位置、范围验证,锚杆孔位布置现场测量标示。

第二阶段:主要工作内容有锚杆(预应力锚杆)安装、喷射混凝土、钢带安装、混凝土嵌补、注浆填充、裂缝处理施工。

按12d封锁工期计划细化每一天工作内容,具体安排如下:

1)单线隧道封锁4天整治

第一区域主要工程数量:2处,7.0m范围注浆;4.0m中空注浆锚杆21根,6.0m预应力锚杆21根,W270钢带7环。

(1)第1天:

主要工作内容:设备机具进场,约需10h,设备就位、施工区域两端各设置两道车挡后开始进行缺陷验证。

采用1台A型隧道施工平台进行验证、整治,每台平台除平台操作人员外,配备工人4名,技术员1名,安全员1名,备齐锤子、手持电钻、钢尺等工器具。

作业要求:平台走行速度不大于5km/h,作业时采用螺旋制动、安放铁鞋、系安全绳等方法,做好防溜措施。每验证一处,会同设计、工务、监理等立即制定明确的整治方案措施,标识缺陷加固部位,确定锚杆孔位、钢带长度、线路设备设施防护长度等参数。

(2)第2天:

主要工作内容:进行1号隧道K1312+834~K1312+837缺陷处理。

采用1台A型隧道施工平台,进行6.0m预应力锚杆打设、张拉及注浆锚固。

作业要求:平台走行速度不大于5km/h,作业时采用螺旋制动、安放铁鞋、防溜枕、系安全绳等方法,做好防溜措施。

完成工作内容:完成21根6.0m预应力锚杆打设、张拉及注浆锚固任务。

(3)第3天:

主要工作内容:进行1号隧道K1312+834~K1312+837缺陷处理。采用1台A型隧道施工平台,进行4.0m中空注浆锚杆锚杆打设,以及注浆锚固、钢带安装。

作业要求:平台走行速度不大于5km/h,作业时采用螺旋制动、安放铁鞋、防溜枕、系安全绳等方法,做好防溜措施。

完成工作内容:完成21根4.0m中空注浆锚杆打设、注浆锚固,以及7环钢带安装任务。

(4)第4天:

主要工作内容:进行2号隧道K1311+834~K1311+837、K1312+093~K1312+097处理缺陷。采用1台A型隧道施工平台进行注水泥砂浆作业。

作业要求:平台走行速度不大于5km/h,作业时采用螺旋制动、安放铁鞋、防溜枕、系安全绳等方法,做好防溜措施。

完成工作内容:完成上述两处、共计7m水泥砂浆注浆任务。

其他区域整治安排略。

2)双线隧道12个施工天窗整治

主要工程数量:共需处理病害9处48.5m,回填注浆8处44.5m;锚杆+钢带2处,5m锚杆33根,8m预应力锚杆13根,W27钢带10环75.4m。计划完成12个垂直天窗点。

说明:每个垂直天窗按2h考虑。天窗点前30min,隧道维修作业平台及各设备单位配合施工人员在计划施工地点集结,做好防溜措施;确定垂直天窗给点,接触网停电后,供电配合人员接挂地线用时5min,施工平台起升、接触网、漏缆等设备保护、作业机具准备用时15min。垂直天窗点结束前20min停止作业,用时15min进行机具整理,解除设备保护,维修平台下降;用时5min供电配合人员解挂接地线。每个垂直天窗有效作业时间为80min。

(1)第一个垂直天窗点:

现场验证。现场验证分2组进行,第一组验证4座隧道,第二组验证1座隧道。

(2)第二个垂直天窗点:

作业内容:采用1台A型隧道施工平台在2号隧道进行锚杆钻孔、安装及注浆施工。采用1台A型隧道施工平台在3号隧道进行锚杆钻孔、安装及注浆施工。

作业要求:平台走行速度不大于5km/h,作业时采用螺旋制动、安放铁鞋、防溜枕、系安全绳等方法,做好防溜措施。

完成工作内容:完成1号隧道3根8m预应力锚杆钻孔、安装及注浆任务,完成2号隧道9根5m锚杆钻孔、安装及注浆任务。

第三个至第十二个天窗内容略。

六、既有线设备防护方案

1.轨道及线路防护

防护范围为整治区段及两端各5m,轨道、道床、水沟电缆槽采用双层土工布加一层彩条布全部覆盖,轨道上部加一层木板,防止施工中对轨道、道床的破坏,施工前经现场负责人及现场防护员检查合格后,方可进行支架搭设;施工结束后,施工负责人及现场防护员进行全面检查,确认设备达到放行列车条件,人员、机具、材料全部撤出限界,方可按规定程序开通线路。

2. 通信管线防护

防护范围为整治区段及两端各5m,对裸露管线全部采用直径3cm的PVC管包裹,外部用土工布包裹镀锌铁丝绑扎牢固,经现场负责人及现场防护员检查合格后,方可进行下道工序;施工结束后,拆除相关防护措施。

3. 接触网防护

防护范围为整治区段及两端各5m,对全部裸露管线全部采用直径3cm的PVC管包裹,外部用土工布包裹镀锌铁丝绑扎牢固,接触网吊杆直接采用土工布缠绕,并用镀锌铁丝绑扎牢固,经现场负责人及现场防护员检查合格后,方可进行下道工序;施工结束后,及时拆除相关防护措施。

七、质量、安全保证措施(略)

八、施工应急预案

1. 成立施工应急机构

为保证工程施工安全,危险源一旦出现险情,能够及时、迅速、有效抢险,将险情控制在最小范围,将损失减小到最低限度,成立项目部抢险组织机构。项目部安排安全人员24h轮流值班,做好值班记录和交接班工作,发现问题,立即汇报解决,同时疏导车辆,保证设施安全。

2. 应急措施

在施工生产中,一旦发生突发事故,应立即启动应急预案,迅速采取有效措施,抢救伤员及疏散人员,尽力控制事态发展,减少人员伤亡和财产损失,同时,及时上报。应急报告程序见图8-7。

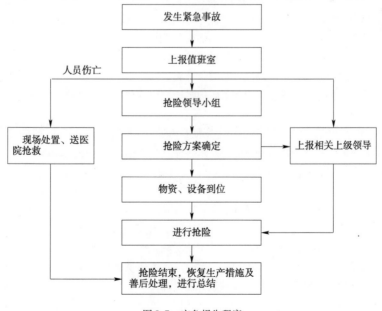

图8-7 应急报告程序

参 考 文 献

[1] 关宝树.隧道工程维修管理要点集[M].北京:人民交通出版社,2004.
[2] 杨新安,黄宏伟.隧道病害与防治[M].上海:同济大学出版社,2003.
[3] 何川,佘健.高速公路隧道维修与加固[M].北京:人民交通出版社,2006.
[4] 李术希.城市轨道交通隧道施工与维护[M].北京:中国铁道出版社,2013.
[5] 吴江滨,张顶立,王梦恕.铁路运营隧道病害现状及检测评估[J].中国安全科学学报,2003.
[6] 侯建斌.公路隧道病害治理研究[D].西安:长安大学,2007.
[7] 王春景.运营公路隧道结构病害安全性评估及综合处治技术研究[D].长沙:中南大学,2010.
[8] 牛亚彬.重载铁路隧道病害机理及整治技术研究[D].北京:中国铁道科学研究院,2013.
[9] 刘振东.公路隧道隐伏病害快速无损检测与安全评价体系构建[D].青岛:中国海洋大学,2013.
[10] 马晓良,董新平.寒冷及严寒地区隧道冻害发生机理及防治[J].地下空间与工程学报,2014.
[11] 刘方,刘礼标,王标才.衬砌裂缝对隧道稳定性的影响分析[J].石家庄铁道大学学报(自然科学版),2013.
[12] 高菊如,张博,袁玮,等.既有线铁路隧道病害综合整治技术与设备配套研究[J].现代隧道技术,2013.
[13] 李宇杰,王梦恕,徐会杰,等.地铁矿山法区间隧道病害分级标准及补强对策[J].都市快轨交通,2014.
[14] 郭二鹏.铁路隧道病害有效整治技术研究[J].工程建设与设计,2014.
[15] 罗亨俊,刘黎,周绍文.公路隧道常见病害的成因与处治[J].公路交通科技(应用技术版),2014.
[16] 吴治家.隧道衬砌混凝土裂缝的辨认及处治措施探讨[J].铁道工程学报,2014.
[17] 陈伯辉,沈斐敏.基于FTA的运营隧道衬砌渗水原因分析及预防[J].中国安全生产科学技术,2014.
[18] 姚正中,杨春平.高速公路现役营运隧道渗漏水病害整治措施[J].交通科技,2014.
[19] 吴少杰.高速铁路隧道常见病害的整治[J].山西建筑,2014.
[20] 梁敏.隧道二衬脱空原因分析及防治[J].铁道建筑,2014.
[21] 王海.高寒地区隧道渗漏水检测及原因分析[J].公路,2014.
[22] 柳献,张浩立,唐敏,鲁亮,等.内张钢圈加固盾构隧道结构承载能力的试验研究——半环加固法[J].现代隧道技术,2014.
[23] 袁超,李树忱,李术才,等.寒区老旧隧道病害特征及治理方法研究[J].岩石力学与工程学报,2011.
[24] 何翊武.运营岩溶隧道病害机理分析及处治技术研究[D].长沙:中南大学,2013.
[25] 贾雷.六河高速公路隧道检测与病害处治技术[D].西安:长安大学,2013.
[26] 樊永杰.襄渝线大巴山隧道病害成因及整治方案研究[D].成都:西南交通大学,2004.
[27] 秦洲.六盘山隧道结构病害健康诊断及其处治技术研究[D].西安:长安大学,2012.
[28] 兰宇.高速公路隧道维护加固对策的模型试验研究[D].成都:西南交通大学,2005.
[29] 钟悦鹏.某公路隧道衬砌结构检测及评价[D].广州:华南理工大学,2012.
[30] 吴治家.套衬技术在隧道病害整治工程中的应用[J].铁道建筑技术,2011.
[31] 王忠国.既有线隧道病害的整治方法[J].铁道标准设计,2002.
[32] 乔国华,陈红兵,潘健,等.隧道病害整治施工中的锚固与注浆技术[J].施工技术,2007.